O primo Basílio na imprensa brasileira do século XIX

FUNDAÇÃO EDITORA DA UNESP

Presidente do Conselho Curador
Marcos Macari

Diretor-Presidente
José Castilho Marques Neto

Editor-Executivo
Jézio Hernani Bomfim Gutierre

Conselho Editorial Acadêmico
Antonio Celso Ferreira
Cláudio Antonio Rabello Coelho
José Roberto Ernandes
Luiz Gonzaga Marchezan
Maria do Rosário Longo Mortatti
Mario Fernando Bolognesi
Paulo César Corrêa Borges
Maria Encarnação Beltrão Sposito
Roberto André Kraenkel
Sérgio Vicente Motta

Editores-Assistentes
Anderson Nobara
Denise Katchuian Dognini
Dida Bessana

José Leonardo do Nascimento

O primo Basílio na imprensa
brasileira do século XIX

Estética e história

© 2007 Editora UNESP

Direitos de publicação reservados à:

Fundação Editora da UNESP (FEU)
Praça da Sé, 108
01001-900 – São Paulo – SP
Tel.: (0xx11) 3242-7171
Fax: (0xx11) 3242-7172
www.editoraunesp.com.br
feu@editora.unesp.br

CIP – Brasil. Catalogação na fonte
Sindicato Nacional dos Editores de Livros, RJ

N195p

Nascimento, José Leonardo do
  O primo Basílio na imprensa brasileira do século XIX: estética e história / José Leonardo do Nascimento. São Paulo: Editora UNESP, 2008.

  ISBN 978-85-7139-794-1

  1. Queiroz, Eça, 1845-1900. O primo Basílio. 2. Literatura portuguesa – História e crítica. 3. Escritores portugueses. I. Título.

07-4237.
CDD: 869.09
CDU: 821.134.3.09

Editora afiliada:

Asociación de Editoriales Universitarias
de América Latina y el Caribe

Associação Brasileira de
Editoras Universitárias

Para o amigo, professor de literatura portuguesa,
Carlos Alberto Ianonne.

In memoriam

Sumário

Nota introdutória 11

A severidade da crítica e os hábitos da terra

1 *O primo Basílio* na corte brasileira 15

2 Talentos de escritor e vícios de escola 23

3 Sátiras, poemas, epistolografia 47

4 Das páginas do livro para os lumes do proscênio 59

5 Jornais, revistas, livrarias e teatros 71

6 Estética e filosofia da história 83

7 O classicismo brasileiro do século XIX 97

8 Breve fortuna crítica d'*O primo Basílio* 113

9 A crítica machadiana d'*O primo Basílio* na cultura
   brasileira 125

10 Considerações finais 135

Referências bibliográficas 145

Apêndice

1 Cartas Portuguesas
Gazeta de Notícias 157

2 Folhetim Sem Malícia
Jornal do Commercio 164

3 Folhetim Sem Malícia
Jornal do Commercio 169

4 *O primo Basílio*
Gazeta de Notícias 179

5 *O primo Basílio* por Eça de Queirós
O Cruzeiro 186

6 Folhetim Sem Malícia
Jornal do Commercio 196

7 Ainda *O primo Basílio*
Gazeta de Notícias 200

8 Folhetim Palestra
Gazeta de Notícias 206

9 Folhetim Cartas Egípcias
Eleazar e Eça de Queirós: um crítico do *Primo Basílio*
Gazeta de Notícias 215

10 As três questões
Revista Ilustrada 223

11 Folhetim A Semana
Gazeta de Notícias 227

12 *O primo Basílio*
O Cruzeiro 234

13 Folhetim Cartas Egípcias
Uma das razões de um decreto: ainda Eleazar
Gazeta de Notícias 243

O primo Basílio na imprensa brasileira do século XIX

14 Letras e Artes. Escola Realista
   O primo Basílio por Eça de Queirós
   A Província de São Paulo   248

15 Resenha teatral
   Revista Ilustrada   256

16 Carta de Eça de Queirós endereçada a Machado de Assis   260

17 Revista Dramática
   O primo Basílio, peça realista extraída do romance do mesmo título
   pelo Dr. A. Cardoso de Menezes
   Gazeta de Notícias   262

18 Sobre teatros
   Revista Ilustrada   270

19 Notas Semanais
   [Comentário sobre a adaptação de *O primo Basílio* para o teatro]
   O Cruzeiro   273

20 Folhetim Cartas Egípcias
   O primo Basílio, peça extraída do romance português
   de Eça de Queirós
   Gazeta de Notícias   276

21 Resenha teatral
   Revista Ilustrada   285

22 Estado atual das Belas-Artes. Machado de Assis e o realismo
   Revista Ilustrada   287

23 "Nota" da segunda edição de *O crime do Padre Amaro*   293

24 Eça de Queirós
   Gazeta de Notícias   297

Índice onomástico   301

Nota introdutória

O primo Basílio foi novidade literária em língua portuguesa. Com o sucesso de venda, logo esgotou sua primeira edição de três mil exemplares (Eça de Queirós, 1878). No mesmo ano de 1878, Eça de Queirós preparou a segunda edição, a última revista pelo escritor, e que chegou às livrarias em 1879 (cf. Beatriz Berrini, nota ao volume I, *O primo Basílio*, in Eça de Queirós, 1997).

O sucesso quase instantâneo do romance deveu-se à reação dos meios culturais portugueses e brasileiros, que pela imprensa criticaram, debateram e propagaram a novidade cultural do momento.

As críticas feitas no Brasil originaram um intenso debate, do qual participou, entre outros luminares da cultura brasileira da época, o crítico literário e escritor Machado de Assis. A polêmica prolongou-se com a adaptação do romance para o teatro brasileiro.

O presente estudo visa analisar e reproduzir as leituras críticas de *O primo Basílio* publicadas no Brasil logo após o lançamento do livro para, de uma só vez, definir as perspectivas estéticas vigentes na cultura letrada brasileira e fazer uma edição crítica dos documentos da época.

O volume está organizado em duas partes. Na primeira, *A severidade da crítica e os hábitos da terra*, os textos sobre o romance e o drama teatral são analisados e comparados. Na segunda parte, no *Apêndice*, os textos discutidos na parte inicial são reproduzidos e acompanhados de notas explicativas e comentários gerais.

Uma escolha guiou a presente edição. Reconstruir a maneira como o debate ocorreu, como se deu ou processou a interlocução e como os argumentos responderam-se mutuamente. Os críticos, além de interpretar o romance, respondiam aos pontos de vista de seus opositores. A contraposição de idéias exigia dos interlocutores, no calor da hora, a elaboração rigorosa dos argumentos. Os documentos foram, assim, analisados cronologicamente e reproduzidos, pela mesma razão, em ordem seqüencial, fiel ao ritmo de suas aparições em jornais e revistas.

Tendo em vista a complementação das notas ao longo do volume, foram consultadas as seguintes obras: *Diccionário bibliográphico brazileiro* (Blake, 1893), *Dicionário literário brasileiro ilustrado* (Menezes, 1969) e *Enciclopédia de literatura brasileira* (Coutinho & Sousa, 1990).

E, finalmente, confirmando a máxima de nenhuma produção cultural ser tarefa solitária, resta-me agradecer aos que contribuíram para a escrita deste livro:

Maria Aparecida (a Cidinha), que digitou os textos originais,
Antônio Penalves Rocha,
Marco Antônio Villa,
Ayrton Marcondes,
Antônio Carlos da Graça Sousa.

A severidade da crítica
e os hábitos da terra

1
O primo Basílio
na corte brasileira

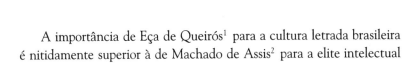

A importância de Eça de Queirós[1] para a cultura letrada brasileira é nitidamente superior à de Machado de Assis[2] para a elite intelectual portuguesa. De mais a mais, a voz de Eça foi ouvida, mesmo no Brasil, com um tono que sobrepujou a de Machado. Lúcia Miguel Pereira sugeriu algumas razões que explicariam tal assimetria:

> [Machado,] ainda [que] não [fosse] indiferente ao que o cercava, manteve-se sempre solitário, e, desde que se libertou do romantismo, foi, em arte, um eclético. Se modelos teve, pilhou-os aqui e ali, sem preocupação de atualidade. Observou a sua época, mas sem lhe amoldar ao feitio. Eça, ao contrário, foi bem um homem do seu tempo; chegou ao Brasil na crista da onda naturalista, que em larga parte por seu intermédio aqui se espraiou. Vinha com a moda, tinha a sedução da novidade, do último figurino literário de Paris. (Pereira & Reys, 1945, p.12)[3]

---

1 José Maria Eça de Queirós (Póvoa de Varzim, 1845 – Paris, 1900). Ver nota 3, p.158.
2 Joaquim Maria Machado de Assis (Rio de Janeiro, 1839 – Rio de Janeiro, 1908).
3 Nelson Werneck Sodré (1965, p.128-31) estabeleceu um paralelo entre as obras dos dois escritores, empregando um método nitidamente impressionista: comparando as primeiras e as últimas impressões deixadas no espírito dos leitores pelos escritos de Eça e de Machado. No seu entender, a obra de Machado cresce esteticamente à medida que os leitores amadurecem, havendo, em maior medida do que se passa

Em pelo menos uma oportunidade, as diferenças havidas entre um e outro foram explicitadas por eles próprios no debate significativo ocorrido no Brasil em 1878, ano da primeira edição de *O primo Basílio*. Data de então o início da presença marcante de Eça de Queirós nas letras brasileiras.

O livro chegou ao Brasil anunciado pelo folhetim de 25 de março de 1878, da *Gazeta de Notícias* (GN), assinado por Ramalho Ortigão,[4] que reproduzia uma crítica já publicada na imprensa portuguesa em 22 de fevereiro daquele ano.[5] Aos comentários de Ramalho, seguiram-se outros, e logo se avolumaram as análises do romance nos jornais do Rio de Janeiro.[6]

A imprensa carioca debateu a novidade editorial daquele momento com argumentos bem fundamentados, com ironia, às vezes, e com a piada caricatural típica dos semanários satíricos como a *Revista Ilustrada* (RI), de Angelo Agostini,[7] e *O Besouro* (OB), de Rafael Bordalo Pinheiro.[8]

---

com a literatura de Eça, uma grande diferença entre a leitura e as releituras dos textos machadianos. Os livros do escritor português empolgariam o leitor tanto adolescente quanto adulto, enquanto os de Machado exigiriam um refinamento crescente da percepção do leitor.

4 José Duarte Ramalho Ortigão (Porto, 1836 – Lisboa, 1915). Ver nota 10, p.163.

5 Arnaldo Faro (1977, p.131) indica como a data de chegada de *O primo Basílio* às livrarias lisboetas o dia 28 de fevereiro de 1878. Porém, o folhetim de Ramalho Ortigão, publicado na imprensa portuguesa em 22 de fevereiro, começa com a seguinte informação: "Foi ontem posto à venda em Lisboa *O primo Basílio: episódio doméstico*, novo romance de Eça de Queirós". A crer em Ramalho, a data correta seria 21 de fevereiro. A crítica praticamente coincidiu com o lançamento do romance. Tal fato repetiu-se com o lançamento de *Os sertões* de Euclides da Cunha que, publicado em 2 de dezembro de 1902, foi objeto de uma crítica de José Veríssimo, no *Correio da Manhã* (CM), no dia 3 de dezembro do mesmo ano.

6 As informações detalhadas sobre os periódicos, dos quais foram retiradas as críticas de *O primo Basílio*, acompanham a reprodução dos textos no Apêndice deste volume.

7 Angelo Agostini (Vercelli, 1843 – Rio de Janeiro, 1910).

8 Rafael Bordalo Pinheiro (Lisboa, 1846 – Lisboa, 1905) já era conhecido em Portugal quando se fixou no Rio de Janeiro em 1875. Colaborou em *O Mosquito* (OM), lançando em seguida o *Psitt!!!* (PS), que chegou a apenas nove números. Em 1878, ano do debate sobre *O primo Basílio*, trabalhava em *O Besouro* (OB), regressando em 1879 a Portugal. *O Besouro* teve vida efêmera, limitando-se aos anos de 1878 e 1879 (cf. Faro, 1977, p.140-1). Sobre Rafael Bordalo Pinheiro, ver Medina (2004).

O certo é que o barulho da divergência, geralmente expresso pelos rodapés das primeiras páginas dos jornais – os folhetins – projetou o romance e seu autor para o centro da curiosidade dos leitores brasileiros e popularizou o relativamente desconhecido *O crime do padre Amaro*, publicado em livro dois anos antes e acidamente crítico da sociedade provinciana portuguesa.

As recensões de Machado de Assis nos folhetins de 16 e 30 de abril do diário *O Cruzeiro* (OC) abrangeram os dois romances do escritor português, analisando-os e comparando-os à novidade estética do naturalismo francês. Machado, contudo, foi somente um dos debatedores, não abriu nem encerrou a contenda. Antes das suas observações, o titular do folhetim "Sem Malícia" do *Jornal do Commercio* (JC), dedicara a *O primo Basílio* três de seus números.

Da publicação da crítica de Ramalho Ortigão até o mês de maio de 1878, *O primo Basílio* foi o epicentro da discussão cultural na capital do Império. A *Revista Ilustrada* de 27 de abril elegeu a contenda sobre o romance como uma das três graves questões do momento: "Dissolução da câmara; emissão de papel-moeda e *Primo Basílio*".

A adaptação do romance para o teatro e sua encenação no mês de julho reacenderam as discussões que haviam se amainado e, pelo menos para um dos debatedores, Machado de Assis, a chama da divergência perdurou pelos anos afora. Em carta publicada na *Gazeta de Notícias*, em 24 de agosto de 1900, quando da morte de Eça de Queirós, Machado retornou, ainda que sutilmente, aos temas do antigo debate.

Dessa forma, as interpretações de *O primo Basílio*, no final do oitocentos brasileiro, produziram um *corpus* textual revelador das concepções culturais, estéticas e literárias do período. A sociedade culta nativa considerou a novidade do momento de perspectivas e ângulos diversos: ou escandalizou-se moralmente com todas as cenas do "Paraíso" ou especificamente com uma delas (descrita pela muito citada página 320 da primeira edição), mas enalteceu a inovação cultural trazida pelo texto; ou escandalizou-se e não cedeu aos argumentos da sua boa qualidade artística.

A presença de *O primo Basílio* no ano de 1878 brasileiro é, portanto, um fato histórico. O objeto de reflexão deste estudo são, sobretudo, os textos brasileiros escritos sobre *O primo Basílio* no ano de sua primeira edição. A análise comparada dos textos permite que se indague sobre os condicionamentos históricos, os conteúdos éticos, as concepções de arte e as noções estéticas desses ensaios críticos, e que se esboce, afinal, um afresco da sociedade brasileira escravista e patriarcal do século XIX.

Entre todos os folhetins dedicados ao romance de Eça de Queirós, coube a primazia ao de Ramalho Ortigão na coluna "Cartas Portuguesas", da *Gazeta de Notícias* (GN) de 25 de março de 1878.

Ramalho confessou tê-lo lido com sofreguidão e sentir-se, ao cabo da empresa, extenuado. Seu ponto de vista era, no geral, favorável ao romance do amigo e colaborador nas *Farpas* e nos *Mistérios da estrada de Sintra*, embora apresentasse algumas ressalvas.

Considerava, por exemplo, que o "tipo do primo Basílio" era falso, porque o comportamento de um "dândi devasso" seria incongruente com a ética de um disciplinado "homem de negócios e comerciante". Basílio negociante era antinômico a Basílio estrangeirado e pelintra.

No seu entender, as críticas à burguesia lusitana também não procediam, uma vez que atingiam ou feriam uma "formação social não transitória". A sociologia de Auguste Comte,[9] com as suas concepções das permanências sociais, fora adotada por alguns próceres da Geração de 70[10] portuguesa.

Lembrava que Luísa poderia ter sido mais bem definida pelo meio, pela sociedade lisboeta, e que o texto, além de extremamente fiel aos pormenores, descrevia, sem pejo, "cenas impudicas".

Apesar dessas restrições, saudava a "perfeição da forma, o poder de observação e o sentimento do drama" como marcas distintivas do romance. Defendia, ainda, que o "processo literário" empregado pelo autor limitava-se à tradução real de dramas, à reprodução das "frases sentidas pelos personagens", de maneira que o escritor não "comentava",

---

9 Isidore Auguste Marie François Xavier Comte (Montpellier, 1798 – Paris, 1857).

10 *Geração de 70*: movimento acadêmico coimbrense que reuniu jovens intelectuais – entre eles Antero de Quental, Oliveira Martins e Eça de Queirós –, entusiastas de uma total renovação da vida política e cultural portuguesa e que se traduziria pela introdução do realismo na expressão literária. Ver nota 2, p. 165.

não "explicava", atuava como uma espécie de "espelho passivo e impessoal [da] realidade".

Ramalho Ortigão sustentava, em suma, que a realidade descrevia a si mesma pelas mãos do autor e que o "processo literário" assim empreendido revelava intenção crítica e intentava influir na sociedade.

A crítica de *O primo Basílio* chegou ao Brasil antes do romance. O folhetim de Ramalho Ortigão inaugurou a polêmica. O romance foi, em seguida, vorazmente lido, e os "andares térreos" (expressão às vezes empregada para os rodapés das primeiras páginas dos jornais) abrigaram sucessivos comentários sobre o livro.

No conservador e antigo *Jornal do Commercio* (JC), a coluna "Sem Malícia" ecoou o assunto nos dias 27 de março, 10 e 17 de abril. A *Gazeta de Notícias* analisou e debateu o romance nos dias 12, 20, 23, 24, 28 de abril e 3 de maio. Os folhetins da *Gazeta* de 20, 28 de abril e 3 de maio respondiam, de fato, às críticas formuladas por Eleazar (pseudônimo usado por Machado de Assis) e impressas em *O Cruzeiro* (OC) de 16 e 30 de abril.

Os argumentos de Machado, claramente desfavoráveis ao romance, suscitaram também uma palavrosa resposta na primeira página de um jornal de província. Um artigo, assinado por Afonso Celso Júnior,[11] apareceu no número do dia 5 de maio de *A Província de São Paulo* (PSP).

As publicações pululavam, assim como as caricaturas e as zombarias postas em circulação pela imprensa satírica hebdomadária. Os números da *Revista Ilustrada* (RI) de 27 de abril e 11 de maio continham referências bem humoradas ao sucesso do romance e às divergências entre os críticos.

No entremeio de discordâncias e assentimentos, Eça redigiu uma carta datada de 29 de junho a Machado – que não a respondeu –, revelando ter tomado conhecimento da crítica do brasileiro publicada em 16 de abril.[12]

---

11 Afonso Celso de Assis Figueiredo Júnior (Ouro Preto, MG, 1860 – Rio de Janeiro, RJ, 1938). Ver nota 7, p.255.

12 A primeira crítica de Machado de Assis deve ter surpreendido o autor de *O primo Basílio*, que vivia, ao que parece, um momento delicado: "O êxito editorial [do livro] coincide com uma crise financeira que muito lhe pesava, foi um estímulo con-

Após um período de curta calmaria, como já mencionado, a adaptação do livro para o teatro realimentou a chama e o folhetinista de *O Cruzeiro*, em 7 de julho, aparentemente sem ter assistido ao drama, assestou mais uma vez as suas baterias (e as suas ironias) contra o realismo e seus apologistas.

A *Revista Ilustrada* de 7 e 21 de julho proclamou, desta vez, o fracasso da encenação teatral. Dois folhetinistas da *Gazeta de Notícias*, que haviam saudado com entusiasmo o livro, argumentaram pela improcedência da conversão de seu enredo para o drama teatral, concluindo, nos artigos de 6 e 12 de julho, pelo fracasso evidente da representação.

O fracasso motivou a interrupção da temporada de *O primo Basílio* no teatro do Cassino. E, assim, aquietaram-se os ânimos exaltados, favoráveis ou contrários ao romance português.

Todavia, Machado de Assis, revelando persistente obsessão, repisou alguns de seus argumentos antinaturalistas num longo ensaio, "A nova geração", publicado na *Revista Brasileira* (RB) em dezembro de 1879. Como em eterno jogo, um texto da *Revista Ilustrada* de dezembro do mesmo ano, assinado por A. Gil, rebateu mais essa invectiva machadiana anti-realista.

Machado, como os demais críticos da época, não distinguia nitidamente o realismo do naturalismo. Escrevia "escola realista", referindo-se entretanto ao que hoje é definido como naturalismo. De todos os críticos brasileiros de *O primo Basílio*, naquele ano de 1878, apenas o titular da coluna "Sem Malícia" do *Jornal do Commercio*, no seu número de 10 de abril, procurou diferenciar o naturalismo do realismo.

Segundo o folhetinista, o realismo seria a "expressão do real e do verdadeiro", enquanto o naturalismo exprimiria a "feição da arte que [teria] por modelo exclusivamente os objetos da natureza". O autor citou, como exemplo da arte naturalista, a pintura holandesa do século

---

siderável para que se decidisse a defender a sua estética. No entanto, nada disso lhe aquietara a consciência (e o seu segredo) de artista angustiado. Então, no momento em que o triunfo era mais notório – e a crise mais pungente – lê no jornal A *Actualidade*, da cidade do Porto, o artigo de 'Eleazar', publicado originalmente na revista [sic] carioca *O Cruzeiro* de 16 de abril de 1878" (Rosa, 1979, p.156).

XVII. A conceituação atualmente consagrada de naturalismo ainda não estava presente, pois, naquele momento da cultura brasileira.

A peça mais forte e ácida produzida pelo debate foi a "Nota" da segunda edição (1880) de *O crime do padre Amaro*, em que Eça refutou a acusação, formulada por Machado, de que o seu primeiro romance plagiara, em muitos aspectos, *La faute de l'abbé Mouret*, de 1875 (publicado em português com o título de *O crime do padre Mouret*) de Émile Zola:[13]

> Com conhecimento dos dois livros, só uma obtusidade córnea ou má-fé cínica poderia assemelhar esta bela alegoria idílica [a de *La faute de l'abbé Mouret*], a que está misturado o patético drama duma alma mística, ao *Crime do padre Amaro* que ... é apenas, no fundo, uma intriga de clérigos e de beatas tramada e murmurada à sombra duma velha Sé de província portuguesa.[14]

Eça demonstrou ainda que o romance português, publicado em folhetins no ano de 1874, era anterior ao francês, editado em 1875. O escritor português não nomeou nenhum crítico, afirmando apenas que "no Brasil e em Portugal escreveu-se (sem todavia aduzir nenhuma prova efetiva) que *O crime do padre Amaro* era uma imitação do romance do Sr. E. Zola".[15]

---

13 Émile Zola (Paris, 1840 – Paris, 1902).

14 "No dia 27 de julho de 1878, Ernesto Chardron, editor dos livros de Eça de Queirós, enviou a Machado de Assis uma carta que o constituía defensor dos direitos autorais do escritor português no Brasil. Acompanhavam a carta, as folhas de rosto da nova edição de *O primo Basílio* e da primeira edição de *A capital*, contendo, nos versos, os seguintes dizeres: "Declaramos, para todos os efeitos da lei, que a propriedade literária desta obra no Império do Brasil pertence ao Exmo. Sr. J. M. Machado de Assis. Eça de Queirós – Ernesto Chardron" (Josué Montello, *O presidente Machado de Assis*, apud. Rosa, 1979, p.229). No entender de Rosa, a agressividade da "Nota" da segunda edição de *O crime do padre Amaro*, tendo como alvo implícito Machado de Assis, decorreu de uma sucessão de episódios: o crítico brasileiro não respondeu à carta do autor português e não aceitou "o encargo de defender-lhe os direitos autorais – na edição seguinte do *Primo* já o seu nome não figuraria; em 1890 o representante do romancista no Rio de Janeiro iria ser um tal de Alfredo Barbosa, residente à Rua da Alfândega 33" (ibidem, p.239).

15 O sarcasmo de Eça tinha direção certa: "Ninguém escreveu, a não ser Machado de Assis, que o romance português de 1876 era uma imitação do francês" (Rosa, 1979, p.91).

A polidez com que encerrou sua "Nota", agradecendo à "crítica do Brasil e de Portugal a atenção que ela tem dado aos [seus] trabalhos", temperou com ironia o tom agressivo de sua argumentação.

A carta do autor de *Dom Casmurro* para a *Gazeta de Notícias*, em agosto de 1900, quando da morte de Eça, refletiu nas entrelinhas, tardia e bizarramente, as adormecidas questões de 1878 e, talvez, o conteúdo da "Nota" de 1880.

O longo debate brasileiro sobre *O primo Basílio* comporta, pois, dois marcos cronológicos extremos: a coluna de Ramalho Ortigão na *Gazeta de Notícias* de 25 de março de 1878 e a carta de Machado de Assis publicada no mesmo jornal em 24 de agosto de 1900. No entanto, o tempo forte das divergências reduziu-se a alguns meses de 1878.

2

Talentos de escritor e vícios de escola

O autor do folhetim "Sem Malícia" do *Jornal do Commercio* (JC) saudou, em 27 de março de 1878, *O primo Basílio* como o livro que conferiu "nova feição [à] literatura portuguesa", emancipando-a de formas literárias piegas em curso. Comparando-o com *O crime do padre Amaro*, concluiu que nele o "desenho" e o "contorno" estavam mais "firmes e vigorosos".

Entendia que o autor tratara do "episódio doméstico" com naturalidade maior que a dos fotógrafos, considerando que os personagens não estavam, no livro, artificialmente agrupados e arranjados como nos estúdios fotográficos, mas surpreendidos "em flagrante".

O realismo consistiria nessa fotografia da natureza, selecionada "na sua mais hedionda forma", empregando para isso "palavras" que, além de "despretensiosas", reduziam-se a "simples satélites da idéia". Insistia que o "episódio doméstico" possuía, paradoxalmente, em tal despojamento, "eloqüência e estilo".

Contra Ramalho Ortigão, asseverou o colunista do *Jornal do Commercio* que o tipo de Basílio não era falso porquanto o século XIX operara uma sorte de democratização na circulação das idéias. "Instrução, elegância, libertinagem" pertenciam agora "a todas as camadas sociais". Basílio podia ser um libertino e, ao mesmo tempo, um negociante rico e consciente das exigências de seu ofício. As idéias do século seriam, pois, de toda a sociedade.

Vivendo, embora, numa sociedade assentada na exploração do trabalho escravo, o articulista não esclareceu se os escravos formavam ou não uma "camada social" e se as idéias do século XIX lhes pertenciam como aos demais grupos sociais.

Reconhecendo que o livro continha "cenas livres e decotadas", o titular do rodapé acenava para a necessidade de uma seleção nos leitores do romance, da interdição do texto a certos leitores, com a exclusão conveniente do público feminino. *O primo Basílio* faria, assim, uma cisão no público das letras.

No folhetim "Sem Malícia" de 10 de abril, o argumento de ordem moral acentuou-se. Informou o folhetinista que *O primo Basílio* convertera-se em motivo de conversas nos passeios públicos e botequins e nas rodas de celibatários, mas os espaços domésticos e os ambientes das famílias honestas continuavam indenes ao vírus literário da moda.

O artigo pregava o valor supremo da moralidade estrita, assegurando que "os deveres da decência e do decoro literário [estavam] acima das questões de realismo e naturalismo". Em certo sentido, argumentava que mesmo a boa qualidade artística deveria naturalmente ser sacrificada aos retos e honestos princípios da família patriarcal brasileira.

Havia, no entanto, uma novidade nas suas argumentações: a imoralidade intrínseca dos escritos realistas era vício ou norma da escola literária, não dos autores, e a emergência de um tal romance dera nova vida à discussão sobre a questão do realismo e do naturalismo, "que já quase dormitava [no Brasil] o sono do esquecimento".

Concluiu que o realismo e o naturalismo resultavam da evolução social e opunham-se, naturalmente, às concepções idealistas da vida e do mundo.

Ancorado na análise e na observação da sociedade, o realismo restringia-se à descrição de fatos, tratados com minúcias e refletidos no "vidro despolido" da literatura. O folhetim encerrava-se, entretanto, prevendo um "triste futuro" para "um livro que somente poderá ser acolhido em casa de celibatário".

Antes que viesse a lume a primeira apreciação crítica de Machado de Assis, a *Gazeta de Notícias* (GN) publicou, em 12 de abril, matéria assinada misteriosamente por **L.**, provavelmente Ferreira de Araújo,[1]

---

1 José Ferreira de Sousa Araújo (Rio de Janeiro, 1846 – Rio de Janeiro, 1900). Ver nota 8, p. 185.

O primo Basílio na imprensa brasileira do século XIX

fundador e diretor desse diário fluminense, inaugurando a crítica brasileira do livro pelas páginas do jornal.

L. afirmava, como os demais, ter lido com avidez o brilhante exemplar da moderna literatura portuguesa. Observava que, dependendo da perspectiva de escola ou de confrarias, o livro seria definido como "obra profunda" ou visto com "escândalo".

Confessava posicionar-se acima das querelas de escola, pretendendo esmiuçar a obra nos seus diversos aspectos, mesmo nos contraditórios. Entendia que havia, do ponto de vista formal, um jogo entre a aparência e a essência no romance: aparentemente descuidada, a sua forma artística era finamente pensada e elaborada.

Fazia, no entanto, uma restrição ao romance eciano: os indivíduos da sociedade lisboeta, retratada e observada, converteram-se em tipos sociais. A criada Juliana era um "tipo" e não um "indivíduo", retendo traços e qualidades das criadas em geral. As individualidades transformaram-se em representações de grupos ou de classes sociais, reunidos "artificialmente num mesmo espaço".

O diretor da *Gazeta* enxergava no procedimento de alegorização da sociedade lisboeta um defeito de observação do romancista. No seu entendimento, não haveria, portanto, um reflexo passivo da realidade pela intriga do romance, como num espelho, mas a ação de um narrador, que reunia indivíduos em grupos sociais distintos.

Observava que, entre as duas formas exeqüíveis de mudanças sociais previstas pela "moderna sociedade" do século XIX, a evolutiva e a revolucionária, o livro de Eça de Queirós expressava a segunda, ambicionando "num dia curar o doente de séculos".

Essa ambição revolucionária incorria em grave contradição vigente com nitidez no romance. Os revolucionários, os adeptos da doutrina que combatia a substituição da punição das faltas e dos crimes sociais pelo ensinamento, eram os mesmos que demoravam "o bisturi na matéria purulenta" e expunham, como num espetáculo, as "decapitações morais" de seus personagens.

L. perscrutava, com competência, o conteúdo do livro, embora na conclusão da matéria voltasse à questão da moralidade da trama. Concluía que a melhor parte da obra seria a final, a descrição do sofrimento de Luísa produzido pelas conseqüências do adultério. Na pintura exaltada das torturas da heroína, residia a "moralidade da fábula", que se constituía numa sorte de remédio preventivo para aquelas que, no futuro, tendessem a trilhar o caminho do erro.

O folhetinista identificava conteúdo moral e qualidade artística na descrição das penas de Luísa e elegia essa descrição como o ponto culminante do romance. Reconhecia que muitos leitores poderiam chegar a conclusões morais diversas do ponto de vista do escritor, concluindo que o livro pregaria cautela, ensinaria às candidatas ao adultério a queimarem as cartas dos amantes. No entanto, à amoralidade tributada a essa leitura, opunha um argumento singelo: para uma tal pregação, não seriam necessárias tantas páginas – mais de seiscentas –, bastariam algumas poucas.

Por outro lado, pensava que o livro conferia publicidade a fatos, como os das cenas do "Paraíso", que poucos membros da sociedade teriam, legitimamente, o direito de conhecer. Que papel exerceria, na consciência dos incapazes de se "regenerarem" ou de evoluírem, as pinturas dos escândalos do "Paraíso"?

O livro escancarava a muitos o que deveria ser examinado por somente alguns, os aptos à evolução, os regeneráveis, a sociedade masculina de pais, filhos e irmãos. A demonstração cabal de que a sociedade contemporânea não estava perdida era o fato de que "pais, filhos e irmãos" não recomendaram, nem recomendariam, em nenhuma hipótese, a ninguém do conchego de seus lares, a leitura daquelas páginas licenciosas.

L. concebia, a exemplo do colunista do *Jornal do Commercio*, uma segregação rígida, uma separação social natural entre os factíveis e os incapazes de evoluírem, os regeneráveis e os irregeneráveis, os que sabem e precisam saber e os que naturalmente "não sabem" nem "deveriam saber", entre pais e mães, filhos e filhas, irmãos e irmãs.

Tal era o estado da arte da leitura de *O primo Basílio* na imprensa fluminense quando Machado de Assis entrou na liça pelas colunas semanais de que era titular em *O Cruzeiro* (OC). Sob o pseudônimo Eleazar, criticou *O primo Basílio* em dois textos do mesmo jornal: nos dias 16 e 30 de abril.

O primo Basílio na imprensa brasileira do século XIX

Iniciou o primeiro reconhecendo que o talento do escritor português justificaria a atenta análise de seu livro. O argumento continha algo de paradoxal: Eça de Queirós não era simples copista de consagrados romances franceses e merecia, portanto, ser objeto de crítica.

Sustentava, contudo, que os graves defeitos observados no romance de estréia, *O crime do padre Amaro*, nasciam de uma imitação incompleta de *La faute de l'abbé Mouret*, de Émile Zola. Se fosse um imitador completo, "o maior defeito na concepção" do romance não teria lugar.

O raciocínio apresentava um desenho circular: Eça merecia ser criticado porque não era um simples imitador, embora os defeitos de seus romances brotassem da imitação imperfeita de textos franceses.

Haveria semelhanças entre *O crime do padre Amaro* e *La faute de l'abbé Mouret* – situação análoga, estilo idêntico, mesmo título –, embora o meio social em que ambos os personagens se moviam fosse distinto. O eclesiástico português vivia numa cidade de província, em meio a mulheres e a outros sacerdotes que do sacerdócio tinham somente a batina e as propinas; mantinham o prestígio social a despeito de serem concupiscentes e maritalmente estabelecidos.

Dessas considerações iniciais, Eleazar adiantou um dos primeiros reparos contundentes ao romance eciano: o desenlace da trama não apresentava nenhuma verossimilhança, entendida por ele como "verdade moral":

> Das duas forças que [lutavam] na alma do padre Amaro, uma [era] real e efetiva – o sentimento da paternidade; a outra [era] quimérica e impossível – o terror da opinião, que ele [tinha] visto tolerante e cúmplice no desvio dos seus confrades; e, não obstante, [era] esta a força que [triunfava].

Seria inverossímil a vitória da "força quimérica" sobre a "real e efetiva". O sucesso de *O crime do padre Amaro* deveu-se, na concepção do folhetinista, à escola literária a que se filiara, inaugurando o realismo na literatura portuguesa.

No ensaio "Instinto de nacionalidade", publicado em 1873, Machado de Assis (1957, v.29) elogiara a oposição e a resistência da literatura brasileira aos "livros de certa escola francesa". Já em 1878, constatava que o arruído produzido pelos dois primeiros romances de Eça e a calorosa recepção de que foram objeto derivavam de seu vínculo estrito e estreito com a escola zolaniana.

Parecia-lhe grave que um escritor anulasse seu estro vigoroso e original, deixando-se embair por novidades estéticas da hora. O Eça bom escritor era, de certa forma, sufocado pelo Eça realista. Havia em *O crime do padre Amaro* "quadros excelentemente acabados", despercebidos, no entanto, pela maioria dos leitores, cultores entusiastas do receituário realista.

Machado não distinguia realismo e naturalismo, deixava entretanto clara e precisa a acepção que conferia à noção de realismo: "reprodução fotográfica e servil das coisas mínimas e ignóbeis". Enxergava o realismo como escola literária movida por uma vontade descritiva de abarcar o conjunto do real, de captar a realidade na sua integralidade. Buscando nada ocultar, nada esquecer, perfazer uma espécie de "inventário" dos aspectos, mesmo que ínfimos, do real, "a nova poética ... só chegará à perfeição no dia em que nos disser o número exato dos fios de que se compõem um lenço de cambraia ou um esfregão de cozinha". A precisão conceitual é um dos méritos do ensaio machadiano.

Voltando a *O primo Basílio*, o crítico argumentou que a boa acolhida do primeiro livro levou o romancista a insistir na fórmula do sucesso, de maneira que a publicação mais recente repetia duplamente a anterior: as convenções da escola realista e o cinismo insensível do padre Amaro no final do romance, repisado por Basílio no fechamento da trama.[2]

---

2 "As palavras cínicas do padre Amaro desapareceram na segunda edição do romance (1880). Machado referia-se, obviamente, à versão de 1876, ao encontro e ao diálogo do padre Amaro com o cônego Dias em Lisboa. Na cena final do romance, que se passa no Largo de Camões, os dois clérigos notaram a aproximação de duas mulheres, mãe e filha, vindas da Rua do Alecrim. Provocado pelo cônego a respeito da mais jovem, respondeu-lhe o padre: "– Nada, nada! Já lá vai o tempo, disse Amaro, rindo, e enrolava o cigarro. E chegando ao ouvido do cônego disse-lhe, risonho malicioso: – Já não as confesso senão casadas. Chut!" (cf. Rosa, 1979, p.103). Amaro fora responsável pela morte da amante, assim como Basílio. O dito final de Basílio repetia de certa forma o significado das palavras finais de Amaro. Ao saber da morte da prima e constatar que se encontrava sem mulher em Lisboa, comentou: "– Que ferro! Podia ter trazido a Alphonsine".

Machado também se repetia na interpretação de *O primo Basílio*. Empregando o mesmo método de análise adotado para o primeiro livro, comparou o mais recente, novamente, com um romance francês, o *Eugénie Grandet* (1833), de Honoré de Balzac.[3]

Tendo como ponto de referência o texto balzaquiano, Luísa, a personagem eciana, ganhava relevo e nitidez. Machado entendia que Luísa se assemelhava e se distinguia de Eugénie. Movida de fora por cordéis acionados por outrem, diferentemente da heroína francesa, Luísa surdia como um ser passivo, um "títere" desprovido de "paixões, remorsos [e] consciência".

Machado empregou, na decifração de Luísa, a perspectiva comparatista, embora não lhe tenha ocorrido sua relação plausível com Emma Bovary, epônimo do romance de Gustave Flaubert,[4] que será um dos traços recorrentes das futuras interpretações da personagem de Eça de Queirós.

Encareceu, também, a construção literária da criada Juliana e ignorou, de certa forma, o personagem que no século seguinte ganharia a cena de *O primo Basílio*, o conselheiro Acácio, entendendo-o como mera reprodução de Joseph Prudhomme, duplo personagem da lavra do escritor francês Henri Monnier:[5] herói teatral em 1852[6] e romanesco em 1857.[7]

O Prudhomme seria o ineditismo do Acácio, o Acácio antes do Acácio e, talvez por isso, o último tenha sido, na perspectiva do crítico brasileiro, pouco digno de atenção.[8]

José Pereira de Sampaio (que tomou o nome de Giordano Bruno como pseudônimo e passou para a história da crítica literária como Sampaio Bruno),[9] no ensaio "A geração nova" (in: Lello, 1945, p.115),

---

3 Honoré de Balzac (Tours, 1799 – Paris, 1850). Ver notas 2, p.208; 4 e 5, p.274.

4 Gustave Flaubert (Rouen, 1821 – Croisset, 1880).

5 Henry Bonaventure Monnier (1799 – 1877). Ver nota 6, p.193.

6 *Grandeza e decadência do Sr. Joseph Prudhomme.*

7 *Memórias do Sr. Joseph Prudhomme.*

8 A referência de Machado de Assis ao conselheiro Acácio foi ligeira: "... [o] conselheiro Acácio (transcrição do personagem de Henri Monnier)" (in: *O Cruzeiro*, OC, 16 de abril).

9 José Pereira de Sampaio Bruno (Porto, 1857 – Porto, 1915). Ver nota 6, p.298.

de 1886, intentou conferir ineditismo ao "conselheiro" do Eça, distinguindo-o de Prudhomme sem obliterar entretanto suas relações:

> Pode conceber-se nada mais nitidamente apanhado em flagrante do que esse conselheiro Acácio, viva engrenagem de molas retóricas, egoísta palavroso, falso moralista, que não é o Joseph Prudhomme da comédia, mas a síntese de um regime governativo, firme pela preponderância de mediocridades, como esse Gouveia Ledesma, em tempos poeta lírico, depois burocrata enfastiado?[10]

Guerra Junqueiro[11] não reconhecia no personagem, por oposição às criações de Balzac, algum conteúdo universalizante:

> O conselheiro Acácio e a criada Juliana do *Primo Basílio*, conquanto não possuam a latitude, a quase universalidade de alguns tipos de Balzac, no entanto como poder de criação, como força de gênio, colocam Eça de Queirós a par do autor da *Cousine Bette*, do *Père Goriot* e da *Eugénie Grandet*.[12]

No universo cultural brasileiro, Acácio não brilhou no século XIX. É possível que a leitura moralista do romance tenha sido demasiadamente atraída pelas cenas do "Paraíso" e, com isso, ficado relativamente esquecida a figura do conselheiro.

Parente próximo de Joseph Prudhomme, o herói eciano não foi, talvez, visto como novidade literária por uma elite conhecedora dos sucessos literários parisienses. É certo que, no transcorrer do novecentos, a importância do escritor Henri Monnier diminuiu no mundo francófono, enquanto a de Eça de Queirós, no universo da cultura em língua portuguesa, não parou de crescer.

Pode-se aventar a hipótese de que, à medida que empalidecia a estrela de Prudhomme, reverberava como inédito o brilho de Acácio. Além

---

10 Sampaio Bruno aludiu ao Prudhomme da "comédia", do teatro, desconsiderando o fato de que Prudhomme era também personagem romanesco.

11 Abílio Guerra Junqueiro (Freixo de Espada à Cinta, 1850 – Lisboa, 1923).

12 "Eça de Queirós: a propósito do novo romance *O primo Basílio*", artigo publicado em *O Ocidente* (OO), em 1º de abril de 1878, e republicado no volume comemorativo do centenário do nascimento do escritor (Lello, 1945, p.59).

disso, o impacto moral de *O primo Basílio* não poderia ser o mesmo, nem tão retumbante no futuro, numa longa época de revoluções dos costumes. A natureza e os impasses da história política lusitana, e também brasileira, ao longo do século XX devem ter conferido relevo ao homem das "meias tintas", ao vaidoso embusteiro, ao eterno situacionista político Acácio.

Eça parecia entender o comportamento acaciano como um aspecto dos costumes políticos de seu momento histórico. Em carta endereçada a Oliveira Martins,[13] argumentou que o historiador, no seu livro *Nun'Alvares*, incorrera no anacronismo de transferir para o passado características típicas de políticos seus contemporâneos, embora reconhecesse que, no século XV, no qual viveu Nuno Álvares, devia existir algum "tipo conselheiral". Nesta passagem da carta, o autor do *Primo...* revelou a origem da inspiração literária do conselheiro Acácio:

> E aí está o que é um grande historiador chafurdar em *Política*: insensivelmente transporta para o homem do passado a ironia ou o desdém que lhe inspiraram os homens da véspera – e desabafa nas costas dos mortos. (Eça de Queirós, 1983, v.2, p.312)

O fundamental na argumentação de Machado de Assis era a demonstração do vazio interior da personagem Luísa, porque daí nasciam, segundo ele, as deficiências do romance do ponto de vista estritamente artístico.

A mais importante delas resultaria da impossibilidade da trama estabelecer de *per se* vínculos dos leitores com um ser fantasmático como Luísa. Nenhum dispositivo catártico se engendraria nessas circunstâncias. A história estaria destinada a não captar a atenção ou a comoção dos leitores.

A intriga, impulsionada por forças externas às personagens, não era tecida por relações verossímeis e necessárias das partes, alongava-se ou encurtava-se guiada por acontecimentos fortuitos ou pela imposição

---

13 Joaquim Pedro de Oliveira Martins (Lisboa, 1845 – Lisboa, 1894). Historiador, político e cientista social português, defensor do socialismo e membro destacado da Geração de 70.

de um narrador incapaz de, na trama ficcional, "[proporcionar] o efeito à causa".

O drama estava mal tecido porque o autor inventava arbitrariamente episódios (como o do roubo das cartas) e impedia que a história se desenrolasse e se sucedesse pelo encadeamento necessário dos fatos.

Nem tudo na ficção, ao contrário dos acontecimentos humanos reais, seria digno do interesse dos homens ou dos leitores. Entre a ficção e o mundo real, existiriam princípios e preceitos artísticos. A ausência de vida interior e o fato de Luísa não ser uma "figura moral" implicariam defeitos, do ponto de vista artístico, profundos e graves.

Além disso, *O primo Basílio* teria radicalizado o realismo de *O crime do padre Amaro*. As preocupações de escola haviam se intensificado; Eça abraçou, no segundo romance, um "realismo sem condescendência". As conseqüências logo se fizeram sentir: a narrativa resvalou no obsceno, no repugnante, nas "perversões físicas" (as cenas do "Paraíso"); a descrição do detalhe sobrelevou o acessório em prejuízo do principal; o autor "acumulou as cores, ... acentuou as linhas", exagerando na caracterização dos fatos, avolumando os substantivos com adjetivos enfáticos ("gravidez bestial").

O Machado-crítico imaginou, ainda, que Queirós cedera, por motivo de filiação doutrinária, à vocação "apostólica" do realismo, engendrando um romance de "tese", voltado para a edificação dos costumes sociais. Nesse passo, Machado, como o folhetinista L. da *Gazeta de Notícias* (GN), enxergou mais ambigüidade que certeza. Se o romance buscava o ensinamento moral, punindo cruamente a adúltera, o aconselhamento mais acertado que infundia nas candidatas ao erro era o de selecionarem criadas cúmplices e leais: "A boa escolha dos fâmulos é uma condição de paz no adultério".

A leitura moralista ou moralizante do livro, aquela que enxergava nas descrições mais "decotadas" das cenas – como as do "Paraíso" – uma intenção crítica do narrador, foi uma das pedras de toque da sua recepção na sociedade letrada brasileira do oitocentos.

Machado insistiu em que o bom artista Eça era aquele que cochilava e esquecia as imposições da doutrina realista. Entreviu *O primo Basílio* como a expressão de uma doutrina que neutralizava vocações e talentos.

O folhetinista de *O Cruzeiro* (OC) completou o comentário mitigando em parte sua perspectiva de militante antinaturalista, reconhecendo que existiam aspectos profícuos no realismo, que poderiam aliarse e engrandecer "a arte pura [e sadia do] *Monge de Cister*, do *Arco de Santana* e do *Guarani*".

O fecho do artigo resumia um programa literário. O futuro autor de *Memórias póstumas de Brás Cubas* não desertava do romantismo, mas consentia em renová-lo ou revigorá-lo com os novos ares do tempo.

No dia seguinte ao da crítica de Eleazar, em 17 de abril, o folhetim "Sem Malícia", do *Jornal do Commercio*, pela terceira vez em um mês, voltou ao assunto do momento, o realismo. O folhetinista, que recebera o romance de Eça com relativo apreço, foi recrudescendo o tom de oposição ao livro, dirigindo agora as baterias não tanto contra o romance, mas contra a escola realista.

Havia um fenômeno curioso nesse conjunto de textos de oposição à nova tendência literária. Atribuíam-se os defeitos do romance ao realismo, e não à pena do escritor português. Machado também trilhara esta vereda.

O folhetim do *Jornal do Commercio* (JC) abria-se com uma nota irônica: "Se não temêssemos que se levantassem contra nós todos os folhetinistas havidos e por haver, escreveríamos agora um folhetim inteiramente realista. Realista na idéia e na forma".

O autor concluía que não era possível redigir um rodapé de primeira página dum prestigioso diário "inteiramente realista", porque "as minúcias descritivas" da escola francesa timbravam pela inconveniência, pela transgressão do decoro devido às famílias honestas e às pessoas bem-educadas.

O folhetinista invectivava contra os efeitos negativos do realismo na sociedade. As razões da diatribe eram numerosas. O livro insinuavase, infiltrava-se nos lares honestos, imiscuía-se nos aposentos de filhas castas de patriarcas austeros, como não saberia fazê-lo nenhum *lovelace*[14]

---

14 *Lovelace*: palavra inglesa composta de *love* ("amor") e *lace* ("laço"), significando, portanto, "laço de amor". Personagem do romance *Clarisse Harlowe*, do escritor inglês Samuel Richardson (1689–1761). Indivíduo sedutor, libertino, e que emprega

janota e amoral. O patriarca que, antes de dormir, inspecionava os refolhos de sua residência, trazendo "o castiçal em uma das mãos e a bengala na outra", não saberia dizer se ficou ou não oculto "no quarto de suas filhas um *Primo Basílio*, encadernado ou em brochura".

A severidade das expressões e o decoro, pontificava o folhetinista, deveriam ser atendidos num pequeno e dificilmente controlável objeto como o livro. O realismo seria, assim, uma impostura. Uma vez divulgadas em "caracteres de imprensa" as "mais repelentes expressões", como bloquear sua influência dissolvente sobre a família e a sociedade?

Sustentando que não se poderia apresentar ao leitor o que em casa se escondia e que "nem todas as verdades se dizem", perfazia o colunista a mais aguda restrição moralizadora à escola zolaniana na imprensa brasileira de 1878. Empregava, entretanto, o adjetivo "puro" para definir o realismo de seu adversário, pressupondo, pois, haver uma recatada forma realista, que se esquivava em revelar o recôndito imoral da realidade, em "descrever com minudência o nauseabundo".

Reservava-se ao "realismo puro" uma "roda limitada" de leitores. Literatura adrede construída para a "edificação ... das quitandeiras", concluía o misterioso jornalista (a matéria não apareceu assinada nem por pseudônimo) que os livros da nova escola produziam uma divisão natural e necessária no público leitor, franqueados a alguns de "estômago forte e educação fraca", interditados à honesta sociedade.

O folhetim de 17 de abril do *Jornal do Commercio* (JC) sucedeu ao de Eleazar de 16 de abril. Em 20 de abril, na primeira página da *Gazeta de Notícias* (GN), um artigo bem redigido respondia às críticas machadianas ao romance de Eça.

---

qualquer recurso para conquistar uma mulher (cf. *Dicionário Houaiss...*, 2001). O personagem parece ter tido grande audiência na cultura brasileira da segunda metade do século XIX. Machado de Assis a ele se refere no poema "No espaço", do livro *Falenas*, editado em 1870. No poema, Lovelace é contraposto ao amor sincero e único de Romeu por Julieta. Euclides da Cunha (Cantagalo, 1866 – Rio de Janeiro, 1909), em *Os sertões* (cap. IV de "A terra"), narra a desdita conjugal de Antônio Conselheiro informando que sua esposa fugiu com um "*lovelace* de coturno reúno, um sargento de polícia".

A oposição do folhetinista de *O Cruzeiro* (OC) ao realismo foi objeto de mais de uma refutação. Seus reparos não haviam sido os únicos divulgados pela imprensa, mas é provável que a qualidade de seu texto e a urdidura de sua argumentação predispusessem os adeptos da nova escola e do romance eciano ao debate.

O folhetim da *Gazeta de Notícias* (GN) de 20 de abril dedicava-se inteiramente ao exame das teses machadianas. O tom do artigo era ameno e elegante, o autor revelava admiração pelo adversário. As teses de Eleazar foram examinadas, pois, com rigor e competência.

S. Saraiva, possível pseudônimo de Henrique Chaves,[15] alegava não ser o "distinto e erudito folhetinista de *O Cruzeiro*" (OC) qualificado para a análise de um romance realista. Adversário da escola, faltava-lhe a imparcialidade para o exercício da crítica, pois seria de pronto levado a combater a causa (a nova escola) e o efeito (*O primo Basílio*).

O crítico postulava a isenção como condição de uma observação desembaraçada de querelas de escola, afirmando que o "adversário não poderá nunca ser o melhor juiz". No seu entender, a intenção do artista deveria, também, ser considerada pelos críticos da obra. Se o propósito de Eça fora escrever um romance realista, ao crítico caberia simplesmente comprovar se o livro correspondeu ou não "às exigências do seu gênero".

Eleazar, conhecido opositor da escola, teria se aproximado demasiadamente armado do romance, enxergando incongruências na concepção da obra, tomando a originalidade do autor como problemática e vendo no romance motivo de enfado e reminiscências de outros livros.

Saraiva sustentou que a crítica não gozava de direitos ilimitados. Não podia indagar ao artista por que escolheu tal ou qual personagem. Devia "aceitar a obra de arte como um fato", perguntar "se ele [era] falso ou verdadeiro", se estaria ou não "em harmonia com o meio onde se fez a sua elaboração".

Eça, escreveu o folhetinista, com "apurado processo de observação [e] escrupuloso respeito à verdade ... transplantou para o livro o viver, o

---

15 Henrique Samuel da Nogueira Rodrigues Chaves (Lisboa, 1849 – Rio de Janeiro, 1910). Ver nota 2, p.205.

caráter, os hábitos, os defeitos, as virtudes dos seus personagens". O essencial em *O primo Basílio*, o que bastaria para qualificá-lo como bom romance na linha do realismo, adviria do fato de sua trama não ser inverossímil, de as palavras dos personagens não estarem em contradição com sua maneira de agir, de os caracteres dos heróis não serem produto da imaginação do escritor, mas fotografia isenta da realidade.

Luísa ostentava o caráter comum da mulher moderna. Havia outras como ela. A favor de Machado, Saraiva aquiesceu que Luísa poderia ser um "títere", mas ponderou que o romance não seria falso ou ruim simplesmente porque sua heroína era um títere. Temperamentos e educações produziriam títeres na vida real. Eleazar incorrera, além disso, em evidente contradição ao afirmar que Luísa-títere sentia medo, desde que títeres, por definição, não experimentam sentimentos como o temor.

Contra o reparo machadiano de que a ação dos heróis do livro era dirigida por circunstâncias e acasos, o articulista da *Gazeta* argumentou pela derrisão, demonstrando falta de entendimento da argumentação de Machado: "Se Eça de Queirós não tivesse escrito *O primo Basílio*, haveria alguma discussão sobre ele?".

Concordou que havia no livro cenas "obscenas", que precisariam ser excluídas. Explicou-as, entretanto, de forma inusitada: visavam popularizar ou propagar o romance. Além disso, "o torpe, o obsceno, o ridículo" não seriam apanágio exclusivo dos escritores realistas, vigindo, igualmente, nas "obras dos adeptos das outras escolas".

Saraiva passou por crivo estreito o conjunto das teses anti-realistas de Machado, porém, em pelo menos um momento, voltou-se para outro interlocutor e dirigiu sua verve contra o titular do folhetim "Sem Malícia" de 16 de abril, do *Jornal do Commercio* (JC), o mesmo que afirmara que nem todas as verdades deveriam ser ditas: seria "natural que tão perfeita fotografia de um quadro, que só peca por verdadeiro, [despertasse] os rancores daqueles que entendem que nem todas as verdades se dizem. – Esta frase foi necessariamente inventada por algum hipócrita célebre".

A invectiva rude do colunista da *Gazeta* deixou entrever, no limitadíssimo círculo de escritores da capital de um país de população majoritariamente analfabeta, mais do que divergência de idéias, a fermentação de ressentimentos e de antipatias recorrentes.

O primo Basílio na imprensa brasileira do século XIX

Todavia, a clara oposição ao articulista duma folha concorrente foi equilibrada e compensada pelo diálogo implícito do texto de Saraiva com outro, de um companheiro seu do mesmo jornal. Duas teses apresentadas por L., no folhetim de 12 de abril, foram incorporadas e desenvolvidas por Saraiva.

A primeira postulava a necessidade da isenção do crítico em face das querelas de escola, e a segunda reconhecia a intenção moralizadora do romance eciano. Saraiva completava o raciocínio de L. sustentando que ao leitor caberia, obrigatoriamente, considerar a intenção do artista na apreciação da obra. Julgava que, por um tal procedimento, a crítica poderia libertar-se de *a-prioris* infundados.

Opunha-se, igualmente, à interpretação dos que pudessem extrair uma moralidade invertida da trama de *O primo Basílio*, aos que recomendassem às mulheres adúlteras espelharem-se no infortúnio de Luísa e tomarem cuidado com as cartas dos amantes. Para os colunistas da *Gazeta*, a banalidade de semelhante ensinamento prescindiria de um alentado volume de mais de seiscentas páginas.

O folhetinista fechou seu enaltecimento e defesa do livro augurando a vitória "colossal" da verdade e de seu rebento, o realismo literário. Previu, como Eleazar, que a herança de Garret[16] seria transmitida, sim, às gerações futuras, embora sob o timbre dos novos tempos.

A *Gazeta de Notícias* (GN), três dias depois do folhetim de Saraiva, concedeu o mesmo espaço da primeira página a um novo polemista – que, desta vez, assinava com o nome próprio, Luiz de Andrade,[17] no lugar do seu pseudônimo usual, Júlio Verim.

O longo artigo de Andrade começava por saudar a democratização das letras promovida pelo romantismo a partir de 1830. Dataria de então a emergência da "república das letras", na qual o sucesso ou o brilho literário tornaram-se proporcionais ao mérito artístico.

Procurando temperar o artigo com humor e ironia, Andrade teorizou, em certas passagens, sobre o ofício dos folhetinistas, dos que gravavam "os seus trabalhos no andar térreo das folhas diárias".

---

16 Almeida Garret, pseudônimo de João Baptista da Silva Leitão (Porto, 1799 – Lisboa, 1854).

17 Luiz de Andrade (Recife, 1849 – Rio de Janeiro, 1912). Ver nota 12, p.214.

Quando se aproximava do final do artigo, escreveu sobre *O primo Basílio*. Definindo-o como obra de político "revolucionário", qualificou-o como "romance de sensação ... admiravelmente arquitetado ... escrito com febre e com encarniçamento". A leitura obedecia ao mesmo diapasão da escrita, extenuante e ininterrupta.

Pois, a esse romance vertiginoso, pleno de qualidades extremas, "comparações e imagens novas, admiráveis e imprevistas", faltava, no seu entender, "um ideal superior". Os tipos eram "infames" e "desconsoladores", "as torpezas de toda cáfila [recaíam] sobre um homem simpático e honesto".

Andrade observou, repetindo Machado, que o "dito final" e "cínico" de Basílio ecoava o de padre Amaro, e insistiu, como Ramalho Ortigão, que Basílio era um tipo falso, desonesto, antítese perfeita de um comerciante e bem-sucedido homem de negócios.

Luísa, que recordaria a Mme. Bovary, de Flaubert, e a criada Juliana estariam, na sua acepção, bem fotografadas do real. O autor, como outros, comparou o romance a uma "fotografia com pontos exagerados" da realidade, embora não reconhecesse na peça eciana os traços dos romances da "escola realista", que infundiam esperanças positivas nos leitores, levando-os à reflexão e ao pensamento.

Andrade finalizou o artigo relatando a parábola do revolucionário fervoroso e seguro da vitória de seus ideais e concluiu que o realismo era a revolução prestes a se impor barbaramente sobre o bom senso, os argumentos e os preceitos mais racionais. Tal seria a natureza cega das revoluções.

De todos os contraditores de Machado de Assis na imprensa fluminense de 1878, o único que anunciou no título de seu folhetim o nome do interlocutor foi Amenófis Efendi, pseudônimo do então conhecido médico Ataliba de Gomensoro:[18] "Eleazar e Eça de Queirós: um crítico do *Primo Basílio*".

Em sua matéria semanal na *Gazeta de Notícias* (GN), Gomensoro travestia-se de sábio oriental recentemente chegado ao Brasil, perscrutador atento dos modos e das modas da vida carioca. Observador externo, o egípcio-árabe Amenófis Efendi enxergava o cômico e o

---

18 Ataliba Lopes de Gomensoro (Recife, 1843 – Rio de Janeiro, 1895). Ver nota 22, p.222.

absurdo da rotina existencial dos nativos com maior clareza que a população local. O método de observação e o estilo do texto repetiam os dos ensaios filosóficos do século XVIII, os de Voltaire[19] de *O ingênuo* e os de Montesquieu[20] das *Cartas persas*.

Amenófis deteve-se, no número da *Gazeta* de 24 de abril, na análise interna da crítica machadiana, recenseando aí algumas contradições e omissões. Como Saraiva, julgava contraditório o veredito de Eleazar sobre Luísa, o de ela possuir nervos e músculos, embora não passasse de um títere. Os títeres não teriam sistema nervoso.

O tipo de Luísa parecia-lhe inteiramente verossímil, até mesmo no pudor (títeres também não teriam pudor) com que recusara o dinheiro que lhe oferecera o primo. Machado também teria afirmado que a criada Juliana era "o caráter mais verdadeiro do livro", embora não demonstrasse nem explicasse o porquê de tal afirmação.

O texto de Gomensoro, eivado de referências à cultura clássica e bíblica, apropriava-se do pseudônimo usado por Machado em seus rodapés do *Cruzeiro* (Eleazar, personagem do Antigo Testamento) para construir seus argumentos. Pois, Eleazar esqueceu que também na *Bíblia* havia descrições intensamente eróticas, de que são exemplos notáveis os louvores a Sulamita nos *Cânticos* de Salomão.

Discordou, acompanhando Saraiva, da censura machadiana ao poder das circunstâncias casuais no desenrolar da intriga do romance. Machado escrevera que se "as cartas não fossem descobertas ou [se] a criada não tivesse tido a malícia de as procurar ... estava acabado o romance logo que o primo tivesse conquistado a conquistável prima etc.".

Gomensoro foi pura ironia em sua contra-argumentação: "se Eleazar, o irmão de Judas Macabeu, não tivesse querido matar o elefante sobre o qual estava Antíoco, para aprisionar o rei da Síria, não teria o valente guerreiro morrido esmagado por esse animal, que caía morto".[21]

---

19 Pseudônimo de François-Marie Arouet (Paris, 1694 – Ferney,1778). Ver nota 16, p.242.

20 Charles-Louis de Secondat, barão de Montesquieu (Bordeaux, 1689 – Paris, 1755).

21 Gomensoro retomou, nessa passagem, o argumento anteriormente expresso por S. Saraiva, também, na *Gazeta de Notícias* (GN): "... se Eça de Queirós não tivesse escrito *O primo Basílio*, haveria alguma discussão sobre ele?". O curioso é que o con-

O romance eciano, no entender de Amenófis, expressão da "escola romântica positiva", não intentou difundir algum ensinamento ético ou moral, mas apenas "fotografar cenas comuns da sociedade moderna".

O realismo, iniciado na literatura portuguesa por Eça de Queirós, não estava "a caminho da estrangulação", como assim parecia a Machado-Eleazar. Muito de acordo com as cores da época, Amenófis refutava o prognóstico do adversário, recordando-lhe a inexorabilidade da mudança. O *monge de Cister*, de Herculano,[22] lembrado por Machado, já "não seria [no final do século XIX] ... tão apreciado como antes porque já não estaria com a época".

Entre o folhetim de Amenófis e o texto escrito por Eleazar no *Cruzeiro* (OC) de 30 de abril, a *Revista Ilustrada* (RI) de Angelo Agostini publicou, no número de 27 de abril, o artigo "As três questões", assinado por D. Fortes, e a *Gazeta de Notícias* (GN), em 28 de abril, abria o rodapé de sua primeira página para mais um comentário sobre o realismo e o livro de Eça de Queirós.

O texto da *Ilustrada* referia-se a três graves questões do momento, uma das quais era *O primo Basílio*. De acordo com o colunista, as opiniões sobre o livro divergiam-se caoticamente: era "um livro indecente; [era] um livro de fundo moral; [era] imoral; não [podia] entrar em casa de família; [podia] – rasgada a página 320; [era] realista; [era] naturalista; não [era] nada".

Nesse clima de indecisão, dizia D. Fortes, as mulheres atiravam-se, com curiosidade, ao romance, avançando algumas delas diretamente à

---

teúdo dessa argumentação, formulada na primeira hora da crítica ao texto de Machado de Assis, acompanhou as leituras do texto machadiano sobre *O primo...* até os dias atuais. Álvaro Lins (1965, p.111-2), importante crítico literário brasileiro do século XX, escreveu sobre isso: "... os enredos e os personagens de Eça não [têm] a solidez nem a independência que Machado de Assis reclamava deles. A independência que Machado de Assis reclamou deste *Primo Basílio* só se sustenta por uma série de incidentes que se conjugam nas ocasiões propícias. Mas Machado levava ao máximo a sua exigência, usando de um critério que nenhum crítico pode usar, o de imaginar para os personagens alheios, destinos diferentes. Levantava, assim, hipóteses indefinidas: e se Juliana não tivesse descoberto a carta, e se Luísa as tivesse resgatado com dinheiro? A única resposta possível seria mesmo essa: e se Brás Cubas tivesse casado com Virgínia, e se Bento, do *Dom Casmurro*, se tivesse ordenado padre?".

22 Alexandre Herculano de Carvalho Araújo (Lisboa, 1810 – Vale de Lobos, 1877).

O *primo Basílio* na imprensa brasileira do século XIX

página 320, muitas vezes assessoradas por algum primo Basílio, encarregado de lhes explicar "as pausas [na narrativa] e o cofiamento do bigode do outro". O semanário de Agostini parecia divertir-se com o imbróglio moral provocado pelo livro e com a provável ineficiência das interdições conservadoras impostas à obra.

Sustentava o autor da matéria que o fim da contenda, com a perfeita definição do livro, estava, entretanto, prestes a ser anunciada ao público. Uma grave figura da cultura nacional, "ilustre chefe dos ... literatos" locais, colaborador do *Jornal do Commercio* (JC), recém-chegado da Europa, decepara com justeza o nó górdio da dúvida nacional e definira com precisão a obra, com sua agudeza proverbial, como um romance que apresentava, de maneira inequívoca, "636 páginas".

Com humor, a *Revista Ilustrada* (RI) entendia que o livro escapava aos seus críticos, aos sabichões consagrados, e que as argumentações mais semeavam que dirimiam dúvidas.

O folhetim da *Gazeta* de 28 de abril saudava a nova doença nacional, sucedânea da febre amarela, o "basilismo". Escrevia F. de M.[23] que escritores da China, do Egito e da Holanda haviam se lançado na aventura da interpretação do enigma literário do momento. Referia-se a Amenófis Efendi e, quem sabe, a Carlos de Laet,[24] de ascendência holandesa, e provável titular da coluna "Sem Malícia", do *Jornal do Commercio* (JC).[25]

Para F. de M., folhetinistas e folhetins inundavam a cidade, havendo aqueles que, para atrair os leitores, juravam que escreviam sem malícia, e de fato cumpriam a palavra, escrevendo não somente "sem malícia" mas também "sem sal".

O titular do rodapé do *Jornal do Commercio* (JC) era, novamente, alvo de crítica. Saraiva havia apodado de hipócrita determinada máxi-

---

23 Pseudônimo do autor da coluna "A Semana". F. de M. seria, talvez, segundo Arnaldo Faro (1977, p.137), a forma abreviada do nome de Ferreira de Menezes (Rio de Janeiro, 1845 – Rio de Janeiro, 1881). Ver nota 9, p.233.

24 Carlos Maximiliano Pimenta de Laet (Rio de Janeiro, 1847 – Rio de Janeiro, 1927). Ver nota 4, p.168.

25 "Na referência ao Egito era clara a alusão a Amenófis Efendi; a menção à Holanda talvez se destinasse a Carlos de Laet, que não formava entre os admiradores do livro". (Faro, 1977, p.136)

ma moral por ele propagada. Ao que parece, o jornalista do antigo diário fluminense não contava com a simpatia de seus contemporâneos.

O debate sobre *O primo Basílio* produzia assim, nas páginas dos jornais, o sarcasmo e o deboche. O autor do folhetim "A Semana" – após conceituar a escola realista como a que melhor deixava "às vistas e bem em relevo os seus escritores" – imaginou como seria um ofício ministerial realista, dirigido ao Imperador.

Projetou, de fato, dois ofícios, um redigido segundo os padrões da "escola realista ou basilesca", outro de acordo com os preceitos da "escola ideal romântica ou lamartinesca". Os dois hipotéticos ofícios do Ministério da Fazenda versariam sobre uma única demanda: o dinheiro necessário para o auxílio à população flagelada pela grande seca nordestina de 1877.

O debate ensejava o jogo irônico, como já havia ocorrido na coluna "Sem Malícia" de 17 de abril, em que o autor planeava a redação de um folhetim cumprindo as normas escandalosas do mais estrito realismo. A ironia de F. de M. redundou, até mesmo, na criação de novos termos e palavras, como "basilismo", "basilesco" e similares.

Foi nesse clima de humor sarcástico e confrontos interpretativos que o folhetinista de *O Cruzeiro* (OC), Eleazar, voltou ao assunto já abordado em sua coluna havia quinze dias e respondeu a seus críticos da *Gazeta de Notícias* (GN), S. Saraiva e Amenófis Efendi. O folhetim veio a lume em 30 de abril; o folhetinista prometia escrever sobre o assunto pela última vez.

Reconhecia que, no seu primeiro texto, em lugar da "generalidade do diletantismo literário", decidira "pela reflexão paciente e longa", e que o conteúdo da crítica desagradara a muitos num país cujos hábitos não se distinguiam pelo rigor: "a severidade [não] está muito nos hábitos da terra".

A doutrina realista, que também não era tão nova, angariara número considerável de correligionários, que se indignaram e se agitaram com a refutação do livro de Eça de Queirós e, sobretudo, da doutrina. Saraiva e Amenófis procuraram, assim, cumprir uma função curativa, aquietar os ânimos e aliviar as sensibilidades feridas.

Eleazar julgava não ter sido compreendido por completo e estranhava que seus adversários, a despeito de não o entenderem, não se calassem.

Machado-Eleazar reafirmou seus pontos de vista sobre o livro e a doutrina realista, procurando deixá-los mais claros nos aspectos que julgou mal interpretados.

Contrapondo-se a Saraiva, reiterou que reconheceu o "talento" do autor português, o "dom da [sua] observação", o "esmero de algumas [de suas] páginas", a "perfeição de um de seus caracteres" (a da personagem Juliana). E foi devido ao reconhecimento do valor do artista que se decidiu pela "análise sincera", apontando "os graves ... defeitos" de "concepção" e da "escola em que o autor [era] aluno [e aspirava] a tornar-se mestre".

Insistiu que não o entenderam e, já que assim foi, cabia-lhe mostrar aos "defensores a todo transe" de Eça de Queirós "como se deve ler e entender uma objeção". Recorde-se que Saraiva e Amenófis expuseram ao ridículo o argumento machadiano de que o extravio das cartas era um fato apenas contingente e que, caso não tivesse ocorrido, a trama exauria-se sem nenhuma decorrência essencial ou conseqüência de relevo.

Acrescente-se que este ponto de vista, segundo o qual um fato "acidental" determinava a ação, era correlato à tese, igualmente fundamental na análise de Eleazar, de que a tessitura de *O primo Basílio* apresentava incongruências e "antinomias", produzidas pelas incursões arbitrárias do narrador na cadeia factual.

A atribuição feita pelo narrador, por exemplo, de "escrúpulo de dignidade conjugal" a Luísa era "antinômica" à "composição do caráter" da personagem. Essa concessão de dignidade ou de remorsos não era mais que um dom dispensado pelo escritor à heroína, incongruente e contraditório com a construção do tipo até aquele momento.

Seriam estes, afinal, os fulcros essenciais da crítica machadiana ao romance, já tematizados no primeiro texto, retomados e agora mais bem desenvolvidos.

Eça teria, pois, transgredido duplamente as "leis da arte", primeiro transplantando a ação dos "caracteres e dos sentimentos ... para o fortuito" e, em seguida, inserindo-se na intriga de modo imperativo e contraditório. Saraiva elaborara, em seu artigo de 20 de abril, uma espécie de vade-mécum da liberdade do escritor por oposição aos direitos e aos limites da crítica.

Machado, em nome das leis da arte, reconhecia os limites do narrador e os direitos da crítica. A análise crítica contaria com uma espécie de ramo de ouro, com a "verdade estética".

A argumentação de Saraiva era, no entanto, procedente. O crítico deveria limitar-se a analisar o texto literário e eximir-se de pedir ao escritor o que ele não se dispunha a apresentar.

A procedência do argumento ensejou a resposta do colunista do *Cruzeiro* (OC): Eça de Queirós tinha o direito de "lançar mão do extravio das cartas", era "no modo de exercer ... que a crítica lhe [tomava] contas". Citava como exemplo a diferença profunda entre a importância das cartas em *O primo Basílio* e a influência de um objeto aparentemente trivial, o lenço de Desdêmona, em uma peça clássica. No *Otelo* de Shakespeare, "os elementos principais da ação" eram, de fato, "a alma ciosa e ardente de Otelo, a perfídia de Iago e a inocência de Desdêmona".[26] O drama não estava ancorado em algum fato episódico ou acessório, mas "nos caracteres, nas paixões, na situação moral das personagens".

Machado não refutou todas as objeções de Saraiva e de Amenófis. A propósito de suas possíveis contradições na definição de Luísa como títere, sugeriu-lhes simplesmente a "leitura pausada" do livro por que, pelo "menos na crítica", "a paciência [era] a metade da sagacidade".

Estranhou que Amenófis utilizasse a *Bíblia, en cette affaire*, como legitimação da falta de decoro literário do romance eciano, sustentando que havia uma diferença essencial entre a "indecência relativa de uma locução" e a indecência sistemática de uma obra.

Manteve a condenação ao livro do ponto de vista da "impressão moral" que poderia causar nos leitores, até mesmo pela ambigüidade da mensagem que conteria: ensinar as adúlteras a bem escolherem sua criadagem. O livro parecia-lhe moralmente reprovável: uma jovem casta e inadvertida o leria do início à "última página sem fechá-lo".

Seguindo essa assertiva de conteúdo moralista e, quem sabe, conservador, Eleazar basicamente encerrou seu ensaio-resposta, aconselhan-

---

26 Desdêmona, Otelo e Iago são personagens da tragédia em cinco atos *Otelo, o mouro de Veneza*, de William Shakespeare (Stratford-upon-Avon, 1564 – Stratford-upon-Avon, 1616), cuja primeira representação ocorreu em 1622.

do aos jovens de Portugal e do Brasil, "de ambas as terras da nossa língua", que não se deixassem "seduzir por uma doutrina caduca, embora no verdor dos anos".

Havia cores patriarcais nesse aconselhamento. O folhetinista mostrava-se protetor, simultaneamente, das jovens castas e dos jovens talentos. Talvez imaginasse ter alguma missão a cumprir, uma obrigação dos notáveis para com os pouco experientes.

Falava, entretanto, em nome da língua portuguesa; o argumento não era nacionalista, não reivindicava, como num ensaio anterior, nenhum "instinto de nacionalidade". A história literária não seria a das literaturas nacionais, mas a dos idiomas.

Concedia, apesar de tudo, uma função positiva ao realismo, que, se não se substituísse às doutrinas aceitas e vigentes, poderia reorientá-las e corrigir-lhes os excessos de aplicações.

Eça era um sectário das doutrinas de Zola – assim o entrevia Machado em 1878. Contra ambos, ou contra a profissão de fé naturalista – observação detalhada, captação e descrição do real –, o futuro autor de *Quincas Borba* poderia, como Heráclito,[27] sustentar que "a natureza ama se esconder de nossos olhos", para concluir que "o realismo ainda não [esgotou] todos os aspectos da realidade".

Três dias depois da publicação da réplica de Machado a seus críticos, Ataliba de Gomensoro treplicou no seu folhetim "Cartas Egípcias". Em sua coluna, tinha por hábito e por estilo zombar dos ares da sua "nova terra", de forma que a irritação com a resposta de Eleazar guardava muito de sarcasmo e ironia.

Machado lamentava-se não ter sido entendido por seus oponentes e sugeria-lhes a releitura de suas objeções a *O primo Basílio*. Amenófis Efendi desprezou o conselho do adversário, mofando da ingenuidade do primeiro folhetim de seu interlocutor, sobre a qual não se justificaria ne-

---

27 Heráclito de Éfeso (c. 540 a.C. – c. 470 a.C.). Um dos mais importantes filósofos pré-socráticos, Heráclito é considerado, também, um dos fundadores da Filosofia. Sua concepção de que todos os sinais da verdade advêm do pensamento e da palavra, que devem ser permanentemente decifrados e interpretados, teria-lhe rendido a alcunha de "O obscuro". Entre suas preocupações filosóficas, estava a questão do eterno fluxo da natureza e do cosmo.

nhuma releitura. Confirmou que, na sua própria argumentação, o *Cântico dos cânticos* fora tomado como um texto literário prenhe de erotismo, embora seu opositor, Eleazar, o entendesse como "texto religioso".

Machado, de fato, sustentou que se o *Cântico* fosse recebido no "sentido místico e superior", não poderia ser chamado de erótico; caso contrário, se interpretado no "sentido literário", mudaria radicalmente de sentido, não seria poesia, mas drama de autoria duvidosa. A associação da religião com o erotismo era essencial na tese de Amenófis. O Machado-crítico incompatibilizava experiência mística e erotismo.

A sensibilidade orgulhosa do titular das "Cartas Egípcias" fora arranhada pelas recomendações didáticas de seu interlocutor, que lhe recomendara a releitura do texto e, pelo menos uma vez, pretendera lhe ensinar "como se deve ler e entender uma objeção".

Amenófis fingiu-se agradecido com os conselhos do "mestre" e prometeu pagá-los prontamente com a crítica de romances brasileiros "escritos há poucos meses", sendo um desses de autoria do "literato mais mimoso do país". O tom era de ameaça direta, pois *Iaiá Garcia* acabava de ser publicado.

Na batalha que se travou em torno do romance de Eça de Queirós, sobrou para Machado de Assis o epíteto nada lisonjeiro de "literato mimoso". O debate trouxe-lhe provavelmente – considerando seu temperamento tímido – alguns dissabores.

3

Sátiras, poemas, epistolografia

A revista de Bordalo Pinheiro, *O Besouro* (OB), francamente favorável ao *Primo...*, satirizava o hábito machadiano do trocadilho. Sempre que formulava um exemplo dessa espécie, prontificava-se logo em explicar que se tratava de um trocadilho "feito a machado".[1]

A revista celebrou, na charge de Bordalo intitulada "Literalogia", até mesmo o casamento de Iaiá Garcia com o Mota Coqueiro,[2] personagem do romance homônimo de José do Patrocínio.[3] A charge repre-

---

1 Arnaldo Faro (1977, p.143) informa que foi tal a adesão de *O Besouro* (OB) ao romance de Eça de Queirós que a mascote-símbolo da revista, um macaco, era chamado de Basílio. Consta-se que Basílio, às vezes, fugia da sede do periódico, na Rua do Ouvidor 130, pondo em polvorosa os transeuntes do ponto chique do Rio de Janeiro.

2 *Mota Coqueiro* foi apresentado como romance contrário à pena de morte, inspirado no fato real de um erro judicial (cf. Faro, 1977, p.144). Segundo Wilson Martins (1979, v.4, p.17), "só indiretamente *Mota Coqueiro* pode ser tomado como um romance contra a pena de morte: será, antes, um romance contra a escravidão, porque o seu *verdadeiro* tema é a inevitável depravação de caráter desencadeada no escravo pelo trabalho servil". O carrasco do inocente Mota Coqueiro era um negro que teria sido desumanizado pela escravidão.

3 José Carlos do Patrocínio (Campos, 1854 – Rio de Janeiro, 1905) participou da fundação da Confederação Abolicionista, em 12 de maio de 1883. Sacramento Blake (1893, v.4, p.376) atribuiu-lhe a autoria, juntamente com André Rebouças, do Manifesto da Confederação, sendo nomeado, com Joaquim Nabuco, seu delegado na Europa. O romance *Mota Coqueiro* foi publicado em capítulos na *Gazeta de Notícias* (GN) e editado em livro em 1877.

sentava Iaiá, durante a boda, dando a mão ao consorte e alongando amorosamente o olhar para um personagem inusitado, estranhamente presente na cena, o primo Basílio. Ao fundo da cena, achavam-se os pais dos noivos, Machado de Assis e José do Patrocínio.

O Besouro (OB) representava o personagem eciano situando-o na vida cotidiana do Rio de Janeiro da época. No seu número de 6 de abril, publicou uma curta história dum enfatuado carioca que, no ponto do bonde, anunciava a uma jovem desconhecida que poderia fazer com ela o que Basílio fizera com a prima Luísa (Faro, 1977, p.131).

Noutra caricatura de Bordalo, de 13 de abril, sintomaticamente intitulada "Depois de uma leitura do *Primo Basílio*", a jovem esposa de um comendador abastado apresentava ao marido o primo Quincas, recém-chegado de Paris. O marido, de aparência grossa como um cepo, com os braços voltados para trás, murmurava carrancudo "Mau... mau".

A caricatura retratava a sala de um tradicional solar brasileiro, ornada com retrato de antepassado ilustre na parede. Pendia das mãos do comendador uma folha de jornal, em clara alusão ao barulho provocado pelo *Primo...* na imprensa fluminense.[4]

Em seu quase um ano de duração (de 6 de abril de 1878 a 9 de março de 1879), o semanário *O Besouro* (OB) dedicou sucessivas matérias ao assunto:

> ... [*O Primo Basílio*] aparece, salvo engano, mencionado nos sete números iniciais [da revista], diminuindo a incidência, num total de onze vezes. Um mês depois de ter sido lançado no Rio de Janeiro, o romance de Eça já era assunto de *O Besouro* e motivo de piadas.[5]

No número de 20 de abril, o hebdomadário abriu duas páginas a um bizarro episódio sobre "O que fez o primo Basílio [no] Paraíso":

> Aparece aqui o *leitmotiv* do humor criado em torno do romance: uma cena do capítulo VII, que acontece no Paraíso. Basílio faz a Luísa um pedi-

---

4 Caricatura reproduzida em Pereira & Reys (1945).
5 Glória Carneiro do Amaral. "*O primo Basílio* n'*O Besouro*: um aspecto pontual da recepção do romance no Brasil" (in Miné & Caniato, 1997. p.213).

do tão secreto que, sussurrado ao ouvido, nem chega ao conhecimento do leitor. Mas o pedido foi realizado, e Luísa, "toda escarlate", exclama: "Oh, Basílio". Ele sente-se vitorioso: "Ensinara-lhe uma sensação nova: tinha-a na mão!". A paródia entrelaça-se de tal forma ao texto do romance, que, se não o conhecermos bem, o humor se dilui. Donde se pode concluir a que ponto a obra estava sendo lida. São Pedro, ao receber Basílio, retoma enlevado as palavras com que o narrador descreve as sensações de Luísa: "Meu querido Basílio, estou ao seu dispor para a vida e para a morte! Tens-me na mão! Ensinaste-me uma nova sensação!". Há trechos adaptados a clientes conhecidos. O cinismo de Basílio, vendo-se sem divertimento em Lisboa e lamentando não ter trazido a Alfonsina, é retomado pela fala de Maria Madalena, quando experimenta o perfume: "Ora, que ferro! Que pena não ter conhecido o primo Basílio antes do meu arrependimento. Experimentava uma nova sensação e tudo ficava perdoado na liquidação de contas, quando me reconciliei com os bem-aventurados."[6]

O Besouro (OB), no período em que "zumbiu" na imprensa fluminense, referiu-se de forma ampla ao debate, publicando, como habitual na cultura da época, poemas satíricos dedicados à polêmica.[7]

Também o teatro era de tal importância nos meios culturais brasileiros da segunda metade do oitocentos que um folhetinista da *Gazeta de Notícias* (GN) caricaturou o "susto patriarcal" dos maridos nativos, provocado pelo conteúdo moral do romance de Eça, comparando-os ao personagem Bartolo do *Barbeiro de Sevilha* de Beaumarchais.[8] Luísa

---

6 Ibidem.

7 G. C. do Amaral (ibidem, p.216-7) reproduz o seguinte soneto do poeta carioca Carvalho Júnior, "A propósito do primo Basílio", publicado no número da revista de 6 de julho de 1878: "Sentado ali juntinho em atitude ufana / Num *pouff* de cetim, – dispéptico, suado, / O cabelo revolto, arfando de cansado, / Ele a contempla nua em cima da otomana. / Enquanto ela indolente e mórbida se abana, / A boca e o lábio seco, o rosto machucado, / Por um tremor nervoso o corpo inda agitado / Na febre da volúpia histérica e tirana. / Então a se esvair no derradeiro espasmo, / Com um gesto de enfado e mágoa e de sarcasmo, / Tediosa e sutil murmura-lhe a uma orelha: / Ora! O primo Basílio é mesmo uma antiqualha! / Estás muito atrasado, ó pálido canalha! / A nova sensação p'ra mim é muito velha!".

8 Pierre-Augustin Caron de Beaumarchais (Paris, 1732 – Paris, 1799). Ver nota 1, p.244.

encarnaria Rosina, jovem e ingênua protegida de Bartolo. Basílio seria o próprio conde Almaviva, auxiliado, no seu intento de libertar a bela jovem do poder e do controle severo do seu senhor e tutor, por algum Fígaro de plantão.[9]

Os periódicos semanais, como O Besouro (OB) e a Revista Ilustrada (RI), distinguiam-se a olhos vistos das sisudas folhas diárias. Aparentando-se neutros perante o debate, divertiam-se com o abalo produzido pelo livro no moralismo da época. Em estilo mais leve e texto mais ligeiro que o das folhas diárias, as alusões zombeteiras dirigiam-se, mais claramente, a assuntos e personagens da sociedade carioca do momento.[10]

Entre as colunas fixas da Ilustrada, uma, intitulada "Livro da Porta" e reservada à correspondência do público leitor, abria a segunda página do periódico. Os textos dos leitores não eram inteiramente publicados, limitando-se a revista a resumi-los e respondê-los de forma econômica e bem-humorada.

Conforme o hábito da época, as correspondências quase sempre vinham assinadas por pseudônimos bizarros, como "Sr. Moralizador", "Sr. Xantipo", "Sr. Madre Pérola", "Sr. Romântico" etc.

---

9 Na comédia de José Alencar O demônio familiar (1857), o Fígaro nacional seria o moleque escravo capaz de desestabilizar os relacionamentos dos membros da "boa família" brasileira. Sacramento Blake considerou a comédia de Alencar como uma defesa da sociedade branca brasileira, conspurcada por um singular agente, a escravidão. A peça seria assim, paradoxalmente, um libelo antiescravista (Sacramento Blake, 1893, v.5, p.77).

10 Na Revista Ilustrada (RI) de 15 de fevereiro de 1879, havia uma nota, publicada na página 7 e assinada pelo pseudônimo A. Esfinge, que ironizava o comentário ufanista do visconde de Taunay, recém-chegado de uma viagem pela Europa: "Orgulhemonos, compatriotas! O major Taunay, que chegou da Europa, disse pelo Jornal do Commercio que viu por lá muita coisa; mas que o Rio de Janeiro... o Brasil... etc. e tal... Enfim que somos um povo adiantado, somente não sabemos apreciar o que possuímos de bom. Pois é pena que não saibamos apreciar todas as nossas encantadas maravilhas, porque tê-las e apreciá-las seria ouro sobre azul. Mas querem ver que o nosso major, com a sua inocência, só viu da Europa o que ela não tem de bom... Mau gosto, major". A ironia crítica do jornalista empregava títulos de livros de Alfred d'Escragnole Taunay, o visconde de Taunay (Rio de Janeiro, 1843 – Rio de Janeiro, 1899): Ouro sobre o azul, romance publicado em 1875, e o célebre romance Inocência, de 1872.

O "Livro da Porta" de 27 de abril retrucou a um "Sr. G. Paredes" nos seguintes termos: "Uma das suas composições é magnífica; mas está muito a *Primo Basílio*, e nosso jornal tem entrada no seio das famílias". Já no número de 11 de maio, a resposta dirigida ao "Sr. Romântico" divergia radicalmente da anterior: "Nós cá somos realistas".

Ostentando ambigüidade, os semanários posicionavam-se, paradoxalmente, com clareza, divertiam-se com o nó moral criado pelo romance e traziam o humor e a burla à gravidade e à sisudez do confronto. Rir do julgamento decisivo e do sério implicava diminuí-los e desarmá-los, e nisso consistia sua crítica corrosiva.

O debate extrapolou o círculo de escritores e leitores do Rio de Janeiro, estendendo-se às províncias do Império. A segunda página do *Correio Paulistano* (CP) publicou, no dia 14 de maio, um longo e significativo poema, do qual reproduzimos algumas estrofes:

I
Poetas da Paulicéia
A musa da Nova-Idéia
Tem tomado surra feia,
Que praga!
Se lhe não trazeis auxílio,
A escola que fez "Basílio"
Naufraga.

II
Os amigos da realeza
Têm dado bordoada tesa
Na musa da Marselhesa
Sem pena!
Poeta dos "Devaneios"!
Chegai-vos, sem mais rodeios,
Para o circo dos torneios,
À arena!

...

VIII
Poetas da Paulicéia,
A musa da Nova-Idéia

Tem tomado surra feia,
Que praga!
Se lhe não trazeis auxílio,
A escola que fez "Basílio",
E que baniu o idílio
Naufraga.

A poesia intitulada "A guerra do Parnaso em Portugal" era uma exortação ao combate literário, um apelo à concentração das hostes culturalmente inovadoras ao lado de *O primo Basílio*, uma chamada ao engajamento cultural da província de São Paulo num debate que corria solto na Corte. Publicado originalmente no *Diário do Rio* (DR), o poema de oito estrofes aludia a nomes de obras e de escritores românticos que, em conluio com a "realeza", agrediam a "Nova-Idéia", a "Marselhesa" e *O primo Basílio*.[11]

Já em 5 de maio, o jornal *A Província de São Paulo* (PSP) estampou na sua primeira página um longo artigo, "*O Primo Basílio* por Eça de Queirós", assinado pelo estudante de direito e filho de célebre político do Partido Liberal, Afonso Celso Júnior.

O futuro conde e patriota ufanista era versado em poesia e lides literárias. Machado de Assis, no ensaio "A nova geração" (dezembro de 1879),[12] referiu-se com elogios a dois de seus livros de poesia, *Devaneios* e *Telas sonantes*.

---

11 Foram vários os poemas inspirados pelo personagem eciano, mas, entre todos, um foi particularmente significativo. Trata-se do soneto de Flamínio (pseudônimo de Olavo Bilac) intitulado "Esperando a viúva", escrito em 1887. O poeta sonha que, num domingo triste e chuvoso, chega a viúva, a quem ele despe das roupas molhadas. Os dois tercetos aludem claramente à indigitada página 320 de *O primo Basílio*: "Eu te beijo o cabelo, as mãos, a face, / O seio duro, o braço feiticeiro, / Os lábios quentes, os rendados cílios... / Porém acordo... Ah! Se eu não acordasse, / Na fúria de beijar-te o corpo inteiro / Desbancaria todos os Basílios". Mas, mesmo Bilac, anos depois, atenuaria a referência muito direta à cena célebre do "Paraíso", modificando os tercetos: "Tremes de frio, entrechocando os dentes... / Bátegas de água, tépidas, lá fora / Rufam nas pedras, encharcando a rua; / E dos meus lábios, trêmulos, ardentes, / Outra chuva te cai, quente e sonora, / – Chuva de beijos, sobre a espádua nua" (Elói Pontes, *A vida exuberante de Olavo Bilac*, apud Faro, 1977, p.191).
12 Ensaio republicado em *Crítica literária* (Machado de Assis, 1957, v.29).

Ficou patente no artigo da *Província* que Afonso Celso conhecia as restrições de Machado ao realismo e ao livro de Eça, embora não se dispusesse a respondê-las. Empregando um vocabulário precioso e técnico, de origem biológica e médica, saudou o talento do artista português, superior, na sua opinião, ao de Zola.

Invertia, de certa forma, o julgamento de Machado, convertendo Eça sectário e discípulo de Zola, para Eça melhor que Zola: "Acoimam Eça de Queirós de imitador de Émile Zola. É Telêmaco, porém, que [excedeu] em não pouco o seu Mentor".[13] Mentor de Telêmaco–Eça, Zola muito lhe ensinou, como a "minúcia descritiva, a ciência do detalhe, a verdade do colorido, escrúpulo consciencioso na observação [e o encantamento com] os atos comezinhos da nossa vida vulgar". O discípulo soube, porém, furtar-se ao exagero do mestre.

O pitoresco é que o autor absorveu as objeções de Machado a Eça e reorientou-as contra Zola. Reproduziu até mesmo o vocabulário das artes plásticas utilizado por Eleazar: "Zola [gostava] sobremaneira de carregar as tintas. [Timbrava] em traços rudes, em acentuações grosseiras". O epígono seria mais elegante, um cientista que resvalava na matéria pútrida com "luva de pelica" e empregava na observação avisada um microscópio de "aro de ouro".

Afonso Celso reduzia *O primo Basílio* à interação de três caracteres predominantes: o primeiro, o do "sedutor" ocioso e sem "compreensão de deveres"; o segundo, o espírito sem "critério para discernir o falso do verdadeiro"; o terceiro, o da "revolta contra as injustiças sociais ..., mas erma de luz guiadora".

A narrativa e a trama do romance brotariam do reencontro desta tríade de heróis, Basílio, Luísa e Juliana, respectivamente. O conselheiro Acácio, personagem-símbolo do romance para as gerações vindouras, passou praticamente despercebido pelos primeiros leitores do livro.

A análise de Afonso Celso continha uma particularidade. Reconhecia que a atitude da criada era uma revolta contra as injustiças sociais,

---

13 Na *Odisséia* de Homero, Mentor (um disfarce da deusa Atena) é o amigo mais velho de Telêmaco, filho de Ulisses, e que o acompanha como conselheiro na viagem que empreende, à procura do pai, às cidades de Pilos e de Esparta.

confundindo, embora, por falta de ciência, "reação legítima" com "vingança torpe".

Machado escrevera que Juliana era a personagem mais coerente da trama e que Luísa era um tipo romanesco falhado. Já Afonso Celso não enxergava inverossimilhança na construção literária de Luísa e de Basílio, ambos "filhos legítimos" da "educação social" e "do estado moral" da época.

O romance seria "a fotografia exata ... a reprodução fiel do ... meio social", feita com arte, "justa medida" e rigor de análise. Uma vez formulada a hipótese, o romancista deduzia "das premissas estabelecidas", "sem o desvio de uma linha", as suas "conclusões lógicas, necessárias [e] verdadeiras".

O desenho do conjunto e a precisão das particularidades eram, assim, apresentados sob uma forma extremada de verossimilhança. Mesmo sem nomear os interlocutores, Afonso Celso discordava de Ramalho Ortigão e de Machado de Assis. Contrariamente a Ramalho, não considerava Basílio um tipo falso, não vendo incompatibilidade do "dandismo" com o sucesso empresarial. Argumentou que "os predicados torpes" eram, ao contrário, "requisitos de êxitos" financeiros.

Contrapondo-se a Machado, reiterava que Luísa "não [era] uma ficção", nem um "boneco movido a cordel por outros", porque tinha "vida própria [e] caráter". "Produto de um sistema de princípios estereotipados", "maleável", "impressionável", desprovida do "fortificante" do "estudo e do trabalho", a esposa de Jorge saiu coerente e verossímil do pincel do artista.

Como Saraiva, o autor julgava infundado concluir da "maleabilidade dos princípios" da heroína a inexistência da personagem. *O primo Basílio* seria um romance de crítica a uma "sociedade anã", produtora de erros. As imoralidades presentes na obra eram, pois, fotografias bem tiradas de uma sociedade defeituosa. A hediondez estava nas coisas, no mundo, na realidade. Alguns críticos haviam confundido o mal na sociedade com o mal no romance. A arte apenas realçava a verdade e contribuía para a perfectibilidade social.

Eça de Queirós, manejando o "escalpelo realista", demonstrava que os sentimentalismos românticos "produzem dispepsias do espírito e físicas de inspiração". Queirós "removeu com o bisturi o foco venenoso", para que socialistas e moralistas lhe aplicassem "o cautério para os antídotos". Os críticos que o acoimaram de imoral pediam-lhe, de fato, a mentira e a inverossimilhança.

Afonso Celso dialogava, ao que parece, com Eleazar, combatendo os que acusaram o livro de "obsceno, destituído de melindres [e] de rebuços". A resposta aos detratores do livro foi, no final, curta e direta, num texto empolado, eivado de preciosismos vocabulares e de termos científicos: "para alcançar a boa-venturança era mister não só indicar as virtudes como os erros". Comprovou, a exemplo de Amenófis Efendi, essa sentença moral com a *Bíblia*, o livro por excelência das virtudes e dos erros.

A resenha teatral da *Revista Ilustrada* de 11 de maio anunciava a encenação, para breve, "do drama que provocou tanta cutilada e tanto aparato bélico" nos meios dos leitores da capital do Império.

O texto levantava uma hipótese, incômoda e absurda para as autoridades patriarcais do momento, sobre a autoria da adaptação do romance para o teatro, atribuindo-lhe a uma requintada mulher e misteriosa escritora.

A resenha resumia a perspectiva do periódico de Angelo Agostini sobre o debate. *O primo Basílio* aguçou a curiosidade das mulheres que, contrariamente ao que escrevera L. na *Gazeta de Notícias*, desdenharam da opinião dos pais, dos irmãos e dos maridos, e leram-no à socapa.

A sociedade carioca parecia, segundo os argumentos da *Revista Ilustrada*, ter-se dividido em duas faces contraditórias, a da aparência austera, patriarcal, e a da realidade oculta, verdadeira e mais liberal. Os homens haviam perdido o controle, o domínio do que se passava no recôndito do lar, como temia o autor da coluna "Sem Malícia" do *Jornal do Commercio* ao reconhecer a dificuldade que teria um páter-famílias de controlar um objeto como um livro nos meandros domésticos.

Ocorreu, assim, uma espécie de transgressão de limites, esfumando-se a fronteira entre "a castidade inadvertida" (para empregar uma expressão de Eleazar-Machado) e os não muito castos advertidos e já iniciados.

A *Revista Ilustrada* percebia que o combate a *O primo Basílio* o popularizara, que a tentativa de barrar sua leitura provocara a inundação, e que o esforço em manter a segregação dos leitores fora inútil. Parecia, além disso, ver esses fatos com o sarcasmo de quem se contentava com o questionamento, ainda que tênue, do poder masculino.

A expectativa da breve encenação teatral do romance produzia, antecipadamente, objeções críticas. F. de M., titular da coluna "A Semana", da *Gazeta de Notícias*, que havia noutra oportunidade combatido, com ironia, *O primo Basílio*, voltou ao assunto em 26 de maio.

O texto só incidentalmente falava do livro, referindo-se, em quase sua totalidade, a questões do momento, como rumorosos casos policiais e judiciários. Fez somente duas alusões ao "basilismo" (neologismo criado pelo jornalista) e ao realismo: a primeira alusão acompanhou a menção a um veredicto da polícia sobre um cadáver encontrado no morro de Santa Teresa, e a segunda, ao anúncio da comemoração do centenário da morte do filósofo francês Voltaire.[14]

No primeiro momento, a polícia fluminense tornou-se, na pena do folhetinista, membro conspícuo da escola zolaniana: "A polícia é severa nos seus juízos e pertence à escola realista. Um boi é um boi e um gato é um gato, e no seu entender desde que alguém é bêbado não pode ser assassinado e, portanto, aquela morte não foi senão uma bebedeira".

Já nos últimos parágrafos, a crônica apelava para o auxílio da voz "sonora" de um importante ator da época, Pedro Luiz, na homenagem ao "gênio" morto havia cem anos. Relembrar Voltaire, a plenos pulmões, parecia a F. de M. mais do que importante, essencial naquela quadra em que o "basilismo" incendiava a cultura nacional.[15]

Afirmando ser temerário combater o "basilismo", tal o seu sucesso no país, o colunista da *Gazeta* prontificou-se em se desculpar, antecipadamente, por sua atitude blasfema, asseverando entretanto, num rompante heróico, que o livro era "simplesmente imundo [faltando-lhe]

---

14 Como a referência a *O primo Basílio* limitou-se a duas curtas passagens, o folhetim "A Semana" de 26 de maio não foi reproduzido no presente volume.

15 "Oh! nunca como no presente foi tão preciso ouvir-se-lhe a voz sonora [de Pedro Luiz], cheia de ilusões, cheia de luzes, patética, romântica! Nunca como agora! O *basilismo* alastra por toda a parte, enriquecendo os livreiros e prometendo boas propinas aos teatros. Ai porém de quem ousar dizer que o romance de Eça de Queirós é um exemplar de imoralidades, ai dele! Que logo será esbordoado!"

aparecer à luz do tablado e sem cabelos para não haver mais dúvidas sobre o quanto [era] nojento".

A referência era dupla, "à luz do tablado" e "sem cabelos" – no teatro e representado pelo calvo ator Furtado Coelho –, engravecia-se a imoralidade do romance eciano. A companhia dirigida por Furtado Coelho patrocinou, de fato, a adaptação para o teatro, cabendo ao ator e empresário o papel de Jorge, marido de Luísa.[16]

Antes que a encenação teatral do romance português proporcionasse mais um alento à polêmica, Eça de Queirós escreveu da Inglaterra uma carta – curta e irônica – ao seu maior crítico, Machado-Eleazar, datada de 29 de junho.

O texto é precioso, foi o único momento em que se estabeleceu um contato direto entre os dois grandes escritores, ressalvando-se a seca dedicatória posta num exemplar do *Quincas Borba*, que se resumia aos nomes próprios do destinatário e do autor da doação: "A Eça de Queirós. Machado de Assis. 15. 4. 92".[17]

Eça incorporava, na sua carta, o ponto de vista machadiano sobre a crítica literária: só se critica o que merece ser criticado. Escreveu o autor de *O primo Basílio* que o artigo do dia 16 de abril, publicado em *O Cruzeiro* e o único que afirmava conhecer, "pela sua elevação e pelo talento que [estava] feito, [honrava] o livro, quase lhe [aumentava] a autoridade".

O argumento combatia o veneno com veneno, voltava contra Machado a argumentação machadiana, simulando acatá-la. Os bons livros são condição para boas críticas. O artigo de Machado não teria sido tão percuciente se o romance não o fosse, igualmente.

Reconhecia, ao mesmo tempo, "os graves defeitos dos [seus] romances" e a virtude de representarem a "Escola" realista, "elevado fator do

---

16 Arnaldo Faro (1977, p.155), considerando ser Furtado Coelho fisicamente impróprio para representar a figura de Jorge, aludiu a sua idade, a sua calvície e à crítica de F. de M. no folhetim da *Gazeta*: "... [F. Coelho] tinha pouquíssimo cabelo. Um dos detratores do romance ... escrevera ... que 'o *Primo Basílio* ... simplesmente imundo [só faltava aparecer] à luz do tablado e sem cabelos...'". Ver nota 4, p.257.

17 Lúcia Miguel Pereira (1955, p.200-1) reproduz a página com "a mais lacônica das dedicatórias".

progresso moral na sociedade moderna". Dispunha-se, assim, conversar com o crítico brasileiro, "através do oceano", sobre "elevadas questões de arte", em defesa do realismo e não de si mesmo, que "nada valia".

Eça lera com cuidado as objeções a seus dois primeiros romances. Machado encontrara neles, sobretudo, defeitos de escola. A defesa dos romances começava, portanto, pela defesa do realismo.

O polêmico escritor português notou a "hostilidade quase partidária [de Eleazar] à Escola Realista" e que, sendo essa a fonte de suas objeções, poderia eventualmente asseverar, como o folhetinista S. Saraiva de a *Gazeta de Notícias* no artigo do dia 20 de abril, que eram querelas de escolas literárias que estavam em causa e que o "adversário não poderá ser nunca o melhor juiz".

A forma da carta era aparentemente polida e modesta. O romancista dizia-se honrado pelo "total acolhimento [de *O primo Basílio*] por parte de uma literatura tão original e tão progressiva como a do Brasil".

O "acolhimento" não fora total, houve pelo menos um falso acorde. A afirmação pode, entretanto, ser interpretada de maneira asperamente adversa à crítica machadiana. Eça aludia a uma acolhida seletiva, o assentimento foi "total" ... "por parte" dos que praticavam e propagavam uma literatura "original" e "progressiva".

E, finalmente, "rogar" ao que lhe era criticamente mais "revesso", que agradecesse aos "colegas de jornal" a unânime aceitação do livro, consistia no emprego de uma figura, a ironia, muito pouco sutil.

Houve, apesar de tudo, um diálogo entre os dois escritores. Machado criticou; Eça respondeu. A qualidade da crítica e da resposta, severamente fundamentadas e polidamente agressivas, promanava do talento artístico e cultural dos interlocutores.

4

Das páginas do livro para os lumes do proscênio

Em 6 de julho de 1878, a primeira página da *Gazeta de Notícias* (GN) trazia um artigo longo, com título rebuscado e enfático: "*O primo Basílio*, peça realista extraída do romance do mesmo título, pelo Dr. A. Cardoso de Menezes".[1]

O autor da matéria, que assinava como S. Saraiva, era o mesmo que respondera à crítica machadiana de 16 de abril. Agora, Saraiva discutia a transferência do romance "das páginas frias da brochura para os lumes do proscênio".[2]

---

1 Antônio Frederico Cardoso de Menezes e Sousa (Taubaté, 1849 – Rio de Janeiro, 1915). Teatrólogo, compositor musical, jornalista e funcionário público. Ver nota 1, p.262.

2 De acordo com Arnaldo Faro (1977, p.150-3), já houvera uma adaptação de *O primo Basílio* para o teatro, feita por ninguém menos que Ferreira de Araújo, médico, jornalista e diretor fundador da *Gazeta de Notícias* (GN). A peça foi anunciada no Rio de Janeiro nos primeiros dias de maio de 1878. Tratava-se no entanto de um gênero denominado, na época, de *a-propósito* e que focalizava um acontecimento qualquer da atualidade. O *a-propósito* de Ferreira de Araújo transformou o drama em peça cômica, reduzida a quatro personagens (Basílio, Luísa, Juliana e o conselheiro Acácio) e a um só ato. A comédia foi apresentada no Teatro Fênix Dramática em 27 de maio em "benefício" do ator Silva Pereira, que representou o primo Basílio. A respeito de seu desempenho, escreveu *O Besouro* em 1º de junho: "O Silva Pereira fez de Basílio um homem inteligente; não é papel para ele". Segundo Faro, o *benefício* era um espetáculo variado, em que se representavam duas ou três peças, aparecendo o ator "beneficiado" em todas elas.

A crítica teatral carioca foi unânime em condenar a adaptação teatral de O *primo Basílio*, apresentando o argumento basilar da extrema dificuldade em se extrair "um drama de um livro". Considerava a tal ponto as particularidades dos gêneros artísticos que descria de qualquer possibilidade de sucesso de tais adaptações: "O que no livro pode deleitar o leitor e revelar a arte do autor, no teatro pode enfastiar o espectador, que, na sua cadeira de platéia, tem exigências bem diversas do que quando lê o livro no seu gabinete".

Saraiva pensava que as dificuldades aumentavam em se tratando do livro de Eça de Queirós, que nem classificado ou tido como romance fora, mas como um "episódio doméstico", totalmente desprovido de ação. Julgava, além do mais, que qualquer autor de drama teatral deve "lealdade literária" ao autor do livro que adapta, estando "obrigado a respeitar o seu [do autor do livro] ponto de vista".

Argumentando sempre com rigor e clareza, o articulista encareceu as virtudes artísticas do "episódio doméstico" e a incongruência do drama representado no teatro do Cassino.

O dramaturgo transgrediu, com "deslealdade", a perspectiva do texto-base. Nos nove quadros e nos cinco atos que compunham a peça, nada havia que pudesse interessar o espectador. Recorde-se que Machado tivera a mesma impressão, mas com relação ao livro.

Saraiva enumerou os graves defeitos artísticos do drama: quadros sem encadeamento lógico ou fio que os justificasse; propósito artificial do autor em alongar a trama, intervindo arbitrariamente na história; a cena principal de um quadro já estando prevista e praticamente descrita no antecedente; diálogos indiferentes à ação; presença de quadros sem utilidade e ausentes no livro.

Na crítica publicada no mesmo periódico, em 20 de abril, Saraiva enaltecera como um dos méritos frisantes do livro a articulação coerente das palavras com a caracterização dos heróis. No drama do Cassino, os diálogos, ao contrário, pareciam desconectados com a ação dos personagens.

No entanto, o que pareceu mais grave ao crítico foi, de um lado, a alteração do caráter de Jorge, que na peça transformou-se em marido sanguinário, disposto a punir com a morte a mulher adúltera, de outro, a ausência de referências ao que constituiria "o maior valor da obra", as descrições das torturas de Luísa, que no livro se escandiam por mais de trezentas páginas, feitas com "profunda observação e grande conhecimento dos sentimentos humanos".

A Luísa torturada era a chave, no entender de muitos analistas, da moralidade do livro. Pois a moralidade havia se esfumado no drama de Cardoso de Menezes.

Combatendo a adaptação teatral, Saraiva reiterava sua admiração pelo simples "episódio doméstico" de *O primo Basílio* – descrição de "trivialíssimo episódio de um adultério sem escândalo" (conforme artigo do dia 20 de abril) – composto com naturalidade e com ausência de lugares-comuns.

As objeções do colunista da *Gazeta de Notícias* ao drama teatral revelavam, sensivelmente, uma nítida apreensão de teorias artísticas, talvez predominantes na época, e que postulavam, como condição da boa fatura artística, a relação necessária das partes, a submissão do autor à cadeia factual, às exigências de verossimilhança da fábula, o caráter pouco previsível das ações dos personagens num quadro em que se sobressaíam os vínculos não-contingentes entre os elementos de uma obra de arte.

A edição de 7 de julho da *Revista Ilustrada* (RI), na seção "Sobre Teatros", assinada por Toby,[3] reagiu com ironia à encenação de *O primo Basílio*.

O autor confessou-se surpreso em deparar, no lugar da coisa ruim que esperava, algo verdadeiramente péssimo. A peça primava pela lentidão, tinha "mais atos do que ação". O golpe de misericórdia no janota e estrangeirado primo de Luísa foi, no entender do articulista, perpetrado pela encenação brasileira do romance. E o ator que representava o primo Basílio, o Torres, acabava de condená-lo definitivamente.

O artigo repetia o traço típico da *Ilustrada*, habitualmente zombeteira para com as celebridades vaidosas da época, aludindo com mofa à representação até mesmo de Lucinda Simões,[4] a prestigiada artista e empresária teatral do momento.

---

3 Pseudônimo provável de Antônio Vicente da Fontoura Xavier (Cachoeira do Sul, 1856 – Lisboa, 1922). Poeta, jornalista e diplomata. Ver nota 5, p.272.

4 Lucinda Simões (Lisboa, 1850 – Rio de Janeiro, 1928). Importante atriz nos palcos brasileiros da época. Ver nota 2, p.271.

Segundo o colunista, Lucinda fora irrepreensível, como sempre, não permitindo que o público entendesse uma só palavra que pronunciava em cena. Lucinda encarnou a personagem de uma francesa inventada pelo dramaturgo Cardoso de Menezes.[5]

Toby considerou uma honra para Eça de Queirós ter a história de um de seus livros levada à cena por tão formoso talento de dramaturgo. Num dos instantes mais calorosos da representação, no momento em que o texto cênico afastava-se nitidamente do original, o público prorrompeu em aplausos e Cardoso de Menezes foi chamado ao palco.

Para o colunista, o fato comprovava que Eça era um "tolo" e Cardoso um luminar. Também Ernestinho, o autor teatral romântico e piegas de *O primo Basílio*, foi, na irônica perspectiva do narrador do romance, chamado ao palco algumas vezes durante a apresentação do drama. Chamar o autor ao palco era, ao que parece, uma convenção da época que permitia medir o sucesso da encenação.[6]

As críticas sobre a peça encenada no teatro do Cassino sucediamse. No mesmo dia da crítica da *Ilustrada*, 7 de julho, ninguém menos que Machado-Eleazar opinava sobre um espetáculo a que muito possivelmente não assistira.

Machado de Assis prometera não voltar ao assunto da escola realista, *O primo Basílio*, mas não cumpriu o prometido. Seu curto artigo reiterou o argumento da dificuldade de transportar uma obra de "uma forma" artística para "outra".

---

5 Havia alguma ambigüidade na crítica de Toby: "O papel que coube à Sra. Lucinda é um papel ingrato, infeliz, sem razão de ser, e aquela atriz, inteligente como é, executou-o à risca, não permitindo que o público o compreendesse, nem entendesse uma só palavra do que pronunciou em cena". Era provável que Toby elogiasse o desempenho de Lucinda, que mais uma vez cumpria em cena o seu justo papel, evitando que os espectadores compreendessem as palavras duma personagem mal inventada e pessimamente construída.

6 O mesmo crítico, em outro número da *Revista Ilustrada* (RI), assinou um poemeto no qual se lia: "Não é drama, é uma peça / O Basílio do Menezes; / Uma troça feita ao Eça, / Não é drama, é uma peça. / Ri o povo e diz: Hom'essa! / Uma troça tantas vezes! / Não é drama, é uma peça, / O Basílio do Menezes". (In: Raimundo Magalhães Júnior, *O Império em chinelos*, apud Lyra, 1965, p.183.)

O primo Basílio na imprensa brasileira do século XIX

Sendo assim, concluía que o fracasso da encenação nada provava "contra a escola realista e seus sectários". A "nossa e nova igreja" podia persistir, com tranqüilidade, "na doce convicção de que a última palavra em estética [era] suprimi-la ... [e] que todo o movimento literário do mundo [estava] contido nos nossos livros".

Nessas poucas linhas, Machado reaparecia como um crítico ainda mais rigoroso do realismo. Reunidos em "igreja", os realistas pareciam-lhe fanáticos, assim como os livros brasileiros pareciam-lhe dedicados, exclusivamente, à nova escola. Em seu entendimento, tudo era realismo na cultura brasileira do momento, e quem não comungasse com o novo credo enfrentava a intolerância congregada em seita.

Os ecos de idéias recorrentes, os assentimentos coletivos, as unanimidades de opiniões incomodavam o crítico e escritor brasileiro. Muito de sua produção cultural fundava-se num diálogo cético com as certezas de seu tempo. Como reconhecia que a escola era "nova", podia deliberar, nas entrelinhas, que o novo nem sempre era benfazejo.

Havia, além disso, uma novidade na invectiva anti-realista de Machado. Ao lado de Émile Zola, erguia ele à categoria de mestre, o "feitiço" da "nova igreja", Charles Baudelaire,[7] o poeta de *"La charogne"* ("A carcaça"). A escolha, entre tantos, deste poema das *Flores do mal* era, sem dúvida, reveladora. Machado entendia o realismo como a descrição literária minuciosa da decomposição e do putrefato.

As críticas da peça revezavam-se na grande imprensa do Rio de Janeiro: os que haviam escrito sobre o livro de Eça voltavam-se, agora, para sua adaptação teatral. O longo folhetim da *Gazeta de Notícias*, de 12 de julho, as "Cartas Egípcias" de Amenófis Efendi, foi inteiramente dedicado à representação de *O primo Basílio* no teatro do Cassino. O conhecido médico Ataliba de Gomensoro provavelmente escreveu seu texto no correr da pena, dando a impressão de não tê-lo relido e corrigido.

---

7 Charles-Pierre Baudelaire (Paris, 1821 – Paris, 1867). Um dos precursores do simbolismo, Baudelaire exerceria influência indelével sobre toda a arte do século vindouro. Autor, entre outras obras, de *As flores do mal* (1857) e *Os paraísos artificiais* (1860). De 1868 a 1870, registra-se a publicação da primeira edição de suas obras completas. Ver nota 7, p.275.

Como outros críticos, Gomensoro-Efendi enalteceu o livro e rebaixou o drama teatral. Ridicularizou a criação por Cardoso de Menezes da personagem de uma *cocotte* francesa, amante de Basílio, e inexistente no livro. A péssima recepção pelo público de tal personagem precipitou sua exclusão na segunda representação do drama.[8]

Gomensoro confirmou tratar-se, paradoxalmente, de um drama "sem ação". No palco, reinavam a anarquia e a incongruência artísticas, descuravam-se das mais comezinhas leis da arte. O autor impunha, decidia; as ações não se explicavam nem se determinavam mutuamente: "os atores [entravam e saíam] sem razão de ser ... quando o poeta carecia deles em cena, sem outro motivo plausível".

Na sua maneira de ver, a transposição do livro para o teatro transformou o "realismo romântico" do romance num "melodrama". Algumas teses realistas, porém, permaneceram no texto cênico. E foram estas que transformaram o drama num espetáculo abjeto.

Para alguém que justificara o erotismo do romance comparando-o com certas passagens da *Bíblia*, a perspectiva de Gomensoro, crítico de teatro, era estranhamente moralista. Admitia no romance o que excluía no palco.

Dissertou que o teatro, escudado no realismo, tornava-se "um corruptor, um depravador de costumes". Relembrou Horácio[9] que, quase dois mil anos antes, definira o teatro como um admoestador severo dos maus costumes sociais e concluiu ser impossível a conversão de romances da escola realista para dramas teatrais, voltados para a edificação moral do público.

Além disso, Efendi entendia que Cardoso de Menezes apagara a lição moral e essencial do romance, premiando "a mulher que errou" com

---

8 Segundo informação dos críticos da época e, também, de Amenófis Efendi: "Na noite seguinte à da primeira representação, a peça já foi representada sem esta cena. Ainda bem!".

9 Quinto Horácio Flaco (Venúsia, 65 a.C. – Roma, 8 a.C.). Poeta lírico e satírico, celebrou nas suas *Odes* e *Epístolas* a arte, a amizade, o amor. Escreveu *Ars poetica*, que grande influência exerceria sobre Nicolas Boileau, poeta e crítico do século XVII que também escreveu uma *Arte Poética*. Foi amigo de Augusto, Virgílio e Mecenas.

o "bem supremo" da "morte instantânea". No livro, o sentido da fábula estaria na tortura de Luísa, impossibilitada de esquecer seu "crime".

Analisando a peça, Gomensoro repisava, em certa medida, as objurgatórias de Machado contra o livro e assumia uma perspectiva radicalmente preconceituosa. As cenas do "Paraíso" provocavam-lhe engulho. Já a sua leitura do romance era semelhante à de S. Saraiva: julgava que o autor intentou punir a falta de Luísa, o que ficava evidente nas precisas descrições de seu sofrimento. O ponto de vista do romancista era, para eles, justo e certo, como se o patriarcalismo tivesse em Eça um paladino e defensor de talento.

Não havia mais dúvida a respeito da adaptação de *O primo Basílio* para a cena brasileira, o resultado fora um flagrante e reconhecido fracasso.

A "Resenha Teatral" da *Revista Ilustrada* ainda voltou ao assunto, no seu número de 21 de julho, criticando o dramaturgo – sempre com humor – por ter ele extraído do romance o que este não continha.

Sendo a ironia da *Ilustrada* voltada preferencialmente para as celebridades do momento, o resenhista tomava os personagens pelos atores. Disse ter dormido durante a representação e acordado somente quando "a Sra. Apolônia [que fez o papel de Luísa] morreu, coitada!".[10]

A matéria, não assinada, sugeria a Cardoso de Menezes, "excelente pianista", aproveitar "a celebridade do romance", reduzindo-o a um gênero de sucesso imediato e seguro no Brasil, que fazia "parte do repertório do assobio", a polca.

Concluía que o espetáculo foi tão "amolador" que no lugar de *O primo Basílio*, assistiu-se, de fato, no Cassino, a uma "Sogra Basília".

A temporada de *O primo Basílio* no teatro foi demasiadamente curta, estendendo-se de 4 de julho a 13 do mesmo mês (cf. Faro, 1977, p.160). Com o encerramento do espetáculo, caiu o pano sobre o candente debate em torno do realismo. A disputa estendera-se de março a julho de 1878.

No final daquele ano, Machado de Assis, enfermo, trocou o Rio de Janeiro e uma longuíssima e assídua colaboração na imprensa por uma

---

10 Apolônia Pinto (São Luís, 1854 – Rio de Janeiro, 1937). Importante atriz brasileira, filha da artista portuguesa Rosa Adelaide Marchezy Pinto. Ver nota 5, p.268.

temporada de três meses na cidade fluminense de Nova Friburgo. Sentia-se extenuado. É provável que o debate e o excesso de atividade não lhe tenham feito bem.[11]

Os dias passados nas montanhas de Nova Friburgo traçaram com linha grossa uma fronteira na produção do escritor Machado de Assis. O autor de *Iaiá Garcia* regressaria às letras acompanhado de um enigmático personagem e estranho narrador, o defunto Brás Cubas. Mas, num aspecto, Machado parecia não se haver modificado: seu ponto de vista sobre a escola zolaniana permanecia.

Em 1º de dezembro de 1879, publicou um alentado trabalho na *Revista Brasileira* (RB) sobre "A nova geração" de poetas brasileiros. As considerações sobre o Sílvio Romero[12] poeta angariaram-lhe a inimizade e o ódio visceral do escritor sergipano, e as apreciações sobre o realismo, novamente polêmicas, suscitaram resposta na *Revista Ilustrada* (RI) de 20 de dezembro, assinada por A. Gil. Em essência, o texto da *Ilustrada* discutia o estado geral das artes plásticas no Brasil, e somente em seu desenrolar o autor puxou o diálogo com o Machado da *Revista Brasileira*.

A exposição promovida pela Academia de Belas-Artes foi o *leitmotiv* do artigo e de seu argumento central: as artes visuais no Brasil nasciam velhas, eram crianças decrépitas, corroídas "pela podridão hereditária".

O quadro pintado por A. Gil trazia cores sombrias. No Brasil, o "gosto [corrompia-se], a inspiração [desaparecia], a técnica [estragava-se, viciava-se, retrogradava-se]". O mal estaria na Academia e no academismo, que manietavam e "abastardavam" a pintura e a arquitetura.

As letras respiravam ares mais puros, "a poesia [renegava] a convicção das escolas gastas, para seguir outro impulso e cantar outro ideal".

---

11 "Saíram, então do Rio, ele e Carolina, indo para Nova Friburgo, como então se dizia, de onde guardariam a melhor impressão, para onde voltariam mais tarde. Era a primeira vez que Machado de Assis gozava de férias ... já doente e abatido. Interrompia os hábitos de disciplina e de convivência intelectual" (Pereira, 1955, p.167). A colaboração de Machado no *Cruzeiro* cessou no mês de setembro, quando foi substituído por um folhetinista que assinava Rigoleto e que logo mudou o nome do folhetim de "Notas Semanais" para "Conversas do Domingo".

12 Sílvio Vasconcelos da Silveira Ramos Romero (Lagarto, 1851 – Rio de Janeiro, 1914).

Como não havia, segundo o autor, "Academia para a literatura", não havia "palavra oficial para a poesia".

A falta absoluta de educação estética nos meios artísticos era corroborada pela escolha do tema, feita pelos acadêmicos, para o concurso de pintura daquele ano: "São Pedro ouvindo cantar o galo".

O autor, entretanto, posicionou-se contra o fechamento da Academia de Belas-Artes num país sem museu, sem "bons modelos" pictóricos para o estudo, sem cursos regulares sobre arte, jungido a uma atmosfera artística rarefeita e pobre. A reforma completa da Academia parecia-lhe, porém, tarefa urgente.

Foi no interior dessas considerações que A. Gil situou e absorveu as preleções machadianas sobre "a idéia nova [e] a geração moderna" de poetas brasileiros, discutidas no ensaio publicado na *Revista Brasileira*.

Como Machado enaltecera a "nova geração poética, viçosa e galharda, cheia de convicção e fervor", a feição deprimente das artes plásticas ganhava, por comparação, uma nitidez acabrunhante.

O colunista pontuou, no entanto, algumas divergências suas para com o crítico literário. A. Gil voltava, por assim dizer, aos dias calorosos do debate de 1878 e repetia contra Machado o ponto de vista de S. Saraiva, segundo o qual "o adversário não era nunca o melhor juiz". No Machado de Assis crítico transpareceria "o literato, o homem de escola". O autor de *Falenas* enxergava o realismo do prisma adverso do romantismo.

Faltava ao "nosso crítico", no entender do colunista, uma compreensão abrangente dos movimentos artísticos, o realismo "[chasqueava] da escola velha", como o romantismo, a nova escola no passado, chasqueara da escola clássica.

A lógica das oposições não as eximia, contudo, das influências mútuas. O realismo, mesmo trazendo tantas novidades – entre as quais a influência dos progressos da ciência –, ressentia-se obrigatoriamente do romantismo.

A. Gil considerava que a visão de Machado trazia preconceitos, talvez, demasiados ao exercício da crítica. Condenou peremptoriamente, por exemplo, o realismo, mesmo sem defini-lo: "o realismo não serve para nada". A condenação, na ausência de qualquer definição e julgamento, só poderia ser descabida e injusta.

Machado abandonou, a partir dos anos de 1880, a crítica direta dos movimentos artísticos e das obras literárias. A esse respeito, comentou Lúcia Miguel Pereira:

> Foi esse ["A nova geração"] um dos últimos trabalhos críticos de Machado de Assis, que, com a idade, se foi tornando cada vez mais prudente. Até então, mesmo depois de abandonar o *Diário do Rio de Janeiro*, fazia crítica aqui e ali, sempre com grande elevação e independência; depois, limitou-se a um ou outro prefácio elogioso. (Pereira, 1955, p.175)

Há, entretanto, um aspecto espantoso na biografia cultural do escritor carioca. Cerca de dois decênios após "A nova geração", uma questão, a mais fundamental do célebre debate sobre o realismo-naturalista de *O primo Basílio*, ressurgia, ainda que implicitamente, numa carta escrita pelo escritor brasileiro e publicada na *Gazeta de Notícias* (GN) de 24 de agosto de 1900.[13] A carta lamentava o falecimento recente e precoce de Eça de Queirós.

Ficava assim implícito que o autor de *Quincas Borba* guardara, nesses longos anos, o travo do combate ferido e a reminiscência do papel representado na época por Eça de Queirós.

O destinatário da carta, Henrique Chaves, combatera, sob o pseudônimo de S. Saraiva, as objeções formuladas a *O primo Basílio* pela primeira crítica assinada por Eleazar, em 16 de julho de 1878.

De todos os contendores de Machado, Chaves fora o mais arguto, elegante e profundo. O grande escritor o admirava e expressou-lhe afeto num pequeno texto, publicado no número 20 da revista *O Álbum*

---

13 A *Gazeta de Notícias* noticiou, no seu número de 18 de agosto de 1900, a morte de Eça de Queirós, ocorrida no dia 16 daquele mês. A *Gazeta* anunciou, em 19 de agosto, que faria celebrar, no dia seguinte, às "9 ½ horas, na Igreja da Candelária, missa sufragando a alma do seu ilustre colaborador, o grande escritor português Eça de Queirós". O jornal publicou, no número do dia 24, os nomes ilustres que compareceram à missa. Encontravam-se lá, representando a Academia Brasileira de Letras, Machado de Assis, José Veríssimo, Olavo Bilac, José do Patrocínio etc. A carta assinada por Machado, publicada na *Gazeta* de 24 de agosto, era datada do dia anterior, 23 de agosto.

(OA), de maio de 1893, esboçando a biografia de um jovial amigo de 44 anos.[14]

Agora, em agosto de 1900, assumindo a direção da *Gazeta*, após a morte de Ferreira de Araújo, Chaves pedia a Machado a redação de uma nota, algumas palavras sobre Eça de Queirós, no que foi de pronto atendido.

O destino reunia em torno de Eça os mais brilhantes dos combatentes do passado, Eleazar e S. Saraiva. Porém, na inusitada reunião, Machado parecia não ter esquecido Eleazar e, ainda menos, dos antigos argumentos da questão brasileira sobre *O primo Basílio*.

Segundo suas palavras, a morte levara o membro "mais esbelto da família" dos romancistas de língua portuguesa. A família ampliada era composta da sucessão das gerações e dos membros ilustres da geração vigente, "das relíquias" da mais antiga e "da flor [da mais recente e] nova".

Na dinâmica das "relíquias" e das "flores", o romancista português deu "novas graças" à língua, conservou "tradições velhas", unindo novas graças e velhas tradições como somente consegue fazê-lo "a grande arte".

Sem a língua já formada e sem a arte já constituída, não se poderia guardar "o patrimônio de Vieira e de Camões", embora "cada passo do século [renove] o anterior e a cada geração [caibam] os seus profetas". Não seria Eça de Queirós um "passo" do século e um "profeta" de sua geração?

O pequeno texto tem a forma de um réquiem, de última homenagem a alguém de quem se teve mágoa ("o mal da dor") e a quem se perdoou pelo bem que a muitos proporcionou (o "mel da língua"). A confissão de Machado foi grandemente significativa. Começando pela "estranheza", acabou admirando o que o havia ferido pelo que realizou em benefício de uma causa augusta e mais geral, a da língua e a da arte, renovando-as, recolhendo e consolidando os contributos das gerações.

---

14 "Quando Arthur de Azevedo, em 1893, lançou o semanário *O Álbum*, uma característica da publicação (e que lhe justificava o nome) era estampar, em cada número, acompanhado de artigo biográfico, o retrato de uma personalidade conhecida. ... O retrato de Henrique Chaves saiu em maio de 1893, no número 20, sendo o artigo correspondente firmado por Machado de Assis" (Faro, 1977, p.136).

O ressentimento de Machado advinha, provavelmente, mais do conteúdo da "Nota" da segunda edição de O crime do padre Amaro, na qual a ironia se compunha com vocabulário agressivo, que da sutileza da carta datada de Newcastle-upon-Tyne. De qualquer forma, a confissão de algum incômodo em relação a um seu igual em talento e arte estava formulada.

A carta obituária condensava uma perspectiva artística e uma filosofia da transformação social que não eram novas. Machado insistia nessas teses desde os anos de 1870. As forças dinâmicas (as gerações, os séculos, as novidades) deveriam, necessariamente, aliar-se às boas permanências, às "relíquias", às "tradições", ao "patrimônio" cultural entesourado.

O escritor brasileiro enalteceu Eça de Queirós sob a clara condição de convertê-lo no arauto literário da dinâmica amiga do bom passado, da mudança na permanência. Eça teria sido um inovador conservador, um escritor símbolo e síntese do dístico filosófico do "progresso" com a "ordem".

Machado de Assis rendia-se ao talento de Eça de Queirós, obrigando o autor de O primo Basílio a comungar, post facto, com os seus argumentos brandidos no célebre debate de 1878, ainda vivo, pelo que parece, na memória do escritor brasileiro nesses transcorridos vinte e dois anos.

Eça, também, não estava sozinho nos encômios que lhe dedicava o autor de Dom Casmurro. Ferreira de Araújo, importante jornalista e fundador da Gazeta de Notícias, falecido por aqueles dias, havia desaparecido como Eça "em plena força da idade", em plena aptidão e energia intensa para "os ofícios da criação". A nota a Ferreira de Araújo, numa carta-homenagem endereçada ao literato português, não deixava de causar estranheza, obliterando, em certa medida, a novidade do falecimento prematuro de Eça de Queirós.[15]

---

15 A Gazeta de Notícias publicou, em 21 de setembro de 1900, uma longa carta de Machado de Assis, endereçada, novamente, a Henrique Chaves. Machado pranteava o fundador da Gazeta, Ferreira de Araújo, reconhecendo-lhe as qualidades de "pai de família", "cidadão", "jornalista", "escritor", "polemista" e "teatrólogo".

5
Jornais, revistas, livrarias e teatros

O espaço das divergências sobre a interpretação de O primo Basílio, no último quartel do oitocentos brasileiro, foi sobretudo a imprensa diária e hebdomadária da capital do Império. O Rio de Janeiro, com população estimada em 1878 em 300 mil habitantes,[1] contava com público leitor expressivo, se considerarmos o número de diários impressos na cidade:

> Numerosos, para a população da época, são ... os jornais. O Figaro os enumera na edição de 12 de janeiro de 1878, indicando a idade que então contavam: Diário do Rio, 61 anos; Jornal do Comércio, 57 anos; Pátria, 22 anos; Diário Oficial, 17 anos; Apóstolo, 13 anos; Reforma, 10 anos; Globo, 6 anos; Gazeta de Notícias, 4 anos; Jornal da Tarde, 2 anos; República, 6 meses; Cruzeiro, 12 dias. (Faro, 1977, p.116)

Acrescentem-se às folhas diárias as revistas ilustradas, de publicação semanal, com sobrevida claramente mais curta que a dos grandes jornais. Circulavam na capital federal, neste mesmo ano, os seguintes semanários: O Figaro (OF), A Lanterna (AL), a Revista Ilustrada (RI), o Zigue-Zague (ZZ), O Besouro (OB) e O Mequetrefe (MT) (ibidem, p.115-6). Entre es-

---

[1] "Em 1878, o Rio de Janeiro deve ter cerca de 300 mil habitantes, pois 274.972, exatamente, acusara um recenseamento em 31 de dezembro de 1875" (Faro, 1977, p.109).

ses, destacava-se a *Revista Ilustrada* de Angelo Agostini, com o primeiro número datado de 1º de janeiro de 1876 e que se estenderia, com sucesso, até 1891.

A *Ilustrada*, marcando a história da imprensa brasileira, atingiu uma tiragem recorde de "4 mil exemplares, índice até aí não alcançado por qualquer periódico ilustrado na América do Sul, [sendo] regularmente distribuída em todas as províncias e nas principais cidades do interior, com assinantes por toda parte" (Sodré, 1966, p.249).

A qualidade artística, a importância do conteúdo e do engajamento social do semanário e seu combate à escravidão, por exemplo, distinguiram a revista e seu proprietário na história do Brasil, a ponto de a Confederação Abolicionista, pelas palavras de José do Patrocínio, render homenagem a Angelo Agostini em 1888. Dias depois, na cerimônia de naturalização do artista italiano de nascimento, coube a Joaquim Nabuco saudar o célebre caricaturista (ibidem, nota 144, p.252-3).

A imprensa fluminense ostentava vida intensa em uma sociedade escravista e com altíssimo percentual de analfabetos, mesmo entre os homens livres. Já havia na época alguns dados a respeito da população e dos índices nacionais de alfabetizados.

A questão da alfabetização tornou-se objeto de disputa política quando os liberais ascenderam ao governo, em 5 de janeiro de 1878, empossando-se o ministério presidido pelo político alagoano João Lins Vieira Cansanção de Sinimbu.[2]

O ministério liberal apresentou um projeto de lei para a reforma eleitoral prevendo a exclusão do direito de voto dos analfabetos e o aumento do censo eleitoral. Em razão de alguns próceres liberais, como José Bonifácio, o Moço, Joaquim Nabuco e outros, manifestarem-se apaixonadamente contrários ao projeto, logo foram divulgados os números sobre a população livre e a taxa de analfabetismo no país.

Ficava evidente que o fechamento das urnas aos analfabetos reduziria o direito de participação política a uma ínfima parcela da população.

---

2 João Lins Vieira Cansanção de Sinimbu, visconde de Sinimbu (São Miguel dos Campos, 1810 – Rio de Janeiro, 1906).

Segundo uma estimativa oficial de 1876, a população nacional livre era de 8.419.672 habitantes. Deste total, 1.012.087 eram alfabetizados (cf. Holanda, 1985, p.202).[3] Se aprovado, o projeto do ministério Cansanção de Sinimbu emagreceria drasticamente o número de eleitores.

Pode-se supor que o percentual de alfabetizados crescia no Rio de Janeiro na mesma proporção em que diminuía nas regiões e nas províncias mais distantes do centro de decisão do Império. Seria, sobretudo, essa base de leitores que garantiria a efervescência cultural da cidade, seu número de periódicos, de livrarias e de salas de espetáculos teatrais.

Num anúncio de venda de *Iaiá Garcia*, de Machado de Assis, na página 4 de *O Cruzeiro* de 11 de dezembro de 1878, foram assinalados nomes e endereços de algumas livrarias em que o romance poderia ser encontrado:

> Este formoso romance, que tanta aceitação obteve dos leitores do *Cruzeiro*, saiu agora à luz em um nítido volume de mais de 300 páginas. Vende-se nesta tipografia, rua do Ourives n. 51, e em casa dos Srs. A. J. Brandão, rua da Quitanda n. 90; B. L. Garnier, rua do Ouvidor n. 65; E. & H. Laemmert, rua do Ouvidor n. 66; Livraria Luso Brasileira, rua da Quitanda n. 24; Livraria Imperial, rua do Ouvidor n. 81;[4] Livraria Econômica, rua Sete de Setembro n. 83; Livraria Acadêmica, rua da Uruguaiana n. 33.

Arnaldo Faro (1977, p.123), esclarecendo que as livrarias não se limitavam à venda de livros, ofertando mercadorias como guarda-chuvas, bengalas, aparelhos tipográficos, remédios e águas minerais, relembra outros estabelecimentos do gênero, como a Livraria Contemporânea, de Faro & Lino, na Rua Nova do Ouvidor 74, a de A. M. Fernandes da Silva, nos números 25 e 27 da Rua do Ouvidor.

A multiplicidade de produtos oferecidos aos consumidores talvez explicasse o número relativamente elevado de livrarias numa cidade em que parte substancial da população era analfabeta e escrava. Atentando

---

3 Sobre o projeto de reforma encaminhado ao Parlamento pelo ministério liberal, ver Holanda (1985, p.196-238).

4 A Livraria Imperial, situada na Rua do Ouvidor 81, apareceu citada na página 3 do *Diário do Rio* (DR) de 8 de abril de 1878 como pertencendo a J. Barbosa e Irmão.

para o endereço dessas casas comerciais, verifica-se seu adensamento no perímetro estreito em que se concentrava, ao que parece, a elite instruída do município neutro do Rio de Janeiro.

As sedes dos grandes jornais também se acavalavam num território próximo às livrarias: na Rua Nova do Ouvidor 28, situava-se *O Globo* (OG); já o *Jornal do Commercio* (JC), *O Cruzeiro* (OC) e a *Gazeta de Notícias* (GN) abriam suas portas no endereço mais nobre da cidade, na Rua do Ouvidor, nos números 61, 63 e 70, respectivamente. *O Besouro*, de Bordalo Pinheiro, ocupou dois endereços na Ouvidor, transferindo-se do número 50 para o 130, mais próximo à Rua Gonçalves Dias, ponto ainda mais requintado e nobre.

Bastam esses dados para assinalar a exigüidade do perímetro das letras da maior cidade brasileira da época e a efervescência cultural que a aglomeração desses meios de comunicação promovia.

Poucos sabiam ler e escrever, um contingente ainda menor de pessoas lia, escrevia e debatia idéias, mas tudo parecia ocorrer e se fermentar num local estreitamente demarcado. As salas de teatro rondavam também pelos mesmos lugares. Em julho de 1878, com *O primo Basílio* em cartaz, os jornais estampavam na página 4 (como era hábito) os nomes das salas e os dramas e as comédias que representavam: Teatro do Cassino; Imperial Teatro D. Pedro II; Teatro das Variedades; Teatro São Luís; Teatro Fênix Dramática; Alcazar Lírico Francês. Arnaldo Faro (1977, p.146) indica também o Imperial Teatro São Pedro de Alcântara e o Ginásio, ambos em plena atividade e importância em 1878. Havia ainda o Teatro de São Januário, local de representação de dramas violentos e encarniçados, epicentro da trama do conto machadiano "A causa secreta", publicado no volume *Várias histórias* (Machado de Assis, 1896).

Comparada ao Rio de Janeiro, a cidade de São Paulo em 1878 era pouco mais que um vilarejo "serra acima". Sua população não excedia a 30 mil habitantes (cf. Sodré, 1966, p.261). A faculdade de direito, atraindo estudantes para a Paulicéia, promovia alguma agitação cultural local e a abertura de livrarias.

Em 1875 foi fundado o jornal *A Província de São Paulo* (PSP), propriedade de uma "associação comanditária". Na primeira página, apareciam os nomes dos redatores Américo de Campos e Francisco Rangel

Pestana e do administrador José Maria Lisboa. O diário não ultrapassava, mesmo aos domingos, o limite de quatro páginas. Liberava espaço para a participação dos leitores, acompanhado da menção: "Colunas franqueadas aos escritos de utilidade pública".

A filosofia geral da folha paulista vinha gravada na primeira página: "Liberdade de pensamento e responsabilidade do autor". Nas colunas da primeira ou da segunda página, denominadas "Revista dos Jornais", *A Província* publicava resumos das matérias e dos editoriais dos principais jornais cariocas.

O formato dos jornais seguia um modelo único. Todos reservavam os rodapés da página de rosto para os folhetins. Obras literárias foram, a princípio, escritas para eles. A leitura em voz alta de histórias românticas, encadeadas em capítulos, congregava familiares e analfabetos (cf. Sodré, op. cit., p.279). A seção dedicava-se, além disso, à opinião, ao comentário ligeiro sobre os fatos e aos incidentes do dia-a-dia.

Foi pelo caráter universalmente digestivo dos folhetins que o poeta francês Charles Baudelaire, escrevendo para um diretor de jornal francês – oferecendo-lhe um texto seu como folhetim e, ao mesmo tempo, desconfiando da pertinência da oferta – sustentou: "Eu havia pensado em vos oferecer *Os refinados* e os *Dândis* ... Mas se este gênero de trabalho vos parecer de uma natureza excessivamente bizarra, darei um jeito de fazer algo que possa ser impresso em folhetim" (Kempf, 1977, p.29).

A perspectiva de Baudelaire era clara, os "andares térreos" dos jornais destinavam-se à doce recreação dos leitores e poderiam por conseguinte ser incompatíveis com seus textos bem temperados.

No Brasil, o confronto em torno da interpretação de *O primo Basílio* foi quase sempre entabulado nos andares de baixo das primeiras páginas dos diários, que, segundo um articulista da *Revista Ilustrada* de 11 de maio de 1878, tornaram-se pesados e de leitura indigesta.

A. Gil ilustrava, paradoxalmente, o ponto de vista baudeleriano sobre o folhetim, protestando todavia contra a perda de sua inocência:

> Os ... folhetinistas têm estado de um mau humor realmente péssimo. Eles, os homens que deviam ser amenos e graciosos, estão a jogar de socos com os outros... no rodapé, bem entendido. O folhetinista de hoje já não é

o que d'antes era. Antigamente esses terços da nossa imprensa eram a morada elegante do escritor de bom humor. Hoje o rodapé dos nossos jornais tornou-se a arena de todas as discussões odientas e partidárias.

O responsável, o agente corruptor do antigo rodapé alegre e "risonho", seria a emergência no domínio da imprensa da figura do "realismo". O jornalista da *Ilustrada* excluía, do veredicto condenatório, dois folhetinistas da época:

> Felizmente nesse meio de realistas ... restam ainda Sic[5] e Eleazar, que são dois protestos contra o folhetim carrancudo e desenxabido. Todos os outros cederam o campo à nova plêiade que pretende transformar o mundo com as suas idéias novas de realismo... Ou trivialismo.

Eleazar e Sic eram folhetinistas de *O Cruzeiro*. Em 7 de julho de 1878, Machado-Eleazar assentiu que "o folhetim [requeria] um ar brincão e galhofeiro, ainda tratando de coisas sérias". Apesar das profissões de fé sobre a natureza do folhetim ou dos protestos contra sua transformação, todo órgão da grande imprensa contava com um ou mais folhetim em seus números diários.

Os jornais talhavam-se por um padrão uniforme, por uma disposição ou distribuição semelhante das matérias. No interior desse molde, contudo, havia diferenças e divergências. Algumas folhas gozavam de mais prestígio que outras. A grande novidade na imprensa brasileira no final do século XIX foi a criação da *Gazeta de Notícias* por Ferreira de Araújo em 1874, ano da instalação no Rio de Janeiro da sucursal da agência de notícias Reuters-Havas. Pela primeira vez, as notícias chegariam do exterior pela rede telegráfica, e não mais por cartas.

O jornal *Gazeta* apresentava particularidades frisantes: era "barato, popular, liberal" (cf. Sodré, 1966, p.257). Para suas páginas, colaboraram José do Patrocínio, Lopes Trovão,[6] Machado de Assis depois de 1882

---

5 Sic era o pseudônimo adotado por Carlos de Laet para assinar seu folhetim em O *Cruzeiro* de janeiro a maio de 1878.

6 José Lopes da Silva Trovão (Angra dos Reis, 1848 – Rio de Janeiro, 1925). Líder e tribuno republicano.

e Eça de Queirós, que aí publicou *A relíquia*, *A correspondência de Fradique Mendes* e *O defunto*.[7]

As dissensões havidas entre os órgãos da imprensa fluminense ficavam muito nítidas em momentos de tensão política e de crise social, como durante a Revolta do Vintém, em janeiro de 1880, sublevação popular contrária à cobrança do imposto de vinte réis sobre cada passagem de bonde e de trem.

O governo intentava reorganizar as finanças do Estado, debilitadas pelas despesas provocadas pela grande seca nordestina de 1877. A *Gazeta* apoiou a revolta e o *Jornal do Commercio* manifestou sua veia partidária, sempre governista, condenando o movimento (cf. Sodré, op. cit., p.266).

As rivalidades eram muitas. Foi em decorrência de desentendimentos manifestados pelos jornais que Ferreira de Araújo bateu-se em duelo com o proprietário do jornal *O País* (OP).[8]

Grande parte das folhas brasileiras contava com a participação remunerada de escritores e polemistas do além-mar. A Geração de 70, portuguesa, publicava regularmente na grande imprensa brasileira: Ramalho Ortigão, na *Gazeta de Notícias* e na *Província de São Paulo*; Eça de Queirós, na *Gazeta de Notícias*; Guerra Junqueiro, no *Jornal do Commercio*; Teófilo Braga, na *Província de São Paulo*.

Oliveira Martins, autor de *O Brasil e as colônias portuguesas*, "foi um atento observador da atualidade política brasileira, leitor e colaborador de vários órgãos de imprensa periódica deste país" (cf. S. C. Matos, 1999; J. P. de O. Martins, 2005). Escreveu para os jornais cariocas *Gazeta de Notícias*, *Jornal do Commercio*, *O Cruzeiro*, *Jornal do Brasil* (JB). Bordalo Pinheiro residiu no Brasil e Camilo Castelo Branco,[9] apesar de polemista

---

7 "O certo é que todo o conteúdo dos volumes póstumos: *Carta de Inglaterra*, *Ecos de Paris*, *Cartas familiares* e *Bilhetes de Paris*, assim como parte da matéria das *Notas contemporâneas*, foram escritas para a *Gazeta de Notícias* (GN) do Rio de Janeiro, jornal onde também se publicaram as obras *A relíquia*, *A correspondência de Fradique Mendes* e *O defunto*" (Manuel Bandeira, "Correspondência de Eça de Queirós para a imprensa brasileira" in Pereira & Reys, 1945, p.167).

8 Segundo Nelson Werneck Sodré (1966, p.283), o duelo entre Ferreira de Araújo e João José dos Reis Júnior, em 1880, foi matéria de capa de um dos números da revista *O Mequetrefe*.

9 Camilo Ferreira Botelho Castelo Branco (Lisboa, 1825 – São Miguel de Seide, 1890).

antibrasileiro, escrevia para o *Diário do Rio de Janeiro* (DR). O *Jornal do Commercio* publicava a ensaísta portuguesa Maria Amália Vaz de Carvalho,[10] uma nota feminina num meio dominado pela presença masculina. Havia, pois, sinais de modernização e de modernidade na grande imprensa do período. Os escritores portugueses mais inovadores e críticos da realidade de seu país combatiam pelas páginas dos diários brasileiros.

A novidade literária do naturalismo era aqui discutida, ora encarecida, ora rejeitada por escritores e exegetas. Entretanto, malgrado essa atmosfera de inovação e modernidade, a maioria esmagadora dos grandes órgãos da imprensa diária abria suas páginas para anúncios concernentes a negócios variados com escravos, embora sob protesto de alguns líderes abolicionistas.

Luiz Gama[11] "rompeu [em 1877] com os republicanos paulistas que não esposavam a causa da abolição e com os jornais que publicavam anúncios de escravos fugidos" (Sodré, 1966, p.247). Pois, nas páginas finais dos jornais, pululavam estes e outros tipos de publicidade sobre a escravidão.

A posição da grande imprensa brasileira em face da questão servil era mais matizada do que simples. A *Gazeta de Notícias*, por exemplo, ao mesmo tempo em que vendia espaços para os anúncios sobre comércio e captura de escravos, acolhia textos de abolicionistas. O romance antiescravista *Mota Coqueiro*, de José do Patrocínio, foi publicado como folhetim nas páginas desse jornal. Os luminares da renovação cultural e do progresso social também escreviam para esses periódicos, debatendo e divulgando as "novas idéias".

Assim, num único número de jornal, coexistiam a modernidade nas primeiras páginas e a expressão da servidão nas quartas ou quintas folhas. A discussão literária, que caracterizou a primeira metade do ano de 1878 no Brasil, desenrolou-se sobre o fundo da escravidão, ao qual em nenhum momento fez alusão.

Profundas eram as contradições na cultura brasileira do período. Havia uma elite culturalmente bem informada e erudita, que, no entanto,

---

10 Maria Amália Vaz de Carvalho (Lisboa, 1847 – Lisboa, 1921).
11 Luiz Gonzaga Pinto da Gama (Salvador, 1830 – São Paulo, 1882). Advogado, jornalista, poeta, abolicionista e revolucionário de destaque.

não desdenhava dividir os espaços dos jornais com propagandas sobre o comércio de humanos.

A ocupação profissional dos protagonistas do debate revelava entretanto mais um aspecto de modernidade. Os debatedores de *O primo Basílio* eram, do ponto de vista da atividade econômica ou profissional, muito semelhantes aos promotores da estética do naturalismo zolaniano. Funcionários públicos na sua grande maioria, profissionais liberais alguns e escritores e jornalistas.

Parcela substancial dos cidadãos do município neutro, segundo Joaquim Nabuco,[12] vivia de empregos públicos. Os números levantados por Nabuco, para o ano de 1881, são esclarecedores:

> de um total de 5.928 eleitores residentes da capital do Império, o maior contingente [era] o dos empregados públicos civis e militares, que [somavam] 2.211. Em seguida, mas bem abaixo, [vinham] os representantes das diversas profissões ditas liberais, com 1.140. Em terceiro lugar, com 1.076, [achavam-se] os negociantes e empregados no comércio. Os "artistas" [eram] 236, os clérigos 76, os guarda-livros 58, os despachantes 56, os solicitadores 27.[13] Com esses e mais algumas centenas de pessoas distribuídas em rubricas numericamente menos importantes, [completava-se] o rol. (In: Holanda, 1985, p.224)

Machado de Assis seria uma espécie de "tipo ideal" desse profissional, funcionário público cumpridor e escritor e colaborador de jornais e revistas cariocas.

Os naturalistas franceses, sobretudo os do Grupo de Médan,[14] também apresentavam, na sua maioria, essas ocupações:

---

12 Joaquim Aurélio Barreto Nabuco de Araújo (Recife, 1849 – Washington, 1910). Escritor e diplomata de destaque na história do país, fez de sua entrada para a Câmara o marco do início da campanha abolicionista.

13 Nabuco refere-se aí a indivíduos que exerciam a função de auxiliares de advogados (cf. *Dicionário Houaiss...*, 2001).

14 A expressão aplica-se aos escritores mais diretamente ligados a Zola e, sobretudo, aos autores do conjunto de contos publicados em 1880 no volume *Les soirées de Médan*. O tema geral do livro é a guerra franco-prussiana de 1870. Participaram da coletânea Zola, Maupassant, Céard, Hennique, Huysmans e Aléxis.

A maior parte dos *médaniens* ocuparam empregos de funcionários nos ministérios parisienses: Maupassant no Ministério da Marinha, Huysmans no do Interior, Céard no da Guerra (antes de obter um lugar de bibliotecário no Carnavalet). L. Descaves, G. Guiches, P. Marguerite ou mesmo Saint-Georges de Bouhélier conheceram igualmente, pelo menos no início de sua carreira, a existência morna [do funcionalismo]. Recordemos, enfim, que A. Antoine, o fundador do Teatro Livre, era na origem um modesto funcionário da Companhia de Gaz. (Pagès, 1993, p.44)

A abertura de postos de trabalho no Estado e o crescimento da imprensa, com a multiplicação de títulos e de tiragens de periódicos, constituíam uma sorte de suporte profissional da classe letrada, num ou noutro lado do Atlântico. Arthur Azevedo, possivelmente o mais importante dramaturgo brasileiro dos últimos decênios do oitocentos, era funcionário do Ministério da Viação, portanto, funcionário público como seu colega francês do Teatro Livre.[15]

Dedicação às letras, colaboração em periódicos e exercício de funções públicas constituíam-se nos pilares da atividade intelectual brasileira na virada do oitocentos para o século seguinte.

A escritora Júlia Lopes de Almeida atribuía ao crescimento e à diversificação da imprensa a emergência da profissão de escritor no país:

---

15 Antônio Luiz Machado Neto (1973, p.84-5) esclarece, com exemplos biográficos, a adesão da intelectualidade brasileira do período às funções públicas: "A função pública, nela incluindo-se [o magistério], seria responsável pela subsistência de nossos intelectuais ... Casos há, de escritores, que realizaram, além de, nas letras, uma ascendente carreira também na burocracia. O exemplo mais vistoso talvez seja, mesmo, o de Machado de Assis, cuja ascensão burocrática foi assim sintetizada por Peregrino Júnior: 'ajudante do diretor do *Diário Oficial* (1867); membro do Conservatório Dramático em 1871; amanuense da Comissão do *Dicionário Tecnológico da Marinha* em 1872; Primeiro Oficial da Secretaria da Agricultura em 1873; em 1880 o ministro Buarque de Macedo o nomeia Oficial de Gabinete, função em que o conservou o ministro Pedro Luís; em 1889, atinge um alto posto burocrático: o de Diretor Geral do Comércio; em 1894 passa a Diretor Geral da Viação; serve como Secretário dos ministros Severino Vieira, Epitácio Pessoa e Alfredo Maia. Em 1902, o Governo o nomeia Diretor Geral de Contabilidade do Ministério da Viação, cargo que exerceu até a morte em 1908' ... boêmios como Olavo Bilac e Artur Azevedo tiveram ... exemplar performance como burocratas ... Artur Azevedo fez carreira burocrática, indo, como Machado de Assis, de amanuense a Diretor Geral do Ministério da Viação".

O *primo Basílio* na imprensa brasileira do século XIX

> Nós todos somos o resultado do jornalismo. Antes da geração dominante, não havia bem uma literatura. O jornalismo criou a profissão, fez trabalhar, aclarou o espírito da língua, deu ao Brasil os seus melhores prosadores. (In: Machado Neto, 1973, p.88)

Olavo Bilac – no célebre discurso pronunciado no Pálace Teatro em 1907, momento em que foi agraciado com o título de Príncipe dos Poetas Brasileiros – definia como a novidade cultural brasileira dos últimos quarenta anos o surgimento dos "homens de letras":

> O que estais como brasileiros, louvando e premiando nesta sala, é o trabalho árduo, fecundo, revolucionário, corajoso, da geração literária a que pertenço ... Apareceram poetas e escritores, querendo ser exclusivamente escritores e poetas e orgulhando-se dessa ocupação. (ibidem, p.127)

Sustentava – de forma paradoxal para um auscultador de estrelas – que os literatos desceram à arena da existência comezinha, trabalhando "cá em baixo, no seio do formigueiro humano" (ibidem, p.22), e foi este o fenômeno de relevo na arte do país dos últimos quatro decênios. Respondendo a uma pessoa do público, asseverou Bilac que a

> criação da profissão literária [deveu-se igualmente] ao aparecimento de um pequeno público intelectual suscitado pelas campanhas da abolição e da república e pelo jornalismo literário que ... se implantou em nosso meio. (ibidem, p.128)

A elite brasileira desfrutava esses dados de maioridade intelectual. O arcaísmo ficava no fundo, no horizonte da escravidão, e foi como elite moderna que assimilou as novidades literárias européias aportadas no idioma português pelos dois primeiros romances de Eça de Queirós.

6
Estética e filosofia da história

Se a elite letrada brasileira que participou do debate de 1878 fosse considerada em bloco, elidindo-se os pontos de vista particulares dos debatedores, buscando-se os traços comuns de sua perspectiva literária, qual seria o desenho geral da crítica de O primo Basílio nas terras de Vera Cruz?

As análises do romance eciano extrapolavam as estritas considerações sobre arte literária, abarcando temas como a concepção da mudança social ou histórica, a relação entre homem e mulher na sociedade brasileira do período. Esses assuntos não eram todavia estranhos à crítica literária da época.

Para alguns comentadores, O primo Basílio era obra de autor revolucionário, que desdenhava o passado e rompia com a tradição cultural artística luso-brasileira ou européia. Outros classificavam-no como produto da evolução natural da sociedade que, em sua dinâmica, engendrava o novo incorporando contribuições do passado histórico.

Machado de Assis entendeu que o romance rompia revolucionariamente com a tradição letrada que vinha de Almeida Garret, Alexandre Herculano e José de Alencar,[1] mas, na sua carta obituária (1900) em homenagem a Eça de Queirós, enalteceu o grande escritor português como aquele que inovou resguardando o essencial da cultura e da literatura do passado.

---

1 José Martiniano de Alencar (Mecejana, 1829 – Rio de Janeiro, 1877).

O debate sobre *O primo Basílio* incorporava noções de mudança social das filosofias da história do século XIX. Os debatedores pensavam o tema da ruptura ou da continuidade tendo como pontos de referência o romantismo e o realismo. Subjazia a tais considerações a questão dos ritmos das gerações. Machado empregou o termo e o conceito de geração em várias oportunidades, demonstrando ter a noção livre curso no oitocentos.[2]

Entre os folhetins publicados pela imprensa brasileira no ano de 1878, coube, talvez, ao redigido por uma autora portuguesa, a mais precisa definição das concepções da época sobre a mudança histórica. Maria Amália Vaz de Carvalho, argumentando que a educação feminina sujeita a "molde" antigo estava em desacordo com as "múltiplas necessidades do homem moderno", classificou as transformações sociais em "lentas e sucessivas" ou "revolucionárias":

> nas sociedades modernas, tão profundamente modificadas por todas as violentas revoluções feitas pela força, por todas as pacíficas evoluções feitas pelo pensamento, lhes cabe [as mulheres] um lugar que devem assumir, sob pena de abdicarem a sua realeza, até agora incontestada. (*Jornal do Commercio*, JC, 23 fev. 1878)

A concepção da mudança social na época era dúplice, a revolucionária e a evolucionária; o livro de Eça ora era classificado de uma forma ora de outra. O escândalo produzido pelo romance nos meios culturais revelou ainda o traço patriarcal da sociedade brasileira. Para muitos, ele poderia ser lido pelos homens (pais, filhos e irmãos), mas com garantida exclusão de esposas, filhas e irmãs.

Havia, pois, uma concepção de direitos distintos de homens e de mulheres. Os homens teriam privilégios exclusivos, entre os quais o de ler textos moralmente "inconvenientes".

---

2 Porém, segundo Jean-François Dortier (2004), o conceito sociológico de geração somente foi construído no início do século XX pelo sociólogo Karl Mannheim (Budapeste, 1893 – Londres, 1947), nos seguintes termos: pertencem à mesma geração "indivíduos [que] se reconheceriam num destino coletivo que marcou a sua época; a identificação pressuporia a adesão a valores, acontecimentos, correntes intelectuais ou artísticas".

A recepção crítica de *O primo Basílio* estendeu-se aos aspectos éticos (especialmente moralistas), históricos (noção de mudança social) e estéticos ou artísticos. Entre todos eles, importam-nos sobretudo as questões estéticas, as concepções do objeto artístico em geral e literário, em particular. As categorias estéticas que orientaram as interpretações subjazem às resenhas dos jornais, atuantes porém implícitas, e que, pela aproximação comparativa entre os diversos textos, podem ser abstraídas e precisadas.

Um primeiro aspecto que resulta da comparação é o das metáforas com que foi definido o romance eciano; as imagens sugeriam uma noção de vínculo entre arte e realidade. A primeira era a da boa literatura como "o espelho passivo e impessoal da realidade".

Ramalho Ortigão sentenciou que o "tipo do primo Basílio [era] falso" e que, por haver "uma incompatibilidade entre um dândi devasso e um negociante de sucesso", o reflexo da realidade não fora perfeito nem correto no caso de Basílio (*Gazeta de Notícias*, GN, 25 mar. 1878).[3]

Nesse pormenor, o imitador não teria sido hábil o suficiente para "espelhar", com precisão, a existência social. "Espelho passivo", "vidro despolido" (JC, 10 abr. 1878, "Sem Malícia"), tais eram algumas das expressões aplicadas à boa literatura. No entanto, a imagem da fotografia predominou sobre a do espelho, com um número maior de ocorrências, na apologia do romance.

S. Saraiva, jornalista da *Gazeta*, contrapondo-se à tese machadiana da Luísa "títere", sustentou que o "caráter" da heroína era uma "fotografia", e não produto da "imaginação" do autor (GN, 20 abr. 1878).

Já o titular do folhetim "Sem Malícia", do *Jornal do Commercio*, escreveu que Eça retratou seus personagens com "naturalidade maior que a dos fotógrafos" (JC, 10 abr. 1878), e Amenófis Efendi, das "Cartas Egípcias" da *Gazeta*, respondeu à ironia machadiana que atribuía ao realismo intenções proféticas observando que o realismo não "ensina", mas "fotografa cenas comuns da sociedade moderna" (GN, 24 abr. 1878).

---

3 Outro colaborador da *Gazeta* (GN), Luiz de Andrade, em artigo publicado a 23 de abril de 1878, também considerou Basílio um tipo falso, incapaz de alcançar o enriquecimento por meio da atividade comercial.

Havia, sem dúvida, uma recorrência a essa novidade técnica do século, a fotografia, para a definição do *Primo*... e, por conseguinte, do objeto artístico em geral. É provável que a aproximação do romance eciano com a fotografia tivesse o propósito de ilustrar a modernidade da obra e de lhe atribuir um poder extraordinário de registrar ou captar o real. De todas as técnicas de produção de imagens havidas na época, a fotografia distinguia-se pela capacidade, sem par, de mimetizar o mundo visível.

Assim, a definição do livro de Eça como fotografia demonstrava que a cultura artística brasileira do último quartel do século XIX movia-se no interior da noção clássica de arte como mimese. Na imitação bem-sucedida, o artista, conforme as palavras de Ramalho Ortigão, limitava-se a fornecer "a imagem gráfica da sensação" dos personagens.

Além disso, quando o romance era enaltecido porque fotografava de forma magistral a sociedade, sustentava-se implicitamente que ele transmitia ao leitor o conhecimento de sua contemporaneidade, os fatos grandiosos, comezinhos, hediondos ou moralmente reprováveis. Seguindo esse princípio mimético radical, as artes refletiriam, até mesmo, o torpe e o escuso.

Entrementes, um dos críticos do romance obtemperou que um vínculo estreito e condescendente entre literatura e realidade era prejudicial ao fazer artístico. Machado de Assis reconheceu, como já foi observado, que o escritor português tinha "estilo de boa têmpera [e] observação", definindo, portanto, como essencial o vínculo do objeto artístico com o mundo que o rodeia.

Encontrava, no entanto, nessa relação estética fundamental, o defeito maior da "escola" realista: o projeto, o desejo de capturar inteiramente a realidade a ponto de tratar do "escuso e [do] torpe ... com um carinho minucioso e relacionados com uma exação de inventário".

Empregando, como outros, a imagem da fotografia, Machado-Eleazar reconhecia que na nova escola a "reprodução fotográfica [era] servil", para concluir que "nem tudo o que se [passava] no mundo" interessava à arte (*O Cruzeiro*, OC, 16 abr. 1878).

No seu ensaio sobre literatura brasileira "Instinto de nacionalidade", publicado em 1873, dialogando talvez com o romantismo, Machado (1957, p.144) sustentara que "não [bastava aos escritores] imaginação [porque] o estro [tinha] leis".[4] Agora, na crítica ao *Primo...*, insistia que não bastava fotografar a realidade, devia-se de fato fotografá-la com arte, porque a arte tinha leis. A verossimilhança seria uma dessas "leis da arte".[5]

O crítico recenseou momentos em que na trama do *Crime do padre Amaro* (o infanticídio; OC, 16 abr. 1878) e na de *O primo Basílio* (Luísa envergonhada pela ausência de "escrúpulo conjugal" no seu desejo por Jorge; OC, 30 abr. 1878) o princípio da verossimilhança fora transgredido.

Entendia que, no enredo literário, uma ação deveria derivar de outras, ser explicada pelas anteriores, cabendo ao artista "proporcionar o efeito à causa" (OC, 16 abr. 1878).[6] O personagem uma vez construído e atuante na história, já o criador não podia tudo e tornava-se, de certa forma, prisioneiro de sua criação.

O curioso é que S. Saraiva, um dos opositores das censuras machadianas ao *Primo...*, analisando, no *Diário de Notícias* (DN), a adaptação teatral do romance, formulou ao drama reparos muito semelhantes aos dirigidos por Machado ao livro.

Afirmou que não havia na peça "encadeamento lógico" entre os "quadros", nem "fio" que os "justificasse", que as cenas estavam "desligadas" e que os "diálogos [eram] indiferentes à ação" (GN, 6 jul. 1878).

Na sua apreciação do romance, Saraiva havia observado, contra Machado, que as "palavras [não estavam] em contradição com a ma-

---

4 Machado referia-se aos poetas, mas sobretudo à escola romântica brasileira: "Certo, não lhe falta, como disse, imaginação; mas esta tem suas regras, o estro leis ...".

5 Barreto Filho (1947, p.118), um especialista brasileiro na obra de Machado de Assis, reconheceu que, para o escritor, a observação da realidade devia se conjugar com as leis da arte: "É de 1878 o ensaio sobre o *Primo Basílio* de Eça de Queirós. Nunca se vira nas nossas letras um trabalho de crítica daquele teor. O tecido mesmo da obra é analisado, e a conclusão é a negação completa não só do valor da obra como do naturalismo como processo estético. Em alguns períodos lapidares, o crítico desenvolve os postulados de toda obra de arte, e particularmente dos romances, onde precisa haver uma lógica interna, uma coerência moral dos personagens, que o naturalismo procurava substituir pelo inventário dos fatos ...".

6 Afonso Celso (*A Província de São Paulo*, PSP, 5 maio 1878) escreveu que no *Primo...* o autor, formulando a hipótese, tirava "as conclusões lógicas das premissas estabelecidas". Discordava assim da análise machadiana do romance, mas reconhecia a importância da verossimilhança para a trama romanesca.

neira de agir" dos personagens.[7] Reconhecia que, no romance, predominava um vínculo verossímil entre palavras e ação. Além disso, sustentou, também contra Machado, que o crítico possuía direitos limitados e que não lhe cabia exigir do escritor o que este não se propusera realizar. Não obstante, em sua análise da adaptação teatral do romance, o adversário parece ter assentido com o ponto de vista machadiano, argumentando, implicitamente, que os direitos criativos do autor esbarravam-se em limites sólidos e que, desconhecendo tal limitação estética, o dramaturgo procurou artificialmente "alongar a peça".

Amenófis Efendi também escreveu que, no drama representado no teatro do Cassino, "os atores [entravam] e [saíam] quando o poeta [precisava] deles, sem outro motivo plausível, sem razão de ser" (GN, 12 jul. 1878).

A essa altura, as divergências entre Eleazar, Saraiva e Efendi atenuavam-se a olhos vistos, com os três, paradoxalmente, tocando a mesma toada. Se o escritor não pode fazer tudo no desenrolar de sua criação é porque "o estro tem leis"; se, como afirmou S. Saraiva, não cabia ao autor alongar artificialmente o drama, é porque o drama possui sua própria medida.

Sobre isso, Machado não pensava de outra forma. Como em *O primo Basílio* o drama não "existia nas paixões", como os "acontecimentos [não] foram logicamente deduzidos da situação moral dos personagens", a "ação foi transplantada para o incidente", para fatos exteriores aos sentimentos dos heróis, para as situações casuais (OC, 30 abr. 1878).

Logo, a interrupção ou a continuidade da ação dependiam dos acasos inventados pelo autor, convertido numa sorte de Deus *ex-machina*. Caso não houvesse o roubo das cartas, a história encerraria na santa paz de Deus. Luísa-títere, desprovida de sentimentos, retomaria os antigos afazeres, sem remorsos pelo que fez nem saudade de Basílio, que partira para Paris. Como o escritor "inventou" o roubo das cartas, o romance alongou-se por sua estrita deliberação, ferindo a "lei da arte", a justa medida.[8]

---

7 "É inverossímil a ação do romance? São falsos os caracteres que [nos personagens] figuram? Estão as suas palavras em contradição com a sua maneira de agir?" (GN, 20 abr. 1878).

8 O ideal da justa descrição de acontecimentos já se faz presente na *Odisséia* de Homero (2003, p.240). No final do Canto XIV, o porqueiro Eumeu responde com as palavras

Numa carta de Newcastle de 12 de março de 1878, endereçada a Teófilo Braga,[9] Eça de Queirós (1946, p.44) sugeriu que o enredo do *Primo*... deveria ser suficientemente longo para que uma história pudesse ser narrada, a da sociedade portuguesa instituída pela revolução liberal: "A minha ambição seria pintar a Sociedade portuguesa, tal qual a fez o constitucionalismo desde 1830 ...".

Linhas antes, sustentou que o ambiente social dominante em Lisboa era o mesmo que cercava os personagens de seu romance:

> o formalismo oficial (Acácio), a beatice parva de temperamento irritado (D. Felicidade), a literaturinha acéfala (Ernestinho), o descontentamento azedo e o tédio da profissão (Julião), e às vezes, quando calha, um pobre e bom rapaz (Sebastião). Um grupo social, em Lisboa, compõe-se, com pequenas modificações, destes elementos dominantes. (ibidem, p. 43-4)

O quadro seria ainda mais completo caso o autor incluísse no grupo D. Leopoldina, descendente de "miguelista". Figura devassa e venal, Leopoldina julgava que Luísa deveria se entregar, por dinheiro, ao Castro do banco. No geral, as figuras femininas não foram pintadas com cores amenas em *O primo Basílio*. Luísa foi definida como fantasista e ociosa e a criada Juliana como a própria "fúria" de saias. O comportamento da cozinheira Joana reduzia-se às funções biológicas da nutrição e do sexo; D. Felicidade ostentava uma natureza por demais incômoda, eternamente acossada por gases intestinais; a jovem criada e amante do

---

seguintes ao discurso de Ulisses, travestido de mendigo: "Ó ancião, é irrepreensível a história que contaste. Não disseste palavra que estivesse fora do sítio ou fosse inútil". Traduções da *Odisséia* para outros idiomas confirmam o conteúdo desta passagem do Canto XIV: "*Oh anciano! Has hecho un relato irreprochable y nada has dicho, en su transcurso, vano e incoveniente*" (*La odisea*, 2006, p.192); "*O vieillard, tu as raconté une histoire irréprochable, et tu n'auras point dit en vain une parole excellente*" (*Odyssée*, 1852, p.221). Também Umberto Eco (1989, p.56) notou a presença dessa noção no *De rethorica* de Alcuíno, para quem se devia "vetar tudo aquilo que o desenvolvimento de um argumento não requeria necessariamente; como já havia explicado Plínio, o Jovem, demonstrando que a descrição homérica do escudo de Aquiles não era longa, porque justificada pelo desenrolar dos acontecimentos sucessivos".

9 Joaquim Teófilo Fernandes Braga (Ponta Delgada, 1843 – Lisboa, 1924).

conselheiro Acácio era cinicamente interesseira e a carvoeira, vizinha da casa de Jorge, revelava hediondez na sua "gravidez bestial".

Vê-se que o autor buscava fabular uma história crítica pelas páginas do seu romance e exercer o papel de "artista vingador" (ibidem, p. 45). Na hipótese de a intenção de Eça ter sido comunicada com exatidão a seu interlocutor, em que instante, capítulo ou passagem a trama, uma vez cumprido o projeto crítico do escritor, poderia findar? Em que momento o curso da vida cotidiana daqueles personagens, desvelado pela pena do romancista, sacudido pelo drama de Luísa, pelo despeito revolucionário de Julião Zuzarte, pela fúria demoníaca da socialmente excluída criada Juliana, retornaria, uma vez ultrapassada a turbulência, ao leito aparentemente remansoso?

De fato, o drama de Luísa poderia se apagar com a morte da criada, não fosse a intervenção de uma nova carta de Basílio que caiu nas mãos de Jorge. Afora isso, na ordem social, permaneceria a pasmaceira de sempre.

O autor romântico e piegas, o Ernestinho Ledesma, foi saudado pela imprensa como o "Shakespeare português", o conselheiro Acácio recebeu uma nova comenda do Estado e o Julião Zuzarte, desde que alcançara o posto médico, calçava "luvas pretas" e gastava seu tempo, segundo ele mesmo, em "recolher as migalhas" que finalmente lhe atiravam.

O médico, personagem excelso do naturalismo zolaniano, foi ironizado e apequenado por meio da figura de Julião, o que demonstrava que, em *O primo Basílio*, o fundamental era a pintura do painel das reduções portuguesas. No romance, pesava fortemente a representação da pequenez de Portugal e de seus horizontes restritos comparados à amplidão dos cenários sociais e culturais estrangeiros.

Os protagonistas revelavam, nas palavras e nos comportamentos, o reconhecimento das limitações históricas do "pequeno reino". Luísa sentia a inferioridade de seu mundo em face de uma realidade que desconhecia. Basílio ou o visconde Reinaldo a apregoavam. Em contrapartida, o nacionalismo de derrisão do conselheiro Acácio parecia confirmar o quadro das insignificâncias da vida lusitana.

No encerramento do capítulo XIV, o triunfo da mediocridade institucional e artística portuguesa foi magnificamente sintetizado. O

Ernestinho, o Conselheiro e o Zuzarte desciam a escada da casa de Jorge, encarecendo seu sucesso coletivo, "contentes de si e do seu país".

Coube a Julião exprimir a atmosfera de júbilo que os envolvia: "– Ora aqui vou eu entre os representantes dos dois grandes movimentos de Portugal desde 1820. A Literatura – e cumprimentou Ernestinho – e o Constitucionalismo – e curvou-se para o conselheiro".

A matéria do romance seria, assim, a saga banal das nulidades vitoriosas ou a seleção natural dos medíocres e dos oportunistas na sociedade lusitana. Em meio aos vitoriosos, fulgia a "literatice" romântica e, portanto, Eça deve ter estranhado a pronta defesa formulada pela crítica machadiana da tradição de Garret, de Herculano e de Alencar.

Os cultores de Herculano e Garret seriam gente como o conselheiro Acácio, que citou Garret na epígrafe do obituário de Luísa, e aludia, com solenidade, ao "nosso Herculano", ao "nosso Garret".

Para Eça, tudo isso era afinal o "constitucionalismo", a choldra lusitana: a política (o conselheiro), a arte (o Ernestinho) e a vida profissional (o Julião) transformadas em conchavos fáceis e espúrios.

A crítica machadiana, que atribuía às circunstâncias fortuitas o desenrolar do enredo de O primo Basílio, parecia se confirmar. Não fosse a última carta de Basílio, casualmente interceptada por Jorge, o projeto crítico, expresso na carta a Teófilo Braga, concluir-se-ia com o alegre triunfo social dos nulos, no epílogo do capítulo XIV.

A continuidade da trama para além desse marco poderia sugerir uma superfluidade à luz das intenções explicitadas pelo autor: "pintar a Sociedade portuguesa, tal qual a fez o constitucionalismo desde 1830 ...".

O crítico brasileiro apontou, como já observado, falta de verossimilhança em O crime do padre Amaro e em O primo Basílio. Eleazar (OC, 16 abr. 1878) asseverou, igualmente, que nem tudo o que se passava "cá fora", no mundo, interessaria à expressão artística. Todo acontecimento real importaria aos homens reais, mas nem tudo o que ocorresse verdadeiramente no mundo teria interesse artístico.

Machado (OC, 16 abr. 1878) esboçou uma espécie de quadro ideal, no qual o personagem de ficção atrairia fortemente a atenção dos leitores. A identificação entre o público e o drama somente ocorreria dentro da estrita observância de condições especiais, caso o personagem de ficção fosse representado como uma "pessoa moral" e manifestasse, como os indivíduos reais, "tribulações", "remorsos", "arrependimentos", "imprecações"...

Machado-Eleazar assentia que a arte espelhava a realidade, mas considerava que espelhava certos assuntos de certa maneira, porque havia, para além da realidade, a realidade das formas artísticas. O crítico teria, assim, uma espécie de ramo de ouro a guiá-lo na "selva oscura" da literatura. A crítica possuiria uma sorte de direitos consolidados pelas leis da arte.

No ensaio "Instinto de nacionalidade", Machado inferiu que a palidez literária brasileira advinha do meio em que vicejava a frágil planta, a literatura feita no Brasil, sem o tonificante de uma crítica sistemática e "doutrinária":

> A falta de uma crítica assim é um dos maiores males que padece a nossa literatura; é mister que a análise corrija ou anime a invenção, que os pontos de doutrina e de história se investiguem, que as belezas se estudem, que os senões se apontem, que o gosto se apure e eduque, para que a literatura saia mais forte e viçosa, e se desenvolva e caminhe aos altos destinos que a esperam. (Machado de Assis, 1957, p.136)

No seu último grande trabalho crítico, "A nova geração", repisou um seu argumento antigo sobre a escola realista, já brandido em 1878, segundo o qual a estética realista suprimia, paradoxalmente, qualquer julgamento estético.[10]

A observação da realidade era entendida, pois, como condição da boa literatura. Os debatedores de 1878 foram a esse respeito unânimes. Eleazar também louvava o alcance literário da observação acertada do real, acrescentando, entretanto, que ela não poderia transgredir a ver-

---

10 Em *O Cruzeiro* (OC) de 7 de julho de 1878, Machado, comentando a adaptação teatral de *O primo Basílio*, consolou com ironia os partidários da estética realista, isentando-a de qualquer responsabilidade no fracasso da peça. São as seguintes as suas palavras: "Não há motivo para tristezas nem desapontamentos; a obra original fica isenta do efeito teatral; e os realistas podem continuar na doce convicção de que a última palavra da estética é suprimi-la".

O primo Basílio na imprensa brasileira do século XIX

dade estética. A fotografia do mundo deveria contar com o filtro mediador das leis artísticas.

A cultura brasileira do final do oitocentos encarecia, portanto, o vínculo da arte com a história presente. Entendia que a obra de ficção desvelava os segredos sociais e produzia seu conhecimento. Considerava que as pontes entre a literatura e o mundo eram variadas e múltiplas. Pensava que a arte, atuando sobre os homens, comportava um significado ético, produzia e alterava comportamentos sociais, feria ou confirmava preceitos morais.

Em vista dessas noções, a recepção crítica de *O primo Basílio* resvalou na questão, já aqui referida, da moralidade ou imoralidade do livro. Machado condenou o romance, julgando-o prejudicial à formação das "castidades inadvertidas", repugnou-lhe "o aroma de alcova" recendido das descrições das cenas do "Paraíso" (OC, 30 abr. 1878) e concluiu que o livro encerrava a lição sublime, que as adúlteras fossem perspicazes na escolha da criadagem! (OC, 16 abr. 1878). Essa interpretação irônica da moralidade do romance, um folhetinista da *Gazeta de Notícias* já a havia avançado num texto de 12 de abril, que se antecipou, portanto, ao de Machado por quatro dias. A matéria era assinada por L. O autor apresentou a ironia – "as mulheres casadas têm [de] queimar as cartas dos amantes, para que as criadas as não encontrem no cesto dos papéis velhos" – para, ato contínuo, a ela se opor, argumentando que se esta fosse a moralidade da fábula, Eça de Queirós não precisaria escrever mais de seiscentas páginas, pois algumas poucas bastariam.

A ironia machadiana era apenas uma das faces de sua censura a *O primo Basílio*. Nas suas palavras, mesmo se o livro contivesse algum "ensinamento" proveitoso, sua "influência moral" seria radicalmente distinta da intenção original, devido à "viva pintura dos fatos viciosos" e à "descrição minuciosa ... das relações adúlteras" (OC, 30 abr. 1878).

A autora portuguesa Maria Amália Vaz de Carvalho – em folhetim publicado originalmente na imprensa portuguesa e reproduzido no *Jornal do Commercio* do Rio de Janeiro, em 27 de abril de 1878 – exprimiu um ponto de vista sobre a literatura de sua época semelhante, na letra, ao de Machado:

quando vemos [a literatura de hoje] condenar a imoralidade moderna, deleitando-se nas descrições lascivas de todos os requintes do vício, falar da família desdenhando e ultrajando a mulher, [não cremos que] seja mensageira providencial de uma redenção prometida e esperada.

Voltando ao *parti pris* machadiano, pode-se deduzir de sua assertiva um argumento inusitado. A crítica moralista não foi uma particularidade dos textos machadianos. Também os críticos partidários do romance viram nele uma defesa da moralidade vigente. A perspectiva eciana seria, por conseguinte, semelhante a dos "patriarcas" e moralizadores leitores brasileiros da época. Em matéria da *Gazeta* (GN, 12 abr. 1878), o folhetinista que se subscrevia como L. asseverou que a "moralidade da fábula" encontrava-se na última parte do romance, quando Eça puniu a adúltera, fazendo-a padecer longamente por seu erro.

O argumento de Machado, entretanto, impossibilitaria uma tal conclusão. Retratando o romance como transgressor de princípios morais, Eleazar distanciaria Eça dos "moralizadores" e situaria, paradoxalmente, o livro como agente liberador e de transformação ética e moral. A análise de fundamento moral exporia, assim, toda sua ambigüidade e inconsistência.

Dois anos depois, em 1880, Camilo Castelo Branco reiterou esse argumento:

> No *Cancioneiro alegre*, p. 11, digo do *Primo Basílio*: "O romance mais doutrinal que ainda saiu dos prelos portugueses. *Doutrinal*, escrevi como sinônimo de *moralizador*. Em minha consciência entendo que se já houve livro que pudesse e devesse salvar uma mulher casada, na aresta do abismo, é o *Primo Basílio*. O Sr. Eça de Queirós fez esse raro milagre, porque pintou o vício repulsivo e nojento. As mesmas delícias do delito emporcalhou-as, pondo as angústias paralelas com as torpezas". S. Miguel de Seide, janeiro, 1881.[11]

Amenófis Efendi (GN, 12 jul. 1878) considerou que a maestria do escritor estava em fazer Jorge perdoar Luísa, sendo o perdão bondoso do

---

11 Republicado em Lello, 1945, p.77.

marido a causa maior do sofrimento da esposa. Os mesmos episódios prestavam-se a conclusões não somente distintas, mas opostas.[12]

A leitura moralista expunha, por essas vias, suas limitações e incongruências, e desembocava numa espécie de antinomia, porque, a propósito dum mesmo fato, seria possível afirmar "isso" e, o seu contrário, "aquilo". Em tal patamar ético, as diferenças entre os polemistas não eram grandes nem graves. Divergiam na letra, mas o espírito era o mesmo.

Parece que Zola, endurecido pelas críticas acerbas ao naturalismo e à sua obra, percebeu distintamente o caráter antinômico da perspectiva moralista, sugerindo que, entrevistas pelo filtro estreito da censura moral, as expressões literárias mal se distinguiam e que "imoralidade" havia, em essência, no artisticamente falho e mal escrito:

> entre os que se especializaram em não envergonharem as mulheres e os que as fazem corar, existem os verdadeiros artistas, os escritores de raça ... Eles possuem o amor pela linguagem e a paixão pela verdade. ... Eu não prego moralidade a ninguém, mas desejo aos meus adversários muito talento ... Se tivessem talento, estariam sem dúvida mais tranqüilos e exigiriam [dos outros] menos virtude. (Zola, 1971, p.337)

---

12 Francisco Lagreca (1906, p.63), um defensor a todo transe da literatura de Eça de Queirós, escrevendo decênios depois da polêmica de 1878, atribuiu a imoralidade ao romantismo, considerando que o realismo exerceu uma função de saneamento literário e ético: "Esquece-se dos austeros conceitos de moral que esse romance [*O primo Basílio*] contém e de cuja influência benéfica, sobre os espíritos enfraquecidos pelo romantismo moderno, não se pode escarnecer".

7

O classicismo brasileiro do século XIX

O crítico literário brasileiro Agrippino Grieco (1959, p.130-1) definiu a "investida" machadiana contra *O primo Basílio* como "um primor de argumentação sofística", classificando-a, do ponto de vista da "estilização", "como a melhor página da crítica brasileira". Negava-lhe contudo qualquer "originalidade ... no sentido da tese, porque Machado se limitou a adaptar ao romancista português o que zoilos franceses, não estranhos às suas leituras, haviam escrito dos naturalistas".

Contrariamente ao que sustentou Grieco, talvez fosse mais exato considerar que a crítica machadiana participava de uma tradição estética de longo curso na história ocidental, e que a crítica literária brasileira, culturalmente avisada, incorporava pressupostos estéticos tradicionais que até ela chegavam, por caminhos ínvios ou praticáveis. Num passo, considerava os múltiplos liames da arte com a realidade; noutro, em vista dessa ligação, condenava ou enaltecia tal objeto artístico em nome de princípios éticos, morais, políticos, educacionais...

No entanto, esse tipo de leitura, fosse reprovadora ou elogiosa, estava no cerne de uma longa história e recolhia noções que remontavam ao ato inaugural da reflexão sobre arte no Ocidente.

A filosofia platônica – a primeira a reconhecidamente definir o objeto artístico, a refletir sobre sua origem e sobre seus efeitos na vida do cidadão – continha um veredicto condenatório dos "seres de imitação".

A censura baseava-se no que Platão[1] entendia como efeitos das artes sobre a vida da pólis. O livro X da *República* é grandemente dedicado a comprovar tal ação artística nefasta sobre os cidadãos (cf. Platão, 1987). Numa passagem célebre, Sócrates[2] expõe a seu interlocutor, Gláucon, como os cidadãos, identificando-se com as desventuras excessivas dos personagens trágicos, exercitariam e fortaleceriam sua alma irracional em prejuízo da racional, que deveria, de fato e de direito, dirigir a existência dos indivíduos.

Os espectadores, movidos pela compaixão para com os personagens dramáticos, habituando-se nos teatros às lágrimas e ao descomedimento, não saberiam agir racionalmente caso um sofrimento parecido lhes atingisse a existência cotidiana.

Aristóteles[3] – ao contrário de Platão –, autor de um livro inteiramente voltado para questões artísticas, retomou, ao que parece, a mesma argumentação, chegando no entanto a conclusão diversa do antigo mestre (cf. Aristóteles, 1975). Segundo sua teoria catártica, o público que enxergaria seus sofrimentos na ficção, que se veria na pele do sofredor de um enredo trágico, conseguiria, na vida real, imunizar-se contra o vício do desregramento.

A *Poética* conteria uma justificativa enaltecedora da emoção proporcionada pelo teatro e condenada por Platão, pois, graças à emoção dessa natureza, a alma do espectador seria retemperada na forja dos sentimentos trágicos ou da "imitação [da realidade] feita por personagens em ação ... que, suscitando piedade e temor, opera uma purgação própria a semelhantes emoções" (ibidem, p.36-7).

A intemperança, sempre condenada pelo pensamento clássico, seria o escolho que o cidadão, treinado pelo conhecimento adquirido na convivência com as artes, aprenderia a contornar e a evitar. Portanto, a mesma premissa – o espectador teatral sofre e identifica-se com o personagem trágico –, sustentada pelo pensamento platônico e aristotélico, conduziu a conclusões distintas.

---

1 Platão (Égina, 429 a.C. – Atenas, 347 a.C.). Ver nota 6, p.290.
2 Sócrates (470 a.C. – 399 a.C.).
3 Aristóteles (Estagira, 384 a.C. – Cálcis, 322 a.C.).

É provável que o argumento moral ou moralizador esteja destinado, nos trabalhos dedicados às artes, a não produzir resultados acertados e coerentes. Guiando-se por esse tipo de argumentação, os debatedores de *O primo Basílio*, no final do oitocentos brasileiro, extraíram dos mesmos episódios conclusões divergentes.[4]

No entanto, a visada ética ou moralizadora, velha companheira de viagem das expressões artísticas, já se encontrava presente na alvorada do pensamento ocidental acerca das artes, na Grécia clássica.

A filosofia platônica foi, senão inimiga, estranha às artes; e com finalidade criticamente negativa, Sócrates, no livro X de *A República*, num passo de sua interlocução com Gláucon, definiu as manifestações artísticas como mimeses.

A passagem é universalmente conhecida. O artesão que confecciona uma cama retira seu modelo da idéia de cama, que é distinta e una. Além do autor da idéia e do fabricante da cama, há um outro artesão,

---

4   É possível que a censura moral feita por Machado de Assis aos dois primeiros romances de Eça de Queirós tenha incorrido em alguns paradoxos. Segundo o crítico, o sucesso de público de *O Crime do padre Amaro* e de *O primo Basílio* provocaria o estrangulamento da nova estética: "Se [Eça fosse] simples copista, o dever da crítica era deixá-lo, sem defesa, nas mãos do entusiasmo cego que acabaria por matá-lo" (*O Cruzeiro* (OC), 16 abr. 1878). A associação do sucesso dos romances realistas com o definhamento do realismo desenharia, aparentemente, um argumento contraditório. A argumentação fundava-se, entretanto, em certa classificação de leitores. Haveria, de um lado, leitores "perspicazes" (ibidem), "gente de gosto" (ibidem), que além de "ler, [sabem] comparar, deduzir, aferir a verdade do autor" (OC, 30 abr. 1878); de outro lado, estaria o "paladar público" (OC, 16 abr. 1878) da "maioria" (ibidem), as "castidades inadvertidas" (OC, 30 abr. 1878), que se satisfariam com a estética do "inventário" (OC, 16 abr. 1878), com "sensações lascivas" (OC, 30 abr. 1878), com a "viva pintura [de] fatos viciosos" (ibidem) e com a oferta literária do "pomo defeso" (OC, 16 abr. 1878). Machado postulava a existência de um público leitor de pouca exigência artística e facilmente contentável, movido por "um interesse anedótico [e de] curiosidade" (OC, 30 abr. 1878). Pois as obras escritas para "o paladar público" destinar-se-iam a "ruidosa aceitação" (OC, 16 abr. 1878), ao sucesso editorial momentoso e limitado. O crítico otimista e elitista acreditava que os bons produtos culturais, de fruição de uma elite do espírito, resistiriam à ferrugem do tempo. O sucesso artístico imediato e estrondoso ficaria, assim, sob a suspeição duma rendição ao facilmente digerível pelo "paladar público".

aparentemente mais poderoso, capaz de criar o que todos os artesãos criaram e de reproduzir, ainda, o céu e a terra e até a si mesmo.[5]

A argumentação é conduzida de forma que produza crescentemente, no interior do diálogo, a dúvida e o espanto no ouvinte, que atingem o clímax quando Sócrates assevera ser ele, seu interlocutor Gláucon, esse artesão fantástico.

O mistério é esclarecido numa situação paradoxal, agora de anticlímax, no momento em que o extraordinário dialético platônico mostra a Gláucon que, para criar tudo o que o rodeia, bastaria ele se munir de um simples espelho e andar "com ele por todo lado" (cf. Platão, 1987, p.454).

Essa seria, afinal, a definição das artes como o espelho do real, e, assim, a noção platônica objetivava desclassificar os objetos artísticos. Aristóteles retomou e modificou a mesma definição mimética. A mimese perfeita dos fatos reais seria o apanágio da história e dos historiadores, diversamente, pois, da natureza da mimese artística.

A arte representaria fatos não-reais que poderiam ter ocorrido seguindo o princípio da verossimilhança. Entre a arte e a realidade haveria, de certa forma, uma distância. O conjunto das ações narradas ou representadas, denominado por Aristóteles de "fábula", seria ficcional, não-real, mas provável; embora pudesse ter havido, não ocorreu efetivamente na história.

Haveria aí uma espécie de ilusão positiva, com o leitor da epopéia ou o espectador teatral confundindo – caso sejam verossímeis – as ações fictícias com as reais. A filosofia aristotélica forjava, então, o conceito de verossimilhança destinado a uma longa permanência cultural.

Seria verossímil o episódio entranhado numa cadeia factual que resultasse do episódio anterior e que produzisse, necessariamente, o seguinte: "É preciso ... nos caracteres [dos personagens], como na compo-

---

5 Sócrates emprega um recurso, ao mesmo tempo didático e ficcional, exagerando nas cores do argumento para melhor impressionar e captar a atenção de Gláucon: que nome dar ao artífice "que executa tudo o que sabe fabricar cada um dos artífices de *per se* ... capaz de executar todos os objetos, como também modela todas as plantas e fabrica todos os seres animados, incluindo a si mesmo e, além disso, faz a terra, o céu, os deuses e tudo quanto existe no céu e no Hades, debaixo da terra" (cf. Platão, 1987, p.453).

O *primo Basílio* na imprensa brasileira do século XIX

sição dos fatos, buscar sempre ou o necessário ou o verossímil, que tal personagem fale ou aja de tal forma, que após tal coisa se produza outra" (cf. Aristóteles, 1975, p.51).

Dessa espécie de preceito artístico resultaria uma relativa neutralização do poder autoral; o autor não poderia, nas obras bem realizadas, interferir arbitrariamente na trama ficcional. Refletindo sobre o "reconhecimento", definido como o momento em que o herói trágico ou épico toma consciência dos fatos que determinam sua existência, Aristóteles escreveu que, na forma mais imperfeita e distante da arte, artificialmente arranjada, os personagens manifestariam aquela consciência, pronunciando "aquilo que o poeta [deseja], e não o que a fábula quer que [eles pronunciem]" (ibidem, p.52).

Portanto, na melhor espécie de "reconhecimento", a fala autoral seria como que neutralizada, a consciência dos fatos adviria das relações necessárias e verossímeis das partes. Uma obra de arte estaria, assim, adequadamente produzida se no diálogo de suas partes houvesse coerência, ligações necessárias e verossimilhança.[6]

A *Poética* ilustrou esse argumento com um exemplo extraído da *Odisséia*:

> ... Homero, superior em tudo, ... graças ao seu conhecimento da arte ou ao seu gênio, compondo a *Odisséia*, não narrou todos os acontecimentos da vida de Ulisses, por exemplo que ele se feriu no Parnaso e que ele simulou a loucura assim que os gregos se reuniram, porque de haver acontecido uma dessas coisas não se seguia que, as outras deveriam, necessária ou verossimilmente, ocorrer ... (cf. Aristóteles, 1975, p.41)

A beleza artística nasceria de uma ligação entre as partes, de tal maneira rigorosa, que "caso se [transportasse] ou se [retirasse] uma delas o todo [seria] modificado e alterado; pois tudo o que pode ser acrescentado ou retirado sem conseqüência apreciável não faz parte do todo" (ibidem).

---

6 Recorde-se que um dos tópicos da crítica de Machado a *O primo Basílio* aludia exatamente à intervenção, tida como demasiada e arbitrária, do narrador na trama do romance.

O outro atributo da beleza seria a concepção de justa medida do objeto artístico, que, com o conceito de verossimilhança, permaneceu, desde o período clássico, presente e atuante na história da crítica das artes no Ocidente.[7]

O pensador e autor latino Horácio, por exemplo, em carta endereçada a uma família de amigos, os Pisões, dissertou sobre arte, absorvendo sugestões aristotélicas.[8] Insistiu que, no drama teatral e na poesia, as relações estritas das partes eram fundamentais.

Referindo-se especificamente ao teatro, escreveu: "Que o coro desempenhe uma parte na ação e um papel pessoal; não fique cantando entre os atos matéria que não condiga com o assunto, nem se ligue a ele estreitamente" (Aristóteles, Horácio & Longino, 1995, p.61).

Sobre a relação das partes, considerava essencial o estabelecimento de um vínculo estrito entre o conteúdo da fala do personagem e seu comportamento, e natureza, e caráter revelados em cena:

> Se um semblante é triste, quadram-lhe as palavras sombrias; se irado, as carregadas de ameaças; se chocarreiro, as joviais; se severo, as graves ... Se a fala da personagem destoar de sua boa ou má fortuna, romperão em gargalhadas os romanos ... muito importará se fala um deus ou um herói, um velho amadurecido ou um moço ardente na flor da juventude, uma autoritária matrona ou uma governanta solícita, um mascate viajado ou o cultivador duma fazendola verdejante, um cidadão da Cólquida ou um da Assíria, alguém criado em Tebas ou em Argos.[9] (ibidem, p.58)

Além disso, na recomendação que fez aos Pisões, o pensamento horaciano continuava tributário do aristotelismo quanto a atentarem, em

---

7 "A arte ... tem ... a ver ... com o estabelecimento de representações convincentes, internamente procedentes, quer dizer, verossimilhantes. E eis aí, na verossimilhança, mais um dos conceitos originados em Aristóteles, indispensável à teoria e crítica de arte e literatura até nossos dias" (Santaella, 1994, p.30).

8 O texto de Horácio, *Epistola ad Pisones: ars poetica*, deve ter sido escrito por volta dos anos 14 ou 13 a.C. Utilizo a tradução de Jaime Bruna (Aristóteles, Horácio & Longino, 1995).

9 Aristóteles havia entendido como igualmente necessária a ligação entre a palavra e o momento ou o contexto da representação: "Ele [o pensamento] consiste na faculdade de encontrar a linguagem apropriada à situação ..." (ibidem, p.39).

suas obras, para o princípio da justa medida do objeto artístico: "O que quer que se preceitue, seja breve, para que, numa expressão concisa, o recolham docilmente os espíritos e fielmente o guardem; dum peito já cheio extravasa tudo que é supérfluo" (ibidem, p.65).

Horácio foi um autor em voga no oitocentos brasileiro. Machado de Assis, no conto "O anel de Polícrates", aludiu ao não menos célebre dito horaciano do "cochilo de Homero", asseverando que "a vigília de Homero [pagava] os seus cochilos".[10]

A expressão tornou-se um lugar-comum na história da cultura e foi escrita no contexto de uma comparação, feita na *Epistola ad Pisones: ars poetica*, de Homero com um poeta medíocre de nome Quérilo. Horácio dizia que era mais fácil perdoar os erros de Quérilo, desprovido de talento, que os de Homero, artista sábio e genial.[11]

As noções clássicas sobre arte tiveram vida longa, o que explica sua emergência, no início do século XVII, na peça *Hamlet* de Shakespeare,[12] impressa em 1603. No castelo de Elsenor, o príncipe da Dinamarca dissertou sobre a arte e suas leis com uma trupe teatral. Definiu a expressão artística como "resumo e breve crônica do tempo" (Shakespeare, 1978, ato segundo, cena II, p.248),

cujo objetivo, tanto em sua origem quanto nos tempos que correm, foi e é o de apresentar, por assim dizer, um espelho à vida; mostrar à virtude suas

---

10 "O anel de Polícrates", conto de *Papéis avulsos* (1.ed., 1882). Também João Guimarães Rosa referiu-se ao célebre "cochilo" no conto de *Sagarana* (1.ed., 1946) "Minha gente". Falando de um jogador de xadrez, Guimarães escreveu: "Santana ledor de Homero e seguidor de Alhókhin, tambén, como um e outro cochilou". Já Agrippino Grieco (1959, p.129) atribuiu o célebre "cochilo homérico" a ninguém menos que Machado de Assis: "Nem esqueçamos que ... Machado aludira à morte de Byron 'na terra de Homero e Tibulo'. É realmente cochilo homérico. Byron morreu na Grécia e Tibulo era romano".

11 "... por duas ou três vezes, sorrindo, chego a considerar bom e admirar [a Quérilo], ao passo que me revolto quando o excelente Homero acaso cochila; é perdoável que o sono se insinue numa obra extensa" (in Aristóteles, Horácio & Longino, 1995, p.65).

12 William Shakespeare (Stratford-upon-Avon, 1564 – Stratford-upon-Avon, 1616). Ver notas 8, 9, 10, 11, p.239.

próprias feições, ao vício sua verdadeira imagem e a cada idade e geração sua fisionomia e características. (ibidem, ato terceiro, cena II, p.257)

A imagem do espelho ressurgia no século XVII acompanhada de um argumento inusitado. Alguns artistas, segundo Hamlet, imitavam tão imperfeitamente a humanidade que colocavam sob suspeita a mestria do artesão supremo, o seu criador:

> ... sei que existem atores a quem vi representar e aos quais ouvi elogiar entusiasticamente, para não dizer indecentemente, os quais, não tendo nem acento, nem porte de cristãos, de pagãos, nem ao menos de homens, pavoneavam-se e vociferavam de tal modo, que cheguei a pensar que, tendo algum mau artífice da natureza resolvido formar tal casta de homens, transformaram-se em verdadeiros abortos, tão abominavelmente imitavam a humanidade! (ibidem)

Hamlet expressava o que mais tarde recebeu a denominação de Grande Teoria[13] sobre arte, atribuindo, nesse caso, a perfeição à realidade e a imperfeição a sua inadequada imitação artística. Ecoando as preleções horacianas, dezessete séculos mais tarde, Hamlet exigia que os atores cumprissem estritamente os princípios da boa representação, acatando os ditames da conveniente relação das partes componentes do drama: "Que a ação responda à palavra e a palavra à ação, pondo especial cuidado em não ultrapassar os limites da simplicidade da natureza" (ibidem).

É provável que a análise artística no Ocidente, até a emergência das vanguardas do século XX, fosse fundamentalmente de inspiração clássica. O conceito aristotélico de verossimilhança foi incorporado, por exemplo, por Leon Battista Alberti,[14] humanista italiano do século XV, e aplicado à arte por excelência do espaço, a pintura. Mesmo os teóricos das artes do espaço, como a pintura, incorporaram o conceito aristotélico de verossimilhança.

---

13 Expressão empregada por Wladyslaw Tatarkiewicz (cf. Tatarkiewicz, 1995).

14 Leon Battista Alberti (Gênova, 1404 – Roma, 1472). O livro de Alberti, *De pictura*, foi escrito originalmente em latim e publicado em 1435. No ano seguinte, Alberti traduziu *Da pintura* para a língua toscana. (V. tradução brasileira: Alberti, 1999.)

O *primo Basílio* na imprensa brasileira do século XIX

A história pintada num quadro seria formada por partes. Alberti (1999, livro segundo, p.112) decompôs com precisão essas partes: "os corpos são parte [da] história; os membros são parte [dos] corpos; as superfícies são parte dos membros". A composição bem-realizada apresentaria uma ligação conveniente dessas partes. Uma figura retratada com a face viçosa e cheia não poderia ter braços e mãos secos e magros (ibidem, livro segundo, p.117-8).

Escrevendo sobre a luz, Alberti recordou aos artistas de sua época que, sob o efeito de uma única fonte luminosa, as superfícies esféricas e côncavas terão necessariamente uma parte escura e outra clara (ibidem, livro primeiro, p.84).

Pensando talvez na pintura anterior ao Renascimento, o autor do *quattrocento* reafirmou que à pintura convinha "que no seu conjunto os corpos pelo tamanho e ofício, [fossem] adequados à história. ... seria um defeito ... se um homem [fosse] colocado numa construção como que encerrado numa caixa, onde [caberia] apenas sentado" (ibidem, livro segundo, p.119).

Por esses princípios, num grande tumulto provocado por uma briga de centauros, não seria plausível, nem portanto verossímil, que alguém fosse representado dormindo com tranqüilidade (ibidem). E numa passagem do livro, que lembra a teoria horaciana do liame necessário entre a fala, a aparência e o gesto do personagem teatral, Alberti refere-se ao caráter específico da linguagem da pintura, em que o movimento da alma é conhecido pelo movimento do corpo, para concluir que, nas telas, as pessoas tristes devem apresentar os membros pálidos, mal seguros, e os movimentos lentos; nos indivíduos irados, os olhos e as faces devem estar intumescidos de cólera, incendiados em cor, e os membros estirados (ibidem, livro segundo, p.122).

Alberti definiu a arte como mimese da realidade também na passagem em que a pintura é metaforizada como janela aberta para o mundo: "Inicialmente, onde devo pintar, traço um quadrângulo de ângulos retos, do tamanho que me agrade, o qual reputo ser uma janela aberta por onde possa eu mirar o que aí será pintado ..." (ibidem, livro segundo, p.94).[15]

---

15 Alberti também empregou a expressão "vidro translúcido" para definir a pintura: "Os pintores devem saber que com suas linhas circunscrevem as superfícies. Quan-

O humanista italiano aclimatou a noção de verossimilhança à linguagem das artes plásticas, denominando-a de composição pictórica. Nos debates artísticos ocorridos no Brasil no final do oitocentos, estava presente esse temário clássico. A noção de composição pictórica, da maneira como a definiu Alberti, foi fundamental para a análise desenvolvida pelo primeiro trabalho sistemático e de conjunto sobre as artes plásticas no Brasil, escrito por Gonzaga Duque Estrada[16] e publicado em 1888, A arte brasileira (Duque Estrada, 1995).

O livro apresentava, além dum *part pris* antiacadêmico e dum combate pela modernização da pintura brasileira, uma perspectiva nitidamente antibarroca sem, no entanto, pender para o enaltecimento do neoclassicismo, introduzido no Brasil pela Missão Artística Francesa em 1816.

Gonzaga indagava sobre as condições de emergência de uma pintura brasileira com traços distintos da européia. O fio condutor da reflexão era dúplice. Ao lado da preocupação com a cor local, Gonzaga refletia sobre os progressos e os entraves da modernização da cultura nacional.

E foi seguindo essa preocupação que A arte brasileira dedicou especial atenção a Pedro Américo,[17] interpretando o conjunto de sua obra e, mais detidamente, o quadro "A batalha do Avaí",[18] apresentado ao público de Florença e do Rio de Janeiro em 1877.

A produção de Pedro Américo foi entrevista de maneira elogiosa por Gonzaga, que julgava necessário, para compreender uma expressão artística, conhecer a biografia do artista. Haveria, no seu entender, um vínculo entre a personalidade do criador e a natureza da sua criação, concepção que partilhava com os críticos de sua época e que fora já tematizada pela Antiguidade clássica.[19]

---

do enchem de cores os lugares circunscritos, nada mais procuram que representar nessa superfície as formas das coisas vistas, como se essa superfície fosse de vidro translúcido ..." (ibidem, p.87).

16 Luiz Gonzaga Duque Estrada (Rio de Janeiro, 1863 – Rio de Janeiro, 1911). Crítico de arte e escritor.

17 Pedro Américo de Figueiredo e Melo (Areia, 1843 – Florença, 1905).

18 Tela pertencente ao acervo do Museu Nacional do Rio de Janeiro.

19 Horácio recomendava a seus amigos Pisões: "Vocês que escrevem, tomem um tema adequado a suas forças; ponderem longamente o que seus ombros se recusem a car-

Assim, o temperamento do pintor paraibano harmonizava-se com as magníficas cenas de batalha da Guerra do Paraguai, as quais retratou buscando usufruir o mecenato do governo de Pedro II. Gonzaga concedeu que Américo pintor de batalhas permaneceu o grande artista revelado noutros motivos e assuntos, o que não impedia que – num ou noutro personagem ou detalhe – surgissem incongruências e incorreções.

No "Combate de Campo Grande" (1872),[20] o crítico notou a incorreção na composição da figura do comandante brasileiro, o conde D'Eu, que se assemelharia a um "manequim vestido":

> A cabeça é muda, nenhuma contração dos músculos da face indica o heroísmo, ou a resolução; o seu olhar nenhuma relação tem [com o] que se passa; o gesto do braço direito é duro e inexplicável ... (Ibidem, p.148)

Na grande tela da "Batalha do Avaí", enaltecida por Gonzaga como a maior obra de arte brasileira do momento, obtemperou que o artista feriu a verdade histórica, retratando a população paraguaia no cerne do combate. O vasto pampa da região do Avaí era, no dizer do autor, vazio e despovoado.

Além disso, o carroceiro, situado no primeiro plano do lado direito da tela, realizava um movimento em que faltava o mais comezinho princípio de verossimilhança. Despendia um esforço próprio a um canoeiro, procurando, porém, mover com uma vara um carroção.[21] Gonzaga recen-

---

regar, o que agüentam" (in Aristóteles, Horácio & Longino, 1995, p.56). Gonzaga Duque argumentou que a pintura de batalhas, por ser "espetaculosa", convinha à natureza de Pedro Américo: "O assunto, como deixei dito, foi sentido, estava em harmonia com o temperamento do artista" (Duque Estrada, 1995, p.146). Machado de Assis, no ensaio "A nova geração", aconselhava ao jovem escritor Alberto de Oliveira (Palmital de Saquarema, 1857 – Niterói, 1937) não se aventurar nos temas épicos, por demais avessos a sua natureza: "Que lhe importa o guerreiro que lá vai para a Palestina? Deixe-se ficar no castelo com a filha dele ..." (Machado de Assis, 1957, p.217).

20 Tela pertencente ao Museu Imperial de Petrópolis.

21 "O carroceiro tem um tronco bem desenhado, porém não se sabe, ao certo, em que emprega a sua força; parece um remador que larga a catraia afastando-a com a vara ..." (Duque Estrada, 1995, p.158).

seava, pois, na composição das telas – na relação das partes – deslizes de verossimilhança.

As análises de literatura e arte produzidas no Brasil no século XIX inspiravam-se, pois, em noções e argumentos de uma tradição cultural ampla e antiga.

Na polêmica inteiramente voltada para o singular, para uma escola literária (o realismo), para um romance (*O primo Basílio*), para uma formação cultural (a luso-brasileira), rondavam sabidas concepções estéticas.

A definição do objeto artístico como "fotografia" do mundo (mimese), a noção de verossimilhança, de relações necessárias de partes, a consideração da função da arte ou do vínculo da expressão artística com o receptor circunscreviam o território do combate crítico. Essas idéias remontavam à Grande Teoria da arte, elaborada ainda no início da filosofia no Ocidente.

Machado de Assis foi um adversário da doutrina realista e, segundo suas próprias palavras, um admirador do talento de Eça de Queirós, prejudicado, segundo ele, pelos modismos e imposições de escola.[22]

Manifestou sua oposição ao naturalismo logo no início dos anos 1870, e, em 1879 no ensaio "A nova geração", reiterou-a com veemência ainda maior que antes. Insistiu que, se alguma estética existisse no realismo, seria a do "inventário": "O realismo não [conhece] relações necessárias, nem acessórias, sua estética é o inventário" (cf. Machado de Assis, 1957, p.220). Procurando antecipar-se à eventual censura de seus contemporâneos a seus pontos de vista e exorcizar-se da pecha de passadista, clássico ou romântico, citou dois autores encarecidos pelas letras nacionais do período como transformadores e modernos:

> Ia me esquecendo uma bandeira hasteada por alguns, o realismo, a mais frágil de todas porque é a negação mesma do princípio da arte ... de todas as que possam atrair a nossa mocidade, esta é a que menos subsistirá, e com razão; não há nela nada que possa seduzir longamente uma vocação poética. Neste ponto todas as escolas se congraçam; e o sentimento

---

22 "... o autor do *Primo Basílio* tem em mim um admirador de seus talentos, [um] adversário de suas doutrinas ..." (OC, 30 abr. 1878).

de Racine[23] será o mesmo de Sófocles.[24] Um poeta, V. Hugo,[25] dirá que há um limite intranscendível entre a realidade, segundo a arte, e a realidade, segundo a natureza. Um crítico, Taine,[26] escreverá que se a exata cópia das coisas fosse o fim da arte, o melhor romance ou o melhor drama seria a reprodução taquigráfica de um processo judicial. Creio que aquele não é clássico, nem este romântico. (ibidem, p.188-9)

Machado polemista anti-realista assemelhava-se a uma espécie de paladino dos direitos da estética contra os direitos exclusivos da realidade sobre a forma poética. Numa passagem do mesmo ensaio, distinguia aspiração social e conceito estético: "entre uma aspiração social e um conceito estético vai diferença; o que se precisa é uma definição estética" (ibidem, p.186), embora relembrando o tributo estético legítimo devido à realidade: "a realidade é boa, o realismo é que não presta para nada" (ibidem, p.229).

A noção de um jogo sutil entre poética e realidade, fórmula machadiana dos seus anos dedicados à polêmica, distanciava-o da visão da arte como simples espelho do mundo. Das duas vertentes originais definidoras da arte como mimese, a platônica e a aristotélica, o autor de *Esaú e Jacó* estava, decididamente, mais próximo da segunda.

O debate pontual era, pois, municiado por categorias estéticas gerais, sem entretanto se apagarem algumas diferenças entre um pólo (o debate no ano brasileiro de 1878) e outro (as concepções clássicas de arte).

---

23 Jean Racine (La Ferté-Milon, 1639 – Paris, 1699). Poeta trágico francês, aluno em Port-Royal e jansenista. Escreveu as tragédias *Andrômaca* (1667), *Britânico* (1669), *Berenice* (1670), *Mitrídates* (1673), *Ifigênia em Áulida* (1674), *Fedra* (1677), *Ester* (1689), *Atália* (1691).

24 Sófocles (496 a.C. – 406 a.C.). Um dos maiores nomes da tragédia grega, ao lado de Ésquilo e Eurípedes. De sua obra, chegaram até nós apenas sete peças: *Ájax, Antígona, As traquínias, Édipo Rei, Electra, Filoctetes* e *Édipo em Colono*.

25 Victor-Marie Hugo (Besançon, 1802 – Paris, 1885). Poeta, romancista e dramaturgo que se firmou como porta-voz do romantismo. Entre sua vastíssima obra, estão os dramas *Cromwell* e *Hernani*, os volumes de poesia *Odes e baladas* e *Folhas de outono*, e os romances *O último dia de um condenado, Nossa Senhora de Paris, Os miseráveis* e *Os trabalhadores do mar*. Ver notas 2, p.208; 11, p.213; 7, p.290.

26 Hippolyte Adolphe Taine (Vouziers, 1828 – Paris, 1893). Filósofo, crítico e historiador, figura exponencial do positivismo e grande teórico do naturalismo francês.

A filosofia clássica não definia historicamente o objeto artístico. Quando Aristóteles, na *Poética*, examinava as tragédias de sua época, buscava extrair de suas leituras princípios artísticos gerais, de maneira que a Grande Teoria não explicava o objeto artístico relativamente a sua época, ao lugar de seu aparecimento ou à sociedade que lhe dera origem:

> Desde os primeiros tempos, os artistas gregos julgavam haver descoberto as proporções perfeitas ... certas melodias eram tidas como ... leis ou normas; nas artes visuais, certas proporções eram aceitas como universais ... (Tatarkiewicz, 1995, p.158)

A crítica brasileira, ao contrário, explicava as formas simbólicas remetendo-as à história. Entre o mundo clássico e a cultura brasileira oitocentista, interpunham-se, naturalmente, as filosofias da história e os autores do século XIX. Machado de Assis, por exemplo, no ensaio "Instinto de nacionalidade" decidiu-se por uma conciliação entre o legado clássico e a novidade moderna: "Nem tudo tinham os antigos, nem tudo têm os modernos; com os haveres de uns e outros é que se enriquece o pecúlio comum" (Machado de Assis, 1957, p.148).

As categorias clássicas eram, assim, filtradas pelo historicismo do período e, como conseqüência, puxadas para a história. Para alguns historiadores e críticos literários do oitocentos, o conceito de século constituía numa medida conveniente para o entendimento da história e dos fenômenos culturais. Hippolyte Taine, que exerceu grande influência na historiografia francesa, sobretudo após a publicação da *História da literatura inglesa* em 1863, concebia o movimento histórico no ritmo das mudanças seculares. No seu entender, o traço característico do seu tempo era o avanço progressivo do conhecimento científico:

> sabemos que as descobertas positivas crescem todos os dias ... que o seu domínio universal acabará por se estender sobre todo o espírito humano. Deste corpo de verdades invasoras nasce também uma concepção original do bem e do útil e, portanto, uma nova idéia do Estado e da Igreja, da arte e da indústria, da filosofia e da religião. Ela tem a sua força como a antiga tem a sua, ela é científica se a outra é nacional, ela se apóia sobre os fatos e a outra sobre as coisas estabelecidas. (Taine, 1863, p.666-7)

Já num texto publicado em 1858, Taine considerava a "medida secular" como padrão de avaliação da mudança histórica: "A história não deve submergir, como desejam alguns, numa multidão de detalhes, mas remontar à força mestra [das mudanças e] encerrá-la, para cada século, numa fórmula ..." (Taine, 1904). Essa perspectiva histórica foi amplamente absorvida pela cultura brasileira do final do século XIX.

Eça de Queirós, na citada carta de 29 de junho de 1878 endereçada a Machado, sustentou que a escola realista era "elevado fator do progresso moral na sociedade moderna". Para alguns, O primo Basílio exprimia a mudança histórica, ajustava-se ao novo estágio social.[27] Houve quem concluísse que o romance de Eça foi um produto dos novos conhecimentos científicos.[28]

Os argumentos brandidos no meio cultural brasileiro de 1878, ao mesmo tempo que ecoaram pontos de vista da poética clássica e teorias estéticas oriundas do além-mar (anteriores e contemporâneos ao debate), ressurgiram, igualmente, nos trabalhos de analistas e leitores portugueses de Eça de Queirós.

---

27 "O mundo caminha, e se alguém houvesse que aproximadamente escrevesse um romance como o Monge de Cister não seria esse livro tão apreciado como antes, porque já não estaria com a época ..." (Amenófis Efendi [Ataliba Gomensoro], GN, 24 abr. 1878).

28 "A nova escola ... distingue-se pela aspiração, caracteriza-se pelas influências do progresso da ciência, da renovação empreendida pela crítica moderna ..." (A. Gil, RI, 20 dez. 1879).

8
Breve fortuna crítica
d' O primo Basílio

Pinheiro Chagas[1] já notara, antes de Machado de Assis, a natureza detalhista da paleta eciana,[2] e Camilo Castelo Branco, no ensaio "Boêmia do espírito", publicado em 1886 mas seguramente escrito no decênio anterior, não viu a aplicação, a exemplo de Machado, do princípio da verossimilhança na cena do infanticídio da versão de 1876 de *O crime do padre Amaro*.[3]

De todas as análises de *O primo Basílio* feitas em Portugal ainda no século XIX, o ensaio "A geração nova" de Sampaio Bruno foi o que mais diretamente respondeu aos comentários de Machado de Assis sobre o livro de Eça de Queirós e o naturalismo.[4]

Sampaio Bruno reproduziu, em algumas passagens, teses e vocabulário machadianos:

---

1 Manuel Joaquim Pinheiro Chagas (Lisboa, 1842 – Lisboa, 1895). Escritor, jornalista e político português.

2 "Pinheiro Chagas ... depois de homenagear os autores do *Mistério da estrada de Sintra* e de elogiar o talento de Eça, repudiava a novidade e a verdade do realismo ... condenava a 'minuciosidade pueril' com que tais materialistas descrevem 'os mais leves acessórios do drama', e vaticinava que eles jamais entenderiam 'as verdades morais'." (Cit. Rosa, 1979, p.50.)

3 "Um romancista hábil engendrou um padre que afoga um filho – uma perversidade estúpida e ... inverossímil em Portugal, onde os padres criam os filhos paternalmente." (Cit. Rosa, 1979, p.61.)

4 Publicado em 1885, o ensaio de Sampaio Bruno foi republicado em 1945 no livro *Eça de Queirós visto pelos seus contemporâneos* (Lello, 1945).

E, como corresse, de boca em boca, por uma certa gente, disposta, de resto, a tomar o realismo pela leprosa reprodução afrodisíaca do obsceno, conforme lho indicavam os seus críticos temidos e os seus folhetinistas estimados, que a imaginativa do Snr. Queirós se comprazia em situações picarescas e provocantes, quando o novo volume, *O primo Basílio*, ainda úmido do prelo, destacou nas vitrines dos livreiros, por um quase nada se repetiu, realizando-se a profecia alegre de Gautier para a sua *Mademoiselle de Maupin*, de que edições se haviam de suceder, reclamadas com fúria, pedidas com lágrimas (in Lello, 1945, p.80-1).

A "nota escandalosa", presente no romance, tinha, no entender do crítico português, um efeito benéfico na divulgação de um livro que, por alterar "processos narrativos" habituais, não seria apreciado caso não provocasse alguma forma de impacto sobre uma sociedade, como a portuguesa, caracterizada pela "preguiça cerebral" dos seus cidadãos. O "manto do escândalo" espicaçou a letargia cultural lusitana, aguçou curiosidades e possibilitou o conhecimento público da crítica social eciana.[5]

Sampaio Bruno analisou *O primo Basílio* vinculando-o à sociedade portuguesa, definindo suas personagens como "indivíduos de carne e osso", "lusitanos [daquele] tempo" (ibidem, p.118), que falavam, sentiam, pensavam "como verdadeiros súditos de Sua Majestade Fidelíssima" (ibidem, p.114). Luísa era a menina lisboeta "educada nos romances, estranha aos arranjos da casa, [embalada] num mórbido sentimentalismo que a educação religiosa" (ibidem) avivava.

Porém, na contracorrente da maioria dos intérpretes do romance, sustentou que faltava "verossimilhança" na composição literária da criada Juliana, caracterizada talvez com simplicidade demasiada, porque movida por "um sentimento único ... sem outra divergência que a do medo" (ibidem, p.119).

Juliana parecia-lhe, além disso, extrapolar a galeria-padrão dos personagens dos romances naturalistas, cuja preferência recaía "sobre o tipo comum", socialmente identificável, contrário a esse verdadeiro caso de

---

5 De maneira semelhante, S. Saraiva, no folhetim publicado no jornal brasileiro *Gazeta de Notícias* (GN, 20 abr. 1878) justificou a presença de cenas "obscenas" em *O primo Basílio*. Elas visavam, no seu entender, divulgar o romance.

"teratologia moral" representado pela criada de Luísa. Bruno invertia o julgamento de Machado: Luísa, desenhada em consonância com o meio cultural lisboeta, estava literariamente mais bem caracterizada do que sua oponente.

A propósito das semelhanças observadas por Machado-Eleazar de *O crime do padre Amaro* e de *O primo Basílio* com romances franceses, Sampaio Bruno, ao cabo de um longo raciocínio em que procurou demonstrar o vício da descrença dos portugueses nos méritos de seus artistas, concluiu que, por meio da imprensa e dos livros, tal vício se transferiu para o Brasil, influenciando até mesmo os críticos mais distintos. Machado de Assis, impregnado pelo desânimo então reinante em Portugal, entendeu assim o brilho literário de Eça, como imitação servil de autores estrangeiros.

Sampaio Bruno celebrou, no arremate de seu texto, a sobriedade científica do narrador eciano, para quem a "realidade humana" era "matéria de estudo". Haveria, portanto, um vínculo entre o romance naturalista, o conhecimento científico e a coragem do escritor em denunciar e exibir, sem rebuço, as "torpezas humanas".

Coube ao crítico e escritor português Fialho de Almeida[6] produzir a mais voraz e impertinente crítica à obra e à biografia de Eça de Queirós. A impertinência ficava por conta do momento em que o ensaio foi publicado, quando, a bordo do navio *África*, o corpo do escritor, recentemente falecido, chegava a Lisboa.[7]

Fialho de Almeida destoava, com acidez, das notas laudatórias com que a imprensa portuguesa pranteava Eça de Queirós, relembrando que ele, embora tivesse como objeto de seus romances a sociedade portuguesa contemporânea, vivera 27 anos fora da pátria e seria, assim, incapaz de escrever com conhecimento sobre a realidade portuguesa.

Aduzia à psicologia do escritor, "predomínio nevrótico explicando as sensibilidades de esteta que lhe fizeram na vida literária o temperamento intenso de humorista" (Fialho de Almeida, 1924, p.125), à sua

---

6 José Valentim Fialho de Almeida (Vila de Frades, 1857 – Vila de Frades, 1911).

7 O artigo "Eça de Queirós" foi republicado em *Figuras de destaque* (Fialho de Almeida, 1924).

aparência física, "um poste d'osso suspendendo fios elétricos de nervos" (ibidem), a seus hábitos de dândi, a seu passado de estudante em Coimbra, onde amargara por "cabula" uma reprovação e adiantava algumas censuras "à pobreza estrutural do [seu] estilo" literário (ibidem, p.140), a "miséria profunda do [seu] vocabulário repisado" (ibidem), ao detalhismo injustificado de sua descrição, "detalhes incoordenados, [cativando] pela mancha, pelo escândalo da charge" (ibidem, p.142), a inverossimilhança dos enredos de seus livros, "uma galeria estranha de grotescos retratos-charge, ligados por um fio de melodrama inverossímil" (ibidem, p.139), "a mais completa ausência de vida interior nas [suas] personagens" (ibidem).

Entendia que o narrador interferia na trama ao arrepio do princípio artístico da verossimilhança: "... o que ele percebe nas falas é o detalhe que julga característico, e quando muito se queda em pitoresco; ou as figuras não falam, e é ele que vai contando o que elas dizem ..." (ibidem, p.143).

A maior parte das restrições postuladas por Fialho de Almeida ao estilo de Eça já havia sido formulada. As acusações ao comportamento de Eça em Coimbra e a seu afastamento do mundo português, da matéria mesma de seus escritos, também não eram novas.

Sampaio Bruno, no ensaio "A geração nova", respondeu a ambas. Argumentou que o fato de Eça ter pertencido, nos seus tempos de universidade, "à cabula", manifestava sua reação ao "dogmatismo dos lentes" e a um "ensino obsoleto" (in Lello, 1945, p.102).

Quanto à propalada ausência do escritor na sociedade portuguesa, Sampaio Bruno sustentou que

> sob a epiderme de estrangeiro, nele lavra a diátase de português, desiludido, sofrendo da mediocridade da pátria, que reputa finda, mas vivendo dela pela compartilhação dos seus interesses, mesmo num indignado repudiamento. Assim, contraditoriamente, se contribui sempre para o seu progresso. (ibidem, p.103)

Fialho de Almeida elaborou uma classificação de romances comparando os escritos de Eça com autores seus contemporâneos. No seu entender, as classes de escritores dividiam-se em pintores de "caracteres" e de "costumes". Os primeiros veriam "de dentro para fora o homem-espírito, na sua catástrofe de sentimento e decomposição da vontade", os segundos, revelando "paixão pelo descritivo", enxergariam "de fora para dentro o homem de relação, comparsa ridículo num drama cósmico gigante, fantoche movido por sensações e instintos bestas" (Fialho de Almeida, 1924, p.145).

Completando esse quadro classificatório, o crítico concluiu que os escritores de "idéias" ou de "caracteres" representavam os "personagens em relevo", conferindo-lhes "autonomia moral", ao contrário dos "escritores de imagens", criadores de tipos romanescos de "psicologia curta", de pouca ou nula existência interior. Os escritores de "costumes", desprovidos de "curiosidade [pelas] situações do coração", resumiriam seus personagens, ao longo da obra, em "três ou quatro manequins invariáveis" (ibidem, p.146-7). Eça de Queirós seria um caso exemplar, nas letras portuguesas, do escritor "imagético" ou "de costumes".

O texto de Fialho de Almeida provocou uma agressiva resposta assinada pelo crítico brasileiro Francisco Lagreca. Havia poucos bons argumentos no livro de Lagreca. O melhor deles demonstrava a improcedência de deduzir da biografia do escritor o seu engenho artístico. Considerava que desse erro crítico derivava a peça acusatória de Fialho de Almeida (Lagreca, 1906, p.12-3).

Considerou que o móvel do libelo de Fialho de Almeida era o ressentimento de um ficcionista "falhado", artisticamente incapaz de alçar-se à glória de Eça de Queirós. Lembrava a expressão de Guerra Junqueiro que, ao se referir ao autor de *Os gatos*, empregava um nome mais condizente com seus dotes de artista. No lugar de Fialho de Almeida, escrevia Junqueiro "Falho de Almeida" (ibidem, p.36).

O centenário de nascimento do grande escritor português ensejou, como já foi observado, a publicação do alentado e importante volume de análise do conjunto de sua produção literária, o *Livro do centenário de Eça de Queirós* (Pereira & Reys, 1945).

Os artigos do livro consideraram, quase sempre, matérias diversificadas do universo eciano, coincidindo às vezes no exame de mesmos personagens, tópicos e assuntos. No geral, em face dos temas comuns, as conclusões dos exegetas aproximaram-se mais do assentimento que da discordância, o que conferia, de certa forma, uma coerência interpretativa à obra do romancista.

Para muitos, o traço predominante da narrativa eciana seria a descrição, ostentando seus personagens baixíssima "intuspecção psicológica". Esse ponto de vista foi discutido e apresentado por alguns ensaios do *Livro do centenário*.

Roberto Ibañez e Antônio Sérgio prepararam previamente o caminho de reflexão sobre a obra de Eça, forjando categorias classificatórias para a forma do romance. No texto *"La ciudad y las sierras"*, Ibañez sustentou que a forma conflituosa constituiria *"o núcleo necesario de la acción"* dos romances (in Pereira & Reys, 1945, p.320), de maneira que eles poderiam ser categorizados tendo em vista a feição predominante do conflito presente em cada um deles.

O conflito inclusivo contraporia mutuamente os personagens, num jogo tenso de combate que "incluiria" o conjunto dos protagonistas: *"presupone, como condición indefectible, el impacto de caracteres por comunicación objetiva"* (ibidem, p.321).

O conflito exclusivo dilaceraria o personagem, independentemente da luta que se passaria no exterior de seu psiquismo; *"radicado en el alma del protagonista (autogonista, diremos), y resuelto con su triunfo o su derrota"* (ibidem, p.320).

Neste último, predominaria a *"lucha interior, libre y desinteresada (manifiesta o latente), al margen de las colisiones exteriores que originan o lo ilustran"* (ibidem, p.321). Dos dois tipos, um apontaria para o interior do herói, o outro, para as relações dos heróis.

Ibañez recordou que as duas *"formas conflictuales"* não se excluíam absolutamente numa mesma novela, coexistindo nos mesmos enredos, sem prejuízo da hegemonia que uma alcançaria sobre a outra.

O primo Basílio ostentaria, predominantemente, o tipo inclusivo de conflito. O drama de Luísa, por exemplo, foi condicionado *"por circunstancias externas: la ida de Basílio; la extorsión de Juliana; la inminente vuelta de Jorge"* (ibidem, p.325). Luísa não vivia um *"conflito exclusivo"* porque brotava o seu sofrimento de *"una coacción objetiva, no a una libre querella de sus potencias interiores"* (ibidem, p.325). Outros personagens capitais

O primo Basílio na imprensa brasileira do século XIX

ignorariam, também, estas *"pugnas íntimas"*, como Basílio, Acácio e Juliana. Seriam estes, segundo Ibañez, interiormente vazios.

Tal qual Ibañez, Antônio Sérgio adotou, no ensaio "Notas sobre a imaginação, a fantasia e o problema psicológico-moral na obra novelística de Queirós", publicado no mesmo livro, princípios polares de classificação da arte romanesca. Julgou que os "romancistas profundamente psicólogos" possuíam o dom aguçado da "fantasia", definido por ele como "inventiva relacionadora" (in Pereira & Reys, 1945, p.449).

Revelariam esses artistas um "poder de intuir desenvolvimentos psíquicos [e de inventar] relações entendíveis, que [caracterizariam] a mentalidade dos criadores científicos [e] a dos verdadeiros filósofos" (ibidem).

Nas antípodas dos escritores psicólogos, estariam os "imaginativos", os que apresentariam "a faculdade de criar e combinar imagens [no] domínio do sensível, [e tomariam] por objetivo a natureza exterior (o que é próprio do espacial, o que é do campo da imagem, ou [da] imaginação...)" (ibidem, p.449-50).

Eça de Queirós pertenceria à família dos autores "imaginativos", sua "mentalidade exteriorista e imagética [o levava] a atribuir um excessivo alcance ao colorido do estilo, à reprodução do visual, como fatores do talento de criar romances" (ibidem, p.452). Os aspectos descritivos da maneira eciana implicariam, assim, uma atenção demasiada aos pormenores, que, no limite, obstruiria e abafaria a ação. Configurada a tipologia dualista, Antônio Sérgio buscou ilustrá-la na obra de Eça.

A descrição minuciosa da vitrine de doces da confeitaria, sobrepondo-se à conversa de Sebastião e de Julião Zuzarte sobre Luísa e Basílio, objetos de comentários da vizinhança, tipificaria o criador "imaginativo":

> o romancista nos interrompe o diálogo, com o fim de estirar, numa vintena de linhas, a descrição de uma montra de confeiteiro, com todos os seus doces e os seus licores. Se não estou iludido, qualquer descrição é um erro artístico sempre que se não insira de maneira plausível nos interesses psicológicos das personagens, ou nas necessidades objetivas de sua ação ... Tal inventário somente a preponderância do pensar imagético (mais o preconceito de escola) induziria a colocá-lo naquele ponto do entrecho a um tão fino artista como foi Queirós. (ibidem, p.453)

A preponderância do "estilo imagético" sobre o "fantasioso" redundaria numa baixa densidade psicológica dos personagens. Bastaria para isso, segundo o crítico, comparar a Luísa do Eça com a Emma Bovary de Flaubert. Esta é "sensual e fantasiosa ... alma enérgica ... essencialmente ativa no anseio do romanesco e do prazer; [a outra, Luísa] é uma alma vazia, sem vetores definidos: uma passividade em suma ..." (ibidem, p.463-4).

Luísa adúltera seria a antítese de seu êmulo, a Bovary adúltera, ambas produtos de processos romanescos distintos:

> Na Bovary há o nítido funcionamento de um mecanismo interno, que atua sem quebra e com perfeita lógica; no *primo Basílio* só acasos há. A Luísa é nula, um leve ser passivo, determinado por um feixe de quatro acasos, circunstâncias fortuitas que lhe são alheias. (ibidem, p.465)

Seriam quatro os acasos: a ociosidade da heroína, ligada à inexistência das relações de família; a simultaneidade da ida do marido à província e da chegada do primo a Lisboa; a presença duma criada excepcionalíssima; o acidente da carta apanhada pela criada (ibidem, p.465).

O raciocínio assemelha-se à diatribe machadiana de 1878 endereçada ao *Primo...*, havendo até mesmo semelhanças de vocabulário. Os dois críticos empregaram, além disso, o mesmo método, comparando a heroína do romance português com protagonistas de romances franceses – a Eugénie Grandet, na análise machadiana, e a Emma Bovary, nas considerações de Antônio Sérgio.

Acrescente-se que houve coincidência no exemplo da descrição minuciosa da vitrine da confeitaria, tida como desconectada da ação. O exegeta português notou, como Eleazar, alguns "vícios" ou citações de escola no livro e enalteceu, da mesma forma que Eleazar, a maestria do romancista na criação da criada Juliana, que "constitui um caráter dos de maior relevo de toda a literatura de ficção do Mundo, capaz de por si só imortalizar um autor" (ibidem, p.465).[8]

---

8 Ramalho Ortigão, a quem coube a primazia na apreciação crítica de O primo Basílio, já havia – no seu artigo publicado em Lisboa em 22 de fevereiro de 1878 e republicado no Brasil em 25 de março do mesmo ano – enaltecido a construção literária da criada Juliana. Segundo suas palavras, a "criada Juliana é inteiramente completa, é viva,

Fialho de Almeida, Ibañez, Antônio Sérgio e também Machado de Assis registraram a adesão da maneira eciana à descrição. Parece existir um lastro comum de interpretação de *O primo Basílio*, que, de sua publicação ao momento atual, insistiu em alguns de seus temas e passagens específicos.

A análise estética machadiana, afastada do seu tônus moralista, participaria dessa rede e estaria, em certa medida, na sua origem. Pode-se reencontrá-la mais contemporaneamente nas reflexões de um historiador, escritor e professor lisboeta, João Medina,[9] analista da "geração portuguesa de 1870".

Seus estudos sobre o republicanismo e o europeísmo abrangem os contributos dessa geração singular de criadores do oitocentismo lusitano a um e outro daqueles movimentos. Eça de Queirós é um de seus objetos de análise privilegiado. Cuidou de uma edição de *A tragédia da rua das Flores* (Eça de Queirós, 1980). Suas conclusões e achegas sobre o conjunto da produção literária eciana extrapolam os limites do debate brasileiro ocorrido em 1878, embora alguns de seus pontos de vista sobre *O primo...* não deixem de dialogar com aquele tecido interpretativo.

No ensaio "O bovarismo: da Emma Bovary de Flaubert à Luísa de Eça" (in Medina, 1980), publicado em 1974, concluiu o professor haver um bovarismo "mais residual do que estrutural em Luísa" (ibidem, p.110), considerando "que a problemática existencial, a densidade psicológica e a riqueza humana de Emma Bovary transcendem em tudo a figura criada por Eça" (ibidem, p.109).

---

e constitui uma das criações mais perfeitas da literatura portuguesa". Ramalho inaugurou, em certa medida, um padrão de julgamento literário de Juliana que reapareceu no folhetim de Machado de Assis e foi reiterado pelo texto de Antônio Sérgio. A análise de Sampaio Bruno ("A geração nova") destoou desse marco interpretativo da criada de Luísa. Bruno reafirmou a força e o caráter grandioso de Juliana, considerando-os, no entanto, incompatíveis com o "meio chato" e medíocre em que vivia. Na sua relação com o meio social em que atuava, a excepcionalidade de Juliana tornava-a, por assim dizer, literariamente inverossímil.

9 João Augusto Medina da Silva. Historiador, ensaísta, ficcionista e professor universitário, estudioso da segunda metade do século XIX e início do XX, com relevo para a Geração de 70.

Haveria uma "diferença humana [e] de fundura psicológica que [separaria] uma figura atormentada e *danada* como a pobre Emma de Flaubert e a personagem bastante mais simples, menos rica e sobretudo menos densa em problemas, ânsias e apetites criada pela imaginação afinal mais sociológica do que trágica do nosso romancista" (ibidem, p.110). Segundo seus argumentos, a menor densidade psicológica da heroína do romance peninsular advinha de uma sorte de *kunstwollen*, de uma intenção artística diferente num e noutro escritor. A finalidade de Eça de Queirós seria, sobretudo, a de realizar "uma crítica de cariz sociológico", desvelando, por assim dizer, a "etiologia" da burguesia ou da pequena burguesia lisboeta.

O ensaio "Luísa ou a triste condição (feminina) portuguesa" (in Medina, 1980), do mesmo autor, publicado em 1978, no contexto da comemoração do centenário de O *primo Basílio*, reiterou o argumento de que "à trajetória da burguesinha lisboeta faltam, porém, a força de ânimo, a intensidade de caráter e até a profundidade de sentimentos capazes de a erguerem às alturas verdadeiramente trágicas da heroína flaubertiana" (ibidem, p.112).

Contrariamente, porém, aos que desde Machado de Assis notaram a baixa densidade psicológica de Luísa e sentenciaram, em vista disso, que havia ali um grave defeito de fabricação, Medina entendeu que a análise deveria atentar para o conteúdo do romance e para os desígnios perseguidos pelo romancista. Eça buscava "mostrar não só a esqualidez, a pobreza social e a tristeza moral da nossa burguesia mas, por extensão, do próprio País, uma coletividade sem ideal nem vitalidade ..." (ibidem, p.113).

É pois provável que Machado de Assis tenha oscilado muito rapidamente da diagnose da trama, do caráter de Luísa, para o julgamento final e condenatório do romance. Acompanhando-se, porém, o fio cronológico das leituras do livro, nota-se que, pelo menos no exercício da diagnose, o escritor brasileiro encontrou consócios sucessivos: o vazio psicológico da personagem Luísa; o estilo de "inventário" da descrição; a ausência de vínculos necessários ou verossímeis entre algumas partes; o peso do acaso no desenrolar da trama; as concessões à moda literária do naturalismo...

No artigo de Francisco Maciel Silveira "*O primo Basílio*", do *Pequeno dicionário de literatura portuguesa*, os pontos de vista machadianos ainda atuam: "Romance de personagens, objetivando o ataque às bases em que se assentava a sociedade portuguesa, inscreve-se no ideário realista, fiel inclusive aos seus defeitos. O arcabouço romanesco, fragilmente sustentado pelo artifício de duas cartas..." (in Moisés, 1980, p.306).

9
A crítica machadiana d'*O primo Basílio* na cultura brasileira

Com a emergência de novos objetos na pesquisa histórica – história das mulheres, história da leitura – alguns analistas mais atuais de *O primo Basílio* voltaram-se para as leituras protagonizadas pelos heróis do romance, por Luísa em particular:

> Um dos pontos centrais da crítica literária feminista tem sido a ênfase na necessidade de situar social e simbolicamente a prática tanto da escrita como da leitura feitas por mulheres. ... Na literatura portuguesa uma figura de leitora – Luísa de *O Primo Basílio* – ... tem suscitado muitas e diferentes interpretações críticas.[1]

As práticas de leitura encenadas no romance exerceriam funções diversas em sua trama, acentuando, em uma dessas funções, o "processo de veridicção" da narrativa:

> ... *A Dama das Camélias* ou Alfred de Musset[2] n'*O primo Basílio* assumem o estatuto de "modalidades mistas de existência": transformados em objetos ficcionalizados ao integrarem a narrativa, mas não perdendo as características e propriedades da sua existência real, apelam à cultura adquirida

---
1 Ana Helena Cizotto Bellini, "Leituras de Luísa" (in Miné & Caniato, 1997, p.521).
2 Louis Charles Alfred de Musset (Paris, 1810 – Paris, 1857). Dramaturgo e poeta romântico do século XIX.

do leitor para funcionarem como fator de verossimilhança do universo criado pelo romance.[3]

Já na *Poética*, Aristóteles entendia o uso de nomes de figuras históricas reais para personagens teatrais como um recurso ficcional que visava ampliar o grau de verossimilhança da fábula (cf. Aristóteles, 1975, 1.451b, p.42).

As representações de leituras no romance eciano teriam, igualmente, significado e importância na caracterização dos personagens:

> ... no que se refere a Jorge e Luísa, é logo no início do romance que as preferências literárias de cada um são apontadas como medida do respectivo perfil psicológico-moral.[4]

Luísa, leitora de obras românticas, idealizava de tal forma a vida que terminou por enxergar em Basílio um vetor para a realização de suas fantasias romanescas. Na construção de Luísa-leitora, o narrador exprimiu, ao mesmo tempo, uma crítica às obras de devaneio do romantismo e a um certo tipo de leitura feminina. Também Machado de Assis, nos seus textos sobre *O primo...*, preocupou-se com os efeitos das leituras femininas do próprio livro sobre "as castidades inadvertidas" (*O Cruzeiro*, OC, 30 abr. 1878).

Não deixa de ser curioso o fato de haver entre o criticado (Eça de Queirós) e o crítico (Machado de Assis) uma sorte de sintonia temática, com os sinais invertidos. Para Eça, o prejudicial às relações matrimoniais seria a leitura feminina de textos românticos, apartados da realidade; para Machado, ao contrário, seria a leitura de textos que figurariam o torpe, "o aspecto servil das coisas mínimas e ignóbeis" (OC, 16 abr. 1878), como os do realismo-naturalista de sua época.

A constatação dessa correspondência temática levou a revisões contemporâneas da crítica machadiana, ressaltando nela seu viés mais moralista do que o estético.[5]

---

3 Maria do Rosário da Cunha Duarte, "A inscrição da leitura na ficção queirosiana: *O primo Basílio*" (in Miné & Caniato, 1997, p.349).

4 Ibidem, p.350.

5 Ver, a esse respeito, os interessantes e criativos ensaios assinados por M. R. C. Duarte (op. cit.), Marisa Lajolo ("Eça de Queirós e suas leitoras mal comportadas") e A. H. C. Bellini (op. cit.), todos publicados em Miné & Caniato, 1997.

Nos termos do artigo "Eça e Machado: críticas de ultramar" (Franchetti, 2000), Machado teria ainda um companheiro de viagem surpreendente, um velho conhecido da crítica marxista de literatura, o Georg Lukács[6] do ensaio "Narrar ou descrever?", de 1936.[7]

A tese geral do artigo de Paulo Franchetti é de uma clareza meridiana: os artigos de Machado de Assis dedicados à leitura de *O primo Basílio* acenavam para uma forte intenção conjuntural. Objetivavam, no ano brasileiro de 1878, fundar uma política cultural atinente à constituição de uma literatura nacional. Contextualizados, seriam poderosos e justificáveis; fora da quadra histórica que os viu nascer e que os engendrou, pouco valeriam:

> não há como [discutir o ponto central da crítica] sem identificar o lugar de onde fala Machado e o desenho geral de sua crítica. Vai quase sem dizer que esse lugar é o de um escritor empenhado na criação de uma tradição cultural no Brasil e que, por isso mesmo, lia o texto de Eça de uma perspectiva muito interessada. (ibidem, p.49)

Ou, ainda, em outra passagem:

> Escrito para defender uma dada concepção do romance e para atacar uma outra, que não partilha dos mesmos pressupostos e objetivos, o ensaio de Machado não é exatamente um texto de avaliação crítica animado pelo desejo de conhecer uma forma específica de funcionamento textual, mas um texto de caráter combativo. No seu gênero, que é a polêmica, é um texto realmente primoroso. O que é notável é que a sua leitura tenha sido feita como se fosse outra coisa, e não um julgamento crítico datado e adequado ao público e ao lugar onde foi publicado. (ibidem, p.53)

A atribuição de um traço conjuntural aos textos machadianos constitui uma profícua hipótese de trabalho, apesar do debate de 1878 pouco se referir a alguma política cultural de nacionalidade. Machado preo-

---

6 Georg Lukács (Budapeste, 1885 – Budapeste, 1971). Filósofo de orientação marxista que marcou o pensamento do século XX.

7 Georg Lukács, *"Raconter ou décrire? Contribution à la discussion sur le naturalisme et le formalisme"* (in Prévost & Guégan, 1975).

cupava-se então com o fazer artístico em língua portuguesa e com a feição que ele deveria apresentar, conservando e refinando os tesouros do idioma recebidos das mãos de Herculano, de Garret e de Alencar. No ensaio "Instinto de nacionalidade" (cf. Machado, 1957, v.29), publicado em 1873, a toada foi diversa. O ensaísta exaltou Basílio da Gama e Santa Rita Durão, e rebaixou Tomás Antônio Gonzaga,[8] a quem não perdoava o transplante ilegítimo das pastorinhas do Tejo para a paisagem brasileira de Ouro Preto:

> os nomes de Basílio da Gama e Durão são citados e amados, como precursores da poesia brasileira. A razão é que eles buscaram em roda de si os elementos de uma poesia nova, e deram os primeiros traços de nossa fisionomia literária, enquanto que outros, Gonzaga por exemplo, respirando aliás ares da pátria, não souberam desligar-se das faixas da Arcádia nem dos preceitos do tempo. Admira-se-lhes o talento, mas não se lhes perdoa o cajado e a pastora, e nisto há mais erro que acerto. (ibidem, p.130)

Argumenta Franchetti que o adversário de *O primo Basílio*, em 1878, era também escritor e havia publicado naquele ano, como folhetim, o romance romântico *Iaiá Garcia*. Assim sendo, a tradição artística almejada e pensada na crítica ao naturalismo desdobrava-se na criação artística:

> ... quem escreve esse ensaio não é ainda o autor de *Dom Casmurro* ou *Quincas Borba*, ... a crítica se processa a partir de uma concepção de romance que o próprio Machado, na época, tentava pôr em prática no seu *Iaiá Garcia* e que é, de fato, oposta à que ele identifica no texto de Eça. É o autor de *Iaiá Garcia*, empenhado na consolidação do romance no Brasil, quem vai expressar o desejo de que em breve se elimine o hiato causado pela moda naturalista ... (Franchetti, 2000, p.49).

Comparado com a literatura de laivos ainda românticos de *Iaiá Garcia*, *O primo Basílio* foi, sem dúvida, um míssil de altíssimo poder de destruição sobre a rotina literária da época.

---

8 José Basílio da Gama (São João del Rei, 1740 – Lisboa, 1795); Frei José de Santa Rita Durão (Cata Preta, 1722 – Lisboa, 1784); Tomás Antônio Gonzaga (Miragaia, 1744 – Ilha de Moçambique, 1810). Poetas do arcadismo brasileiro.

O primo Basílio na imprensa brasileira do século XIX

Alguns críticos aventaram ainda a hipótese de haver razões merca-dológicas para a oposição do crítico brasileiro ao romance eciano. Ma-chado, de olho no mercado cultural em língua portuguesa, mentalizava então um romance, em que um dos temas seria o adultério:

> Ao lançar um best-seller tematizando o adultério, Eça não podia estar ameaçando o público pretendido por Machado que, por volta de 1878, cer-tamente já ruminava suas *Memórias póstumas de Brás Cubas*, lançadas em folhetins do *Jornal das Famílias* em 1880, e publicado em volume em 1881? Podia, sim.[9]

Resumindo esses pontos de vista, Machado de Assis escreveu uma "diatribe antibasílio" porque terminava de escrever um livro romântico e porque estava prestes a escrever um outro, mas desta vez anti-român-tico. Deduz-se deste último argumento que se escrita próximo à publi-cação de *Dom Casmurro* – romance enfaticamente centrado no tema do adultério –, a crítica machadiana seria ainda mais visceralmente con-trária ao romance de Eça. Tais seriam as interpretações que conferiam uma intenção circunstancial à análise machadiana.

Machado, escritor de ficção, era também crítico literário; logo, o que havia de específico em sua fatura artística podia ecoar em suas aná-lises literárias. Pode-se também pensar numa via circular ou de mão dupla entre a sua exegese de literatura e as suas produções literárias.

Entretanto, o autor de *Iaiá Garcia* revisitou e reiterou aqueles argu-mentos antinaturalistas em "A nova geração", texto publicado quase dois anos mais tarde nas páginas da *Revista Brasileira* (RB). Nesse momento, restabelecido fisicamente pelos ares de Nova Friburgo, o escritor, que subira a serra com a *Iaiá*, regressara à Corte com um misterioso e bizarro acompanhante, o defunto Brás Cubas.[10]

---

9   Marisa Lajolo, op. cit., p.439.

10   Nas palavras de Lúcia Miguel Pereira (1955, p.168): "Esse retiro forçado parece ter sido de grande importância na sua vida. Entre *Iaiá Garcia* e as *Memórias póstumas de Brás Cubas*, entre o romancista medíocre e o grande romancista, existiu apenas isso: seis meses de doença, de outubro de 1878 a março de 1879 ...".

Às invectivas antinaturalistas de "A nova geração", artigo publicado em dezembro de 1879, seguiu-se a publicação, na mesma *Revista Brasileira*, de *Memórias póstumas de Brás Cubas*, a partir de março de 1880. Além disso, o folhetinista de *O Cruzeiro*, futuro criador das *Memórias póstumas*..., na "carta-homenagem" a Eça, de agosto de 1900, retomou alguns dos antigos pontos de vista da polêmica, quando nenhuma obra eciana ameaçava seu sucesso em meio ao público literário brasileiro.

É pois provável que a solidariedade do projeto crítico com a produção artística machadiana ocorra em toda linha e seja de ordem mais ampla e estrutural do que historicamente pontual.

O conto "O enfermeiro", publicado na *Gazeta de Notícias* (GN) de 13 de junho de 1884 e recolhido no volume *Várias histórias* (Machado de Assis, 1896), é habitualmente comparado ao *Mandarim*, de Eça de Queirós.[11]

É também possível alguma relação entre o protagonista do conto machadiano "O enfermeiro" com uma das figuras centrais de *O primo Basílio*. O enfermeiro Procópio José Gomes Valongo, herdeiro involuntário da fortuna de seu paciente, o coronel Felisberto, seria uma espécie de "outro simétrico" de Juliana Couceiro Tavira, de *O primo Basílio*.

Em suas críticas, Machado reconhecera que Juliana, ao contrário dos demais personagens do romance, estava artisticamente bem caracterizada. Mesmo assim, são profundas as diferenças da criada para com um herói machadiano que viveu uma experiência semelhante à sua.

Ambos cuidaram com desvelo e sacrifício de enfermos abastados, de temperamento agressivo e difícil trato. Valongo assassinou involun-

---

11 "... é exatamente o mesmo, em suas linhas gerais, o assunto de 'O mandarim' e de 'O enfermeiro'. Ambos os contos giram em torno de um caso de consciência e respondem à interrogação de Rastignac, no 'Père Goriot', de Balzac. No título do seu conto, Eça de Queirós acusa a origem da influência, tomando ao pé da letra a proposição de Balzac e fazendo do morto, cujos bens o assassino, Teodoro, passa a gozar, realmente um mandarim, Ti-Chin-Fu, dos confins do Celeste-Império. Machado nada diz sobre a influência recebida. Mas a verdade é que o assunto morou durante muitos anos na sua cabeça privilegiada, porque em várias oportunidades a ele se referiu, embora de forma imprecisa e desfigurada. Machado, como Eça, escreve do ponto de vista de um indivíduo que se despede da vida" (Magalhães Júnior, 1958, p.173).

tariamente seu doente terminal, e foi agraciado como o herdeiro universal de seus bens. Juliana sacrificou-se, com interesse pecuniário, à agonia da tia de Jorge, Virgínia Lemos, e quase nada recebeu como compensação da longa vigília à cabeceira da paciente.

Valongo representaria, assim, a realização do projeto egoísta de Juliana, mas que, beneficiado por sua vítima, experimentou um drama interior intenso, misto de temor de punição e de remorso pelo crime cometido.

Por isso, o drama produzido pelo assassinato do coronel latejava na consciência do enfermeiro como o enredo de uma luta íntima e sem solução, embora essa sorte de "aporia existencial" implicasse, ao menos, uma sentença moral ou conclusão filosófica epigramaticamente expressas na carta confessional que o abastado Valongo legou a seus pósteros: "Bem-aventurados os que possuem, porque eles serão consolados".

Já Juliana Couceiro não vivia assombrada por algum nó insolúvel de consciência. Era psicologicamente coerente e rasa. Deleitava-se, secretamente, com os sofrimentos dos amos, regozijava-se com os infaustos mais graves ocorridos nas famílias dos patrões. Agia em linha reta, sem dúvidas ou temores, pois sabia, clara e distintamente, que a vida tudo lhe negara e que a ela cabia apenas cobrar a fatura de que julgava devedores o mundo e a sociedade.

Juliana e Valongo, heróis próximos e distantes, não desvelariam estratégias textuais distintas e que apontariam para as diferenças entre dois dos maiores romancistas em língua portuguesa? De um lado, uma literatura de "intuspecção psicológica", intimista, aderida aos meandros da consciência; de outro, o estilo descritivo, menos atento aos estados críticos de consciência, voltado mais claramente para a observação meticulosa e colorida da realidade externa.

Assim, a noção de personalidade moral postulada pelos textos machadianos de 1878 estaria na base do conjunto da produção do escritor brasileiro, não se restringindo ao debate brasileiro do momento sobre *O primo Basílio*.

O professor Paulo Franchetti tem motivos para discordar desse *parti pris*: nas suas palavras, a cultura brasileira transformou textos conjunturais em clássicos, descurando o que neles era matéria e pesava, o tempo e o espaço históricos.

O artigo "Eça e Machado: críticas de ultramar", de andamento polêmico, indaga pelas razões da sobrevida daqueles folhetins críticos de *O Cruzeiro*. A cultura brasileira, marcada no século XX pelo marxismo, observou ou intuiu um elo inusitado entre o Machado da crítica de *O primo...* e o Lukács da crítica do naturalismo zolaniano.

Machado havia se posicionado como adversário das doutrinas realistas em solo tropical, e Lukács sustentou que o ano europeu revolucionário de 1848 foi uma data decisiva, desde então o romance burguês for decadente e fátuo. O texto de Machado, via Lukács, alcançaria assim os dias atuais:

> Essa leitura talvez deva parte do seu poder de convencimento, da sua eficácia persuasiva, ao fato de que o escopo normativo do texto de Machado (especialmente a sua condenação da descrição e conseqüente afirmação de que a causalidade é o princípio correto de ordenação narrativa) será relido a partir de outro texto, escrito meio século depois, que teve larga fortuna na crítica e na historiografia brasileira: *Narrar ou descrever* (1936) de Georg Lukács. (Franchetti, 2000, p.53)

Há, no entanto, alguns aspectos discutíveis nesse ponto de vista. Parece contraditório atribuir ao texto machadiano um traço conjuntural típico e, em simultâneo, assimilá-lo a um ensaio marxista publicado na conjuntura histórica bravíssima dos anos 30 do século XX. Os dois momentos históricos são de tal forma diferentes que se existirem correspondências entre um e outro dos trabalhos críticos é porque ambos extrapolam obrigatoriamente suas épocas, dialogando com uma tradição estética mais profunda.

De fato, Lukács e Machado, considerando as mesmas escolas literárias, tocaram em temas comuns e chegaram a conclusões similares. Lukács destacou o excesso de descrição dos romances naturalistas e recenseou as ligações frouxas entre as partes: "Os acontecimentos da corrida [de cavalos, no romance *Nana* de Zola] estão ligados à ação de uma maneira muito frouxa, podemos imaginá-los fora da ação ..." (in Prévost & Guégan, 1975, p.130). De modo semelhante a Machado, que imputou ao naturalismo o desejo de "tudo dizer", aplicando-lhe a expressão "estética do inventário", Lukács denunciou a existência de uma "sede de

O primo Basílio na imprensa brasileira do século XIX

exaustividade monográfica em Zola" (ibidem, p.133). De forma que a aproximação entre o esteta húngaro e o crítico brasileiro parece bem fundamentada.

Contudo, um enigma ronda essa constatação: como autores longínquos, de países distantes, vivendo em épocas diferentes, em formações sociais absurdamente antagônicas, podem chegar às mesmas conclusões? Questão aparentemente insolúvel caso se revolva, na busca de sua resposta, exclusivamente o solo dos condicionamentos históricos imediatos.

Mas não estaria aí, ainda assim, uma questão fundamental? Penso que ambos abeberaram-se em uma fonte poderosa, intermitente e antiga, que banhava, regava, e rega e banha o jardim da estética ocidental. Não poderia a perspectiva do autor de *Introdução a uma estética marxista*, ao arrepio de suas intenções, comungar com o pensamento clássico e, portanto, ser menos revolucionário do que ele gostaria e do que imaginaria ser?

Pode-se pensar, igualmente, que talvez existam preceitos estéticos não-conjunturais que abracem como um arco a história do Ocidente ou, pelo menos, a história do Ocidente até a emergência das vanguardas no século XX.

Os aspectos que mais incomodavam Machado de Assis no romance de Eça de Queirós – a hipertrofia do acessório em prejuízo do essencial, a ausência de vínculos necessários entre partes, o enredo impulsionado pela interferência sistemática do narrador na fábula – tornaram-se questões de importância muito reduzida ou nula nas expressões vanguardistas do novecentos.

10
Considerações finais

Horácio, no início da *Epistola ad Pisones: ars poetica*, imaginou um ser fantástico como caricatura do risível e do terrificante objeto de arte mal engendrado e mal desenvolvido:

> Suponhamos que um pintor entendesse de ligar a uma cabeça humana um pescoço de cavalo, ajuntar membros de toda procedência e cobri-los de penas variegadas, de sorte que a figura de mulher formosa em cima, acabasse num hediondo peixe preto; entrados para ver o quadro, meus amigos, vocês conteriam o riso? Creiam-me Pisões, bem parecido com um quadro assim seria um livro onde se fantasiassem formas sem consistência, quais sonhos de enfermo, de maneira que o pé e a cabeça não se combinassem num ser uno. (in Aristóteles, Horácio & Longino, 1995, p.55.)

Nessa figura insólita, as partes não se coadunam, as relações são tão absurdas e gratuitas como um devaneio. A figura de derrisão horaciana poderia, no século passado, converter-se por exemplo numa pintura surrealista de Max Ernst.[1]

As vanguardas do início do século XX foram conscientes e programaticamente anticlássicas. Combatiam a tradição artística, grega antiga e

---

1 Max Ernst (Brühl, 1891 – Paris, 1976). Artista plástico de grande influência nas vanguardas do século XX, especialmente no dadaísmo e surrealismo. Em cenários estranhos e oníricos, associava imagens demoníacas e absurdas com elementos eróticos e fabulosos.

renascentista, e, como decorrência, a beleza entendida como a união articulada das partes. O anticlassicismo operou a desarticulação da unidade, da relação proporcional e necessária das partes, valorizando o fragmento, os vínculos casuais das partes componentes do objeto de arte. Segundo Omar Calabrese (1988, p.10), o traço cultural mais marcante dos tempos atuais é a "perda da integridade, da globalidade, da sistematicidade ordenada em troca da instabilidade, da polidimensionalidade, da mutabilidade". Com a dissolução da "totalidade", emergiram "obras-pormenor" e "obras-fragmento". Há diferenças entre elas. O pormenor dialoga com a totalidade, sua inteligibilidade pressupõe relação com a inteireza. Já "o fragmento nada pressupõe fora dele, remete [pois] para a sua pura fenomenologia" (ibidem, p.89).

Essa desarticulação converteu-se num propósito criativo publicamente propagado: "... a filosofia surrealista é um modelo na arte de polir e de fazer montagem dos fragmentos, mas estes permanecem como tais, pluralistas e sem relações" (O. C. F. Matos, 1998, p.44).

Ao cabo dessas considerações sobre a recepção brasileira a *O primo Basílio*, no ano de sua primeira edição, talvez seja possível construir um quadro conclusivo a propósito da maneira como foram consideradas, por algumas épocas da história da cultura, as relações entre as partes componentes de um objeto artístico.

Segundo as concepções clássicas, os vínculos entre as partes deveriam ser estritamente necessários, de forma que cada pormenor fosse explicado e justificado por sua participação ou inserção no todo.

O naturalismo procurava alcançar a totalidade da realidade representada, perfazer a descrição literária minuciosa de cada parte do todo, mesmo que tal descrição nada aportasse de novo para o desenvolvimento do enredo. O escritor poderia ser mais severamente econômico nas descrições sem que a inteligibilidade da ação fosse levemente arranhada.

Houve, portanto, uma relativa transgressão "naturalista" da concepção clássica do liame orgânico das partes, no interior de uma escritura que não rompeu de forma absoluta com a pretensão mimética de abarcar com precisão todos os níveis do real.

Nesse caso, parece pertinente a assertiva machadiana segundo a qual "o realismo dos Srs. Zola e Eça de Queirós, apesar de tudo, ainda não esgotou todos os aspectos da realidade" (*O Cruzeiro*, OC, 30 abr. 1878). Machado-Eleazar julgava, assim, a "escola realista" no seu próprio terreno, relevando sua intenção original e o produto final de sua fatura.

A operação naturalista trataria minuciosamente de pormenores, de objetos contextualizados. Nenhum artista ou teórico do naturalismo postulou, como profissão de fé literária, a ruptura com o princípio da totalidade orgânica com a emergência do fragmento isolado e sem relações na economia do texto. Portanto, não parece ter havido descompasso entre o instrumental analítico mobilizado por Machado de Assis e o objeto de sua reflexão, o romance *O primo Basílio*.

Já o arranjo (*assemblage*) vanguardista aboliu a pretensão "totalizadora"; o fragmento ressurgia isolado e monumental com uma importância em si, de maneira que aí as associações das partes seriam da ordem do inesperado e do casual, de que são exemplos no campo da literatura as "poesias do acaso", os *cadavres exquis*.[2]

A polêmica de 1878 no Brasil recolheu luzes clássicas e vinculou-se, por meio delas, à quadra da cultura ocidental que seria combatida por certos movimentos artísticos do início do século passado.

Assim, o que parece ter feito do debate sobre *O primo Basílio* um acontecimento cultural relevante foi a recorrência às mesmas noções estéticas por parte de seus interlocutores. Havia um assentimento implícito, uma concordância sobre os princípios que deveriam orientar a criação artística. Nenhum defensor extremado do romance manifestou alguma oposição, por exemplo, à definição de arte como imitação do real ou às concepções de verossimilhança e de relação conveniente das partes aplicadas ao objeto artístico.

A descrição da vitrine de doces, objeto de reparo crítico tanto de Antônio Sérgio quanto de Machado de Assis, mantém um vínculo, ainda que frouxo, com o enredo do capítulo IV de *O primo Basílio*. Os personagens Sebastião e Julião Zuzarte, ao se encontrarem na Rua de São

---

2 *Cadavres exquis* [cadáveres elegantes]: jogo surrealista, espécie de colagem verbal, que consistia em formar coletivamente um texto escrevendo uma palavra ou verso numa folha de papel, que era dobrada antes de ser passada ao jogador seguinte, o qual acrescentava um elemento à composição e repetia o procedimento.

Roque, entabulam um diálogo na frente de uma "vitrine" de confeitaria. O narrador descreveu, exaustivamente, o cenário em que se deu o encontro dos amigos, do qual a vitrine fazia parte. Não haveria aí algo que se assemelhasse à poética dos fragmentos constitutiva dos movimentos artísticos do século seguinte.[3]

Os polemistas concordavam também com a atribuição de uma função moralizadora à literatura, mas, sobre esse assentimento de base, discordavam acerca do efeito moral, positivo ou negativo, exercido pelo *Primo...* sobre os costumes das "boas" e patriarcais famílias brasileiras da época.

Sobre o liame entre literatura e moralidade, revelou-se uma surpreendente sintonia entre o ponto de vista do narrador do *Primo...*, que considerou as leituras de Luísa um fator dissolvente das relações matrimoniais, com a perspectiva do crítico Machado de Assis, cioso censor dos livros naturalistas dissolventes dos bons costumes sociais.

Ambos atribuíam um princípio de realidade às leituras, entendidas por eles como capazes de produzir comportamentos reais nas leitoras ociosas de livros românticos, ou nas leitoras inadvertidas de romances realistas. A diferença entre o narrador e o crítico resumia-se nos alvos românticos ou realistas de seus projéteis.

O primo Basílio poderia, assim, ser entendido como libelo anti-romântico ou encenação de um universo social, como o português, asfixiado pela ideologia e pela arte românticas, produtoras do Ernestinho Ledesma (autor piegas do drama *Honra e paixão*), do conselheiro Acácio (cultor de Herculano e de Garret) e de Luísa. Apresentaria um aspecto combativo, que o filiaria às Conferências Democráticas do Cassino Lisbonense,

---

3 Nas palavras de Lucette Petit, no livro *Le champ du signe dans le roman queirozien*, 1987, a descrição da vitrine da confeitaria mantém um vínculo metafórico com a trama do romance: "Há na confeitaria um mostrador onde os doces se apresentam em adiantado estado de degradação, com uma horrenda lampreia de ovos, com olhos enormes de chocolate e boca escancarada para uma tangerina. Os olhos horríveis do monstro simbolizam os olhos dos vizinhos, que se exorbitam para melhor espiar Luísa e as visitas de Basílio. E a boca escancarada com os dentes de amêndoa é a metáfora alusiva ao próprio Basílio, que se apresta a devorar a sua vítima". (Passagem citada por Pedro Luzes, "A vida erótica de Eça de Queirós e a crise de 1878", in Miné & Caniato, 1997, p.483.)

O primo Basílio na imprensa brasileira do século XIX

ocorridas de maio a junho de 1871. A conferência pronunciada por Eça, em 12 de junho daquele ano, tinha por título "O Realismo como Nova Expressão da Arte".

Adviria dessa polêmica inaugurada no Brasil em 1878 um tema cultural que persistiria na história literária brasileira, por exemplo, com Adolfo Caminha, Visconde de Taunay e Paulo Prado. O efeito moral da leitura feminina de livros do realismo zolaniano foi matéria de um romance de 1893, escrito por Adolfo Caminha,[4] *A normalista*. A personagem Maria do Carmo, leitora de *O primo Basílio*, tem um romance com seu tutor e padrinho de batismo.[5]

Já *Retrato do Brasil*, de Paulo Prado, publicado no ano inaugural do modernismo artístico antropófago, 1928, compreendia o estado de tristeza que grassaria no espírito dos brasileiros como conseqüência do contraste entre a vida idealizada pela estética romântica, arraigada na formação cultural do país, e a realidade social comezinha e crua de um país de "todos os vícios" (Prado, 1997, p.182).

Adolfo Caminha exprimiria a censura machadiana das leituras femininas de obras naturalistas. Paulo Prado daria razão a Eça, que, no *Primo...*, representou os devaneios da personagem Luísa como resultado do contraste de sua vida ociosa e sem brilho com o mundo feérico das obras românticas.

No livro *No declínio: romance contemporâneo* – publicado em folhetins no jornal carioca *Gazeta da Tarde* (GT) em 1898 – Visconde de Taunay,[6] também atento aos termos e conteúdos daquele debate brasileiro, sintetizaria as duas perspectivas opostas, a de Eça e a de Machado. A protagonista Lucinda Mendes Soares, bela e rica viúva, evitava, nos seus hábitos de leitura, dois escolhos que, no seu entender, poderiam desestabilizar uma existência pautada no respeito público, no equilíbrio e na regra, os livros naturalistas e os românticos:

---

4 Adolfo Ferreira Caminha (Aracati, 1867 – Rio de Janeiro, 1897). Um dos principais autores do naturalismo no Brasil.

5 Ver, sobre esse tema, Marisa Lajolo, "Eça de Queirós e suas leitoras mal comportadas" (in Miné & Caniato, 1997).

6 Alfred d'Escragnole Taunay, Visconde de Taunay (Rio de Janeiro, 1843 – Rio de Janeiro, 1899).

> As obras de cunho naturalista demasiado flagrante causavam-lhe tédio, nojo; atirava-as, logo às primeiras páginas, para um canto, repelindo-as da sua estante de autores prediletos; aborrecia também, quase a par, as de feição piegas e açucarada, achando-as perigosas para as índoles fracas e irresolutas. (Taunay, s.d., p.13)

Também não se pode afirmar que Machado fosse um defensor sem limites da estética romântica, já que entendia que era necessário temperar os "estafados retratos do romantismo" (OC, 30 abr. 1878) com os ares do tempo.

As críticas do escritor brasileiro foram, em geral, vistas por seus contemporâneos como demasiadamente carregadas de pontos de vista apriorísticos e, por conseguinte, guiadas por objetivos estéticos combativos e militantes. Filiado à escola romântica, o crítico estaria naturalmente em oposição, segundo seus interlocutores da época, às expressões literárias do realismo em língua portuguesa.

Machado julgava, entretanto, que o florescimento artístico exigia a constituição e a atuação de uma crítica isenta e rigorosa. Foi em nome dessa isenção que analisou os romances de Eça e a doutrina literária que veiculavam, e procurou ser rigoroso e convincente nos seus ensaios sobre literatura.

Muitos dos pontos de vistas machadianos sobre o realismo e *O primo Basílio* não eram inteiramente novos. Havia novidade na composição dos argumentos, no rigor metodológico, na exatidão conceitual, no vocabulário empregado.

O vezo minucioso da escrita naturalista, há tempo constatado pelos críticos, recebeu da pena machadiana o epíteto de "exação de inventário", a qual somente chegaria à perfeição quando apresentasse aos leitores o número exato dos fios "de um lenço de cambraia ou [de] um esfregão de cozinha".

Nos textos de Eleazar, transparecia um andamento lógico, um raciocínio que se encadeava em três tempos: a definição dos objetos de análise (*O primo Basílio* e o naturalismo zolaniano) e a referência à questão cultural do momento (as razões do sucesso de público e de crítica dos dois primeiros romances de Eça); a precisão do método, do caminho da reflexão, a comparação dos livros portugueses com romances franceses ("não basta ler, é preciso comparar") e, derivando dos aspectos anteriores, o terceiro momento, de conclusão, o reconhecimento do talento de um artista neutralizado ou desviado de seu curso natural por imposições e vícios de escola literária.

Esses objetos foram também examinados na sua ordem interna, fundamentando o juízo literário no discernimento de suas partes componentes – estilo, linguagem, episódios acessórios, acontecimentos principais.

O arcabouço filosófico mobilizado provinha de longa tradição, mas o crítico soube desdobrá-lo na elaboração de conceitos universais, de termos gerais, como "figura moral", "personalidade acentuada", "realismo", "verdade estética"...

De todos os polemistas, Machado de Assis talvez tenha sido o que deixou mais claras as noções que balizaram suas argumentações. Na visão de Machado, o drama ficcional teria de se enraizar nas "paixões", nos "caracteres" e nos "sentimentos" dos heróis. Não considerou, com a exceção da criada Juliana, os protagonistas de *O primo Basílio* "pessoas morais".

Nem mesmo Juliana era uma personalidade moral complicada por sentimentos contraditórios, como, por exemplo, o enfermeiro Valongo do conto machadiano. Agia, entretanto, guiada pelo sentimento de ódio por um mundo ou por uma sociedade que lhe negaram prazeres, felicidade, vida confortável.

Outros críticos do *Primo...* compreendiam de forma diferente os personagens literários. Basílio foi definido, por alguns, como um tipo romanesco falso, porque o dandismo seria incompatível com o sucesso econômico. Para outros, as características morais sórdidas e perversas eram, ao contrário, condição de vitória nos negócios, de forma que Basílio não era falso.

Entretanto, sob a aparente divergência na conceituação, às vezes implícita, de "personagem de ficção", os atores do debate de 1878 concordavam que os heróis romanescos, quando adequadamente construídos, espelhavam a verdade existencial.

Machado-Eleazar escreveu que o realismo, mas não a realidade, deveria ser excluído dos livros, e que o bom romancista no lugar de pretender fotografar exaustivamente a realidade, o que seria irrealizável, retirava do real alguns predicados essenciais para a criação de seus personagens. Como seus contemporâneos, o crítico brasileiro também vinculava os "seres de ficção" aos contextos sociais reais.

Além disso, as críticas não deram ênfase à concepção de beleza artística. À contrapelo das noções estéticas clássicas, os objetos artísticos não foram vistos como modelos de beleza, mas entendidos como instrumentos de expansão do campo das observações e das experiências humanas. Nenhum interlocutor postulou também algum argumento de matiz nacionalista, atinente, por exemplo, à constituição de uma arte literária exclusivamente brasileira. No ensaio "Instinto de nacionalidade", de 1873, Machado sustentara que não havia, para a independência do "pensamento nacional", "sete de setembro" ou "campo de Ipiranga".

Nos folhetins de 1878, sua perspectiva abrangia as artes em língua portuguesa de Herculano, Garret e Alencar. Era a exigência de bom cultivo do tesouro, do patrimônio comum da língua portuguesa, que movia seus duros reparos ao livro de Eça de Queirós.

A existência de uma espécie de consenso cultural entre os adversários foi fundamental para que o debate ocorresse e que o livro fosse acolhido e compreendido pelos críticos brasileiros. Nada disso teria se passado caso o romance eciano não fosse, ele próprio, amoldável àquelas concepções gerais sobre arte, que extrapolavam o universo literário, estendendo-se, com Gonzaga Duque por exemplo, às artes visuais.

Um debate fundamentado em noções artísticas de ampla presença na história do Ocidente transcenderia a questão da subordinação de um pólo cultural "periférico" por outros mais criativos e dinâmicos. A incorporação crítica de um padrão estético de alcance universal, aplicável a um objeto de análise local, não qualificaria, nesse caso, a "importação" de idéias como dependência cultural.

Assim, de duas maneiras distintas, evitando-se teses de conteúdo nacionalista e construindo argumentos de concepções artísticas abrangentes, o debate brasileiro evitou o tipo de reflexão baseado na oposição entre o nacional e o estrangeiro.

Por outro lado, o calor dos confrontos, o número e a qualidade das argumentações avançadas pelos contendores demonstravam que *O primo...* atingia e modificava hábitos artísticos consolidados. É possível que o projeto naturalista de acertar os ponteiros da literatura com as graves questões da sociedade contemporânea, de denunciá-las e de contribuir para sua modificação e para o progresso social, tenha conduzido o narrador de romances a uma radicalização de certas concepções artísticas, mesmo clássicas ou tradicionais.

A literatura, aprofundando o princípio da mimese artística, teria a missão de atuar em benefício do aperfeiçoamento da sociedade, da sua representação precisa, do entendimento do seu funcionamento minucioso, da exposição dos entraves a sua modificação e a seu progresso. Coerente com esse propósito, o interesse dos novos romances deslocou-se para temas ou aspectos do real julgados, então, como fundamentais para a vida social, mas pouco ou diferentemente trabalhados pela literatura romântica.

As Filosofias da História do século XIX concebiam dois caminhos para a mudança social, vista então como necessária: o caminho da evolução e o da revolução. No Brasil de 1878, *O primo Basílio* foi interpretado da perspectiva dessas categorias. Ora foi visto como livro revolucionário, ora como o que contribuía para a evolução social.

Na literatura de extração naturalista do final do século XIX, explicitamente comprometida com a mudança social, os heróis romanescos perderam grande parte de suas individualidades e idiossincrasias, tornando-se entidades coletivas constituídas pela pressão de forças externas, como o meio físico, o social e as determinações biológicas, étnicas ou raciais.

Uma literatura imersa nas preocupações científicas da época considerava mais o coletivo, a sociedade, os grupos, as classes sociais do que as individualidades. Encarecia, sobretudo, as forças capazes de entravar ou de acelerar a mudança histórica, aderindo-se, assim, à ideologia do progresso, marca inconfundível daqueles tempos. Relegava para a margem toda literatura mais claramente voltada para a narração das reações psíquicas, da vida interior dos heróis, que discutia e problematizava a certeza nos efeitos benfazejos do progresso histórico, como a que fazia, por exemplo, Machado de Assis.

À medida que se expandia no cenário cultural brasileiro do final do século XIX esse tipo de arte literária, que tanto combatera Eleazar pelas páginas de *O Cruzeiro*, mais tenso era o diálogo de Machado de Assis, escritor de ficção, com as certezas e as crenças de sua época.

Referências bibliográficas

ADORNO, Theodor. *Notas de literatura I*. Tradução e apresentação de Jorge de Almeida. São Paulo: Duas Cidades; Editora 34, 2003.

ALBERTI, Leon Battista. *Da pintura*. Tradução de Antônio da Silveira Mendonça. 2.ed. Campinas: Editora da UNICAMP, 1999.

ALIGHIERI, Dante. *A divina comédia*. Tradução de Cristiano Martins. Belo Horizonte: Itatiaia; São Paulo: EDUSP, 1976.

ALMEIDA PRADO, Décio de. *História concisa do teatro brasileiro*: 1570-1908. São Paulo: EDUSP, 1999.

ALVES, Antônio Camilo. *Os nossos companheiros árabes*. Lisboa: Hugin, 1997.

ARISTÓTELES. *Poétique*. Trad. J. Hardy. Paris: Les Belles Lettres, 1975.

ARISTÓTELES, HORÁCIO, LONGINO. *A poética clássica*. Tradução de Jaime Bruna. 6.ed. São Paulo: Cultrix, 1995.

BALZAC, Honoré de. *La cousine Bette*. Paris: Garnier, 1962.

BARRETO FILHO, Antônio Joaquim. *Introdução a Machado de Assis*. Rio de Janeiro: Agir, 1947.

BELUZZO, Ana Maria de Moraes. *Voltolino e as raízes do modernismo*. São Paulo: Marco Zero, 1992.

BÍBLIA DE JERUSALÉM. São Paulo: Paulus, 2000.

BRITO BROCA, José. *A vida literária no Brasil*: 1900. 2.ed. Rio de Janeiro: José Olympio, 1960.

CALABRESE, Omar. *A idade neobarroca*. Tradução de Carmen de Carvalho e Artur Mourão. Lisboa: Edições 70, 1988.

CALDAS AULETE, Francisco Júlio. *Dicionário contemporâneo da língua portuguesa Caldas Aulete*. Rio de Janeiro: Delta, 1970.

COUTINHO, Afrânio, SOUSA, J. Galante de (orgs.). *Enciclopédia de literatura brasileira*. Rio de Janeiro: Ministério da Educação-FAE, 1990. 2v.

CUNHA, Euclides da. *Contrastes e confrontos* (v.I). In: _____. *Obra completa*. Direção e organização de Afrânio Coutinho. 2.ed. Rio de Janeiro: Nova Aguilar, 1995. 2v.

DIZIONARIO UNIVERSALE DELLA LINGUA ITALIANA. Compilato da P. Petrocchi. Milano: Fratelli Treves, 1921.

DORTIER, Jean-François. *Le dictionnaire des sciences humaines*. Paris: Sciences Humaines, 2004.

DUQUE ESTRADA, Luiz Gonzaga. *A arte brasileira*. Introdução e notas de Tadeu Chiarelli. Campinas, São Paulo: Mercado de Letras, 1995.

EÇA DE QUEIRÓS, José Maria. *O primo Basílio*. Porto–Braga: Livraria Internacional de Ernesto Chardron/Eugênio Chardron, 1878. 639p.

_____. *Correspondência*. In: _____. *Obras completas*. 5.ed. Porto–Lisboa: Lello & Irmão, 1946. v.24.

_____. *A tragédia da Rua das Flores*. Fixação do texto, prefácio e notas por João Medina e A. Campos Matos. Lisboa: Moraes, 1980.

_____. *Correspondência*. Leitura, coordenação e notas de Guilherme de Castilho. Lisboa: Imprensa Nacional/Moeda, 1983. 2v.

_____. *Obra completa*. Rio de Janeiro: Nova Aguilar, 1997. 4v.

ECO, Umberto. *Arte e beleza na estética medieval*. Tradução de Mário Sabino Filho. Rio de Janeiro: Globo, 1989.

FARIA, João Roberto. *O teatro realista no Brasil: 1855-1865*. São Paulo: Perspectiva/EDUSP, 1993.

FARO, Arnaldo. *Eça e o Brasil*. São Paulo: Nacional/EDUSP, 1977. (Brasiliana, 358).

FERREIRA, Procópio. *O ator Vasques*: o homem e a obra. São Paulo: s.n., 1939.

FIALHO DE ALMEIDA, José Valentim. *Figuras de destaque*. Lisboa: Clássica, 1924.

FRANCHETTI, Paulo. Eça e Machado: críticas de ultramar. In: *Cult*, Revista Brasileira de Literatura, n.38, set. 2000.

GALANTE DE SOUSA, José. *Fontes para o estudo de Machado de Assis*. Rio de Janeiro: INL, 1958.

GRIECO, Agrippino. *Machado de Assis*. Rio de Janeiro: José Olympio, 1959.

HOLANDA, Sérgio Buarque (dir.). *Do Império à República*. In: _____. (dir.). *História geral da civilização brasileira*. 4.ed. São Paulo: Difusão Européia do Livro, 1985. v.5, t.II (*O Brasil monárquico*).

HOMERO. *Odyssée*. Tradução de Leconte de Lisle. Paris: Alphonse Lemerre, 1852.

_____. *Odisséia*. Tradução de Frederico Lourenço. 3.ed. Lisboa: Livros Cotovia, 2003.

_____. *La Odisea*. Tradução de Luis Segalá y Estalella. Buenos Aires: R. P. Centro Editor de Cultura, 2006.

HOUAISS, Antônio & VILLAR, Mauro de Salles. *Dicionário Houaiss da língua portuguesa*. Rio de Janeiro: Objetiva, 2001.

JANSEN, José. *Apolônia Pinto e seu tempo*. Rio de Janeiro: Departamento de Imprensa Nacional, 1953.

KEMPF, Roger. *Dandies*. Baudelaire et Cie. Paris: Seuil, 1977.

LAGRECA, Francisco. *Em defesa do mestre*: resposta a Fialho de Almeida sobre o que escreveu contra Eça de Queirós. São Paulo: J. P. Cardozo, 1906.

LE PETIT ROBERT. *Dictionnaire de la langue française*. Paris: Dictionnaires Le Robert, 1986.

LELLO, Antônio (org.). *Eça de Queirós visto pelos seus contemporâneos*. Porto: Lello & Irmão, 1945.

LÉVÊQUE, Jean. *Cantiques des cantiques*. In: *Dictionnaire des réligions*. Directeur: Paul Poupard. Paris: PUF, 1984.

LINS, Álvaro. *História literária de Eça de Queirós*. Rio de Janeiro: Ediouro, 1965.

LUKÁCS, George. *El alma y las formas*. Tradução de Manuel Sacristán. Barcelona: Grijalbo, 1970.

LYRA, Heitor. *O Brasil na vida de Eça de Queirós*. Lisboa: Livros do Brasil, 1965.

MACHADO, Ubiratan. *Machado de Assis*: roteiro da consagração. Rio de Janeiro: EDUERJ, 2003.

MACHADO DE ASSIS, Joaquim Maria. *Várias histórias*. Rio de Janeiro: Laemmert, 1896.

_____. *Crítica literária*. In: _____. *Obras completas*. Rio de Janeiro, São Paulo, Porto Alegre: W. M. Jackson, 1957. v.29.

MACHADO NETO, Antônio Luiz. *Estrutura social da República das Letras*: sociologia da vida intelectual brasileira (1870-1930). São Paulo: EDUSP/ Grijalbo, 1973.

MAGALHÃES JÚNIOR, Raimundo. Um tema comum na obra de Eça e de Machado. In: _____. *Ao redor de Machado de Assis*: pesquisas e interpretações. Rio de Janeiro: Civilização Brasileira, 1958.

_____. *Arthur Azevedo e sua época*. 3.ed. Rio de Janeiro: Civilização Brasileira, 1966.

MARINHO, Henrique. *O theatro na República*: alguns apontamentos para a sua história. Paris–Rio de Janeiro: H. Garnier, 1904.

MARTINS, J. P. de Oliveira. *Portugal e Brasil*. Introdução e notas de Sérgio Campos Matos. Lisboa: Centro de História da Universidade de Lisboa, 2005.

MARTINS, Wilson. *História da inteligência brasileira*. 2.ed. São Paulo: Cultrix/EDUSP, 1979. 7v.

MATOS, Olgária Chain Feres. *Vestígios*: escritos de filosofia e crítica social. São Paulo: Palas Athena, 1998.

MATOS, Sérgio Campos. *O Brasil na obra de Oliveira Martins*. Comunicação apresentada ao CONGRESSO LUSO-BRASILEIRO Portugal–Brasil, memórias e imaginários. Lisboa, 11 nov. 1999.

MEDINA, João. *Eça de Queirós e a Geração de 70*. Lisboa: Moraes, 1980.

_____. *Eça de Queirós antibrasileiro*. Bauru, São Paulo: EDUSC, 2000.

_____. *Zé Povinho sem utopia*. Cascais: Câmara Municipal de Cascais, 2004.

MENEZES, Raimundo de. *Dicionário literário brasileiro ilustrado*. São Paulo: Saraiva, 1969. 5v.

MINÉ, Elza & CANIATO, Benilde Justo (orgs.). *150 anos com Eça de Queirós*. São Paulo: Centro de Estudos Portugueses: Área de Estudos Comparados de Literatura de Língua Portuguesa/FFCH, 1997.

MOISÉS, Massaud (org. e dir.). *Pequeno dicionário de literatura portuguesa*. São Paulo: Cultrix, 1981.

PAGÈS, Alain. *Le naturalisme*. 2.ed. Paris: Presses Universitaire de France, 1993.

PEREIRA, Lúcia Miguel. *Machado de Assis*: estudo crítico e biográfico. 5.ed. Rio de Janeiro: José Olympio, 1955.

PEREIRA, Lúcia Miguel, REYS, Câmara (orgs.). Prefácio. *Livro do centenário de Eça de Queirós*. Lisboa–Rio de Janeiro: Dois Mundos, 1945.

PLATÃO. *A República*. Tradução e notas de Maria Helena da Rocha Pereira. 5.ed. Lisboa: Fundação Calouste Gulbenkian, 1987.

PRADO, Paulo. *Retrato do Brasil*. São Paulo: Cia. das Letras, 1997.

PRÉVOST, Claude & GUÉGAN, Jean. *Problèmes du réalisme*. Paris: L'arche, 1975.

ROSA, Alberto Machado da. *Eça, discípulo de Machado? Um estudo sobre Eça de Queirós*. 2. edição revista. Portugal: Editorial Presença; Brasil: Martins Fontes, 1979.

SACRAMENTO BLAKE, Victorino Alves. *Diccionário bibliográphico brazileiro*. Rio de Janeiro: Imprensa Nacional, 1893. (Edição do Conselho Federal de Cultura).

SANTAELLA, Lúcia. *Estética*: de Platão a Peirce. São Paulo: Experimento, 1994.

SARAIVA, Antônio José & LOPES, Oscar. *História da literatura portuguesa*. 9.ed. Porto: Porto Editora, 1976.

SHAKESPEARE, William. *Hamlet.* Tradução de F. Carlos de Almeida Cunha Medeiros e Oscar Mendes. São Paulo: Abril Cultural, 1978.

SIMÕES, João Gaspar. *A geração de 70.* 2.ed. Lisboa: Inquérito, s/d.

SODRÉ, Nelson Werneck. *O naturalismo no Brasil.* Rio de Janeiro: Civilização Brasileira, 1965.

_____. *História da imprensa no Brasil.* Rio de Janeiro: Civilização Brasileira, 1966.

TAINE, Hippolyte-Adolphe. *Histoire de la littérature anglaise.* Paris: Hachette, 1863. Tome troisième.

_____. *Essais de critique et d'histoire.* Dixième édition. Paris: Hachette, 1904. p.XI.

TATARKIEWICZ, Wladyslaw. *Historia de seis ideas*: arte, belleza, forma, creatividad, mímesis, experiencia estética. Tradução de F. Rodriguez Martin. Madrid: Tecnos, 1995.

TAUNAY, Alfredo d'Escragnolle (visconde de Taunay). *No declínio*: romance contemporâneo. 3.ed. São Paulo, Cayeiras, Rio de Janeiro: Melhoramentos, s/d.

VIRGÍLIO. *Eneida.* Tradução e notas de David Jardim Júnior. Rio de Janeiro: Ediouro, s/d.

ZOLA, Émile. *La littérature obscène.* In: _____. *Le roman expérimental.* Paris: Garnier-Flammarion, 1971.

Jornais e revistas

A PROVÍNCIA DE SÃO PAULO. [PSP] São Paulo: Américo de Campos e Francisco Rangel Pestana, 1875. Diário.

CORREIO PAULISTANO. [CP] São Paulo: Joaquim Roberto de Azevedo Marques, 1853. Diário.

CULT, *Revista Brasileira de Literatura.* [CL] São Paulo: Manuel da Costa Pinto, 1997. Semanário.

DIÁRIO DO RIO. [DR] Rio de Janeiro: Augusto de Carvalho, 1817. Diário.

GAZETA DE NOTÍCIAS. [GN] Rio de Janeiro: Ferreira de Araújo, 1874. Diário.

JORNAL DO COMMERCIO. [JC] Rio de Janeiro: Júlio Constâncio de Villeneuve, 1821. Diário.

O ÁLBUM. [OA] Rio de Janeiro: Arthur Azevedo, 1893. Semanário.

O BESOURO. [OB] Rio de Janeiro: Rafael Bordalo Pinheiro, 1878. Semanário.

REVISTA BRASILEIRA. [RB] Rio de Janeiro: Nicolau Midosi, Franklin Távora e outros, 1879. Sem periodicidade definida.

REVISTA ILUSTRADA. [RI] Rio de Janeiro: Ângelo Agostini, 1876. Semanário.

Apêndice

De todo o debate ocorrido no Brasil sobre *O primo Basílio*, apenas dois folhetins de Machado de Assis, desfavoráveis ao romance, foram amplamente divulgados e são acessíveis aos leitores de hoje. Foram publicados, no entanto, muitos outros textos a respeito. O entendimento mais amplo da crítica do escritor brasileiro a Eça de Queirós exige o conhecimento dos argumentos de seus contemporâneos voltados para o mesmo assunto.

Por essa razão, os dois artigos assinados por Machado, habitualmente reproduzidos em seqüência, foram aqui divididos e separados, porque entre eles interpunham-se outras resenhas, outros folhetins.

Os textos apresentados neste apêndice são de 1878, ano da primeira edição de *O primo Basílio* e de sua adaptação para o teatro brasileiro, com três exceções, que refletiram de alguma forma o debate: um artigo publicado na *Revista Ilustrada* (RI), em 1879, respondendo à perspectiva antinaturalista do ensaio "A nova geração" de Machado de Assis; a "Nota" da segunda edição em livro do *Crime do padre Amaro*, de 1880, redigida por Eça de Queirós, em que o alvo foi novamente o crítico brasileiro; e, finalmente, a "carta" obituária de Machado de Assis em homenagem a Eça, impressa na *Gazeta de Notícias* (GN) de 24 agosto de 1900.

A "Nota" do *Crime...*, que ecoou com veemência a polêmica travada no Brasil, já acompanhou a primeira crítica de Machado, a de 16 de abril de 1878, num livro comemorativo dos cem anos do nascimento de Eça (Lello, 1945).

No entender do organizador daquele volume, os reparos do escritor brasileiro não poderiam ficar sem a justa e concertada resposta do criticado. Compreendeu que à crítica de um deveria suceder, prontamente, a resposta de outro. Foi também esse o ponto de vista geral que orientou a presente edição crítica das interpretações brasileiras de O primo Basílio à época de seu lançamento.

A reunião de artigos, colhidos nos periódicos da época, não foi exaustiva. Alguns estão irremediavelmente perdidos ou impossibilitados para a consulta tal o estado de conservação em que se encontram. Mas senão exaustiva, a recolha foi, pelo menos, suficientemente abrangente para que se esclareça a maneira como a cultura brasileira recebeu a novidade literária em língua portuguesa do final dos anos 70 do século XIX.

Quanto ao gênero literário a que se filiaram aqueles artigos, algumas hipóteses podem ser aventadas. Publicados geralmente ao pé das primeiras páginas, recebiam a denominação de folhetins. Como captavam um acontecimento da época, uma circunstância cotidiana, o impacto na cultura local produzido por um livro recém-lançado, aparentavam-se ao texto curto e ligeiro do gênero crônica.

Tinham da crônica a expressão de um universo partilhado por autores e leitores, dissertavam sobre um fato contemporâneo de amplo conhecimento dos leitores da imprensa da época.

Destoavam, porém, da crônica na medida em que a matéria de que tratavam, de um lado circunstancial e momentosa, extrapolava os limites da cultura da Corte carioca, alcançando temas de sentido universal, como a filosofia da mudança histórica e a emergência na literatura portuguesa do naturalismo zolaniano.

Assemelhavam-se, por outro lado, ao ensaio como o definiu Georg Lukács num texto de 1911, "Sobre a essência e a forma do ensaio: carta a Leo Popper":

> O ensaio sempre fala de algo já formado ou, na melhor das hipóteses, de algo que já tenha existido; é parte de sua essência que ele não destaque coisas novas a partir de um nada vazio, mas se limite a ordenar de uma nova maneira as coisas que em algum momento já foram vistas. (Lukács, 1970, p.28)

O debate brasileiro de 1878 teve como ponto de partida a publicação de um livro e as resenhas e interpretações escritas sobre ele e, desse ponto de vista, dissertou sobre "algo já formado". Entretanto, o rigor como alguns textos, como os de Machado de Assis, trabalharam os conceitos aos quais recorreram, acabou por afastá-los e distingui-los da forma ensaística. Segundo Theodor Adorno[1] (2003), "... o ensaio ... se recusa a definir os seus conceitos ... incorpora o impulso anti-sistemático ... introduzindo sem cerimônias e 'imediatamente' os conceitos ...".

Mistos de crônica e de ensaio, é possível que muitos folhetins apresentassem sobretudo a natureza do gênero ensaio, embora alguns, como os de Machado de Assis, deste se destoassem.

Os nomes dos debatedores, assim como uma curta biografia de cada um, acompanham a reprodução dos textos. Entre os muitos obstáculos que se interpõem no caminho de quem pesquisa a história cultural brasileira do oitocentos, destaca-se o de os personagens dessa história raramente se apresentarem com os nomes de batismo.

Assinavam suas matérias jornalísticas com pseudônimos, obrigados, talvez, a esconder dos leitores o fato de que bem poucas pessoas eram os autores da maior parte da matéria jornalística do período. Havia jornais que dependiam de um único redator, o que ficava menos evidente com as assinaturas desdobradas em mais de um nome.

Reduzido era também o universo dos leitores. Em tais circunstâncias, de reiterados contatos informais entre as pessoas, entre escritores e leitores, a isenção de opinião talvez exigisse o anonimato dos autores. Os pseudônimos eram, além disso, papéis diversos, às vezes contraditórios, representados por uma única pessoa, máscaras que libertavam os autores da obrigação de serem coerentes com os pontos de vista divulgados, permitindo que opiniões polêmicas se desvinculassem da pessoa do autor. Num bom número de casos, sob os pseudônimos, perdeu-se a autoria de matérias jornalísticas significativas e bem escritas.

---

1 Theodor Ludwig Wiesengrund-Adorno (Frankfurt am Main, 1903 – Visp, 1969). Filósofo, sociólogo, musicólogo e compositor. Foi membro da Escola de Frankfurt juntamente com Horkheimer, Walter Benjamin, Marcuse, Habermas e outros.

Os artigos aqui publicados referem-se diretamente a *O primo Basílio* ou ao debate provocado por suas interpretações. São na sua grande maioria inétidos, excetuando os que foram escritos por Eça de Queirós e Machado de Assis. Publicados nos volumes das obras completas dos dois escritores, fora do contexto em que foram engendrados, perderam muito de sua importância histórica e de sua significação essencial.

A reinserção desses trabalhos polêmicos de Eça e de Machado nos lugares que ocuparam no debate brasileiro sobre *O primo Basílio* permite que sejam lidos e iluminados por novas perspectivas e questões.

As intervenções nos textos limitaram-se, basicamente, à atualização ortográfica de acordo com o uso atual. Os acréscimos de palavras, frases ou nomes prováveis de autores estão devidamente indicados por colchetes.

As resenhas críticas foram garimpadas nos arquivos da Biblioteca Municipal de São Paulo, a Mário de Andrade, no arquivo Edgar Leunroth da Universidade de Campinas, São Paulo, e na Biblioteca Nacional do Rio de Janeiro.

1
Cartas Portuguesas

Assinado por Ramalho Ortigão
Gazeta de Notícias, ano IV, n.82
segunda-feira, 25 de março de 1878

Foi ontem posto a venda em Lisboa, *O primo Basílio: episódio doméstico*, novo romance de Eça de Queirós.[1]

Sou amigo particular do autor desse livro. Fui seu inseparável companheiro de trabalho durante alguns anos. Escrevemos juntos os doze primeiros números das *Farpas* e o *Mistério da estrada de Sintra*, um romance-folhetim que tocou vivamente a curiosidade de Lisboa e teve uma hora de ruído.[2] Depois disso, Queirós entrou na carreira consular, indo

---

1 Deste folhetim de Ramalho Ortigão, constam o local da publicação original e a data: "Lisboa, 22 de fevereiro". Como já foi observado, *O primo Basílio* chegou, portanto, aos leitores portugueses em 21 de fevereiro de 1878.

2 *Mistério da estrada de Sintra*, novela publicada em folhetins, em 1871, no *Diário de Notícias* de Lisboa, de autoria de Eça de Queirós e de Ramalho Ortigão. A partir de maio do mesmo ano, Ramalho e Eça iniciaram a colaboração em *As Farpas*, "revista ou panfleto de crítica social, política, literária e artística" (in: Simões, s/d, p.58). A revista foi publicada de 1871 a 1882, "tendo Eça colaborado apenas nos primeiros quinze fascículos, de maio [de 1871] a outubro de 1872. ... As *Farpas* continuaram com o nome de Eça e Ramalho na capa; as *Farpas* de Ramalho vão de 1871 a 1882 ..." (Medina, 2000, nota 1, p.14). Os autores caracterizavam a publicação como: "Crônica mensal de política, das letras e dos costumes".

primeiro para a Havana, depois para Newcastle,[3] onde atualmente se acha. Dissolvemos a sociedade que tínhamos feito e da qual só hoje resta a respectiva firma; que eu mantenho simbolicamente na primeira página das *Farpas*, conservando o seu nome ao lado do meu, como duas espadas encruzadas num muro e à porta de uma sala de armas.

Conheço Queirós mais intimamente do que qualquer outro dos seus leitores o conhece e possuo elementos para o admirar com mais justiça. A sua maneira particular de conceber e de executar é verdadeiramente fenomenal. É capaz de fazer um volume de trezentas páginas em três dias. Escreve um canto extraordinário de invenção, de drama, de cintilação de espírito, rapidamente, de um jato sobre um caderno de papel, em um pedaço de noite, para o fim de *preparar a mão*. Depois do que, rasga impiedosamente tudo o que escreveu, e vai com a *mão preparada* trabalhar no livro que tem na mente. Ninguém possui uma mais alta compreensão do processo e da perfeição artística. Os seus livros, que na primeira emissão raramente passam de cem páginas, chegam depois a quinhentas ou seiscentas pelos desenvolvimentos e pelas ampliações a que ele os submete para relacionar os episódios, para coordenar o drama, para pôr as situações em perspectiva. As provas revistas por ele são desesperação dos tipógrafos, como as de Balzac.

Aliando esse escrúpulo inexorável na perfeição da forma ao mais profundo poder de observação e ao mais íntimo sentimento do drama, Queirós estava naturalmente destinado a ser um artista de primeira ordem. O *Crime do padre Amaro* colocou-o a par dos primeiros romancistas da Europa. O *Primo Basílio* confirma definitivamente a consagração de seu nome. Eça de Queirós dispensa hoje todos os elogios. Suporta inabalavelmente todas as críticas. A sua obra pertencerá à imortalidade. É por isso que vou emitir rapidamente, cruamente, o resultado da primeira impressão que me deixou o seu novo livro. Acabo de ler conse-

---

3 José Maria Eça de Queirós (Póvoa de Varzim, 1845 – Paris, 1900) foi como Cônsul de Primeira Classe para as Antilhas espanholas em 1872. Nos treze meses em que trabalhou na América, Eça visitou Nova York e o Canadá. Em 1874, seguiu, também como diplomata português, para a Inglaterra, servindo em Newcastle-upon-Tyne e Bristol. Em 1889, tornou-se cônsul em Paris.

O *primo Basílio* na imprensa brasileira do século XIX

cutivamente, de um trago, as 636 páginas de que ele consta. Queria percorrê-lo apenas ao de leve, por alto, para lhes dar uma idéia do assunto. Tive de o devorar linha por linha do princípio ao fim. E sinto-me prostrado como depois de uma luta.

O *Episódio Doméstico* de que se trata é o seguinte:

Jorge e Luísa estavam casados há quatro anos. Não tinham filhos. Viviam em Lisboa. Ele era um engenheiro de minas, um trabalhador, um bom rapaz. Ela uma burguesa lisboeta, bonita, elegante, um pouco fútil, ociosa e sentimentalista. O marido vai para o Alentejo encarregado pelo governo de uma comissão de um ou dois meses. Durante esta ausência o primo Basílio chega. Estivera ausente sete anos. Vem de Paris. Tem o prestígio da moda, do *chic*, é um *crevé*.[4] Seduz a prima Luísa. Ela cai. Juliana, uma criada de quarto, intercepta duas cartas reveladoras do adultério e impõe a Luísa a condição de lhas pagar por 600$ se não quiser que ela as mostre ao marido logo que ele chegue. Luísa promete realizar a transação logo que arranje os 600$ exigidos. Basílio, entretanto, tem retornado a Paris, o marido volta do Alentejo. Juliana insiste pelo preço das cartas que tem na algibeira e ameaça mostrá-las. A incerteza, o desalento, a iminência do perigo em cada hora, em cada momento, o terror, o suplício das humilhações impostas por Juliana e sistematicamente calculada por um espírito de perversidade de que a arte só tem um exemplo em *La cousine Bette*,[5] produzem ao cérebro da esposa uma crise que se desfecha por uma febre cerebral. Esta perigosa doença é agravada pela mais violenta e inesperada comoção moral. Jorge abre uma carta chegada de Paris e subscritada a sua mulher; é de Basílio lamentando o incidente que perturbou a felicidade do seu amor e oferecendo

---

4 *Crevé*: termo que se repete, com freqüência, nos textos jornalísticos luso-brasileiros da época. O substantivo *crevé* devia ter aí um significado diferente de seu sentido próprio (enfado, desgosto), referindo-se, talvez, a alguém que se portasse de maneira extravagante ou exagerada.

5 Romance de Honoré de Balzac (Tours, 1799 – Paris, 1850) publicado, a princípio, como folhetim em 1846, em *Le Constitutionnel*. Afora as contrafações do romance – entre 1846 e 1847 houve quatro publicações ilegais do romance na Bélgica –, a sua primeira edição em livro data de 1847 (cf. Maurice Allem, "Introdução", in Balzac, 1962).

os 600$ para pagar a Juliana. Luísa vê esta carta na mão do marido e morre horas depois.

Este drama conjugal tão acidentado, tão pungente, decorre ininterruptamente dentro do breve espaço de tempo de dois meses e constitui a ação deste livro.

A paixão, o vício, os tumultos da carne, os ímpetos do temperamento, os cálculos da maldade, as lágrimas da humilhação, os desesperos da dor, os gritos do remorso, os sorrisos do cinismo nunca encontraram expressão tão viva, tradução tão real.

O estilo é de uma perfeição inexcedível. As frases são todas sentidas pelos personagens e como que vistas através das suas impressões, dos seus caracteres, dos seus estados de espírito. O autor não comenta, não explica, não descreve. Dá puramente a imagem gráfica da sensação, tal como os autores a deviam ter experimentado no momento do conflito em que nos aparecem.

O processo literário, assim compreendido e realizado, é como um espelho mágico absolutamente passivo e impessoal, de uma realidade implacável e trágica.

A delicadeza do gosto revolta-se muitas vezes contra essa fidelidade sistemática dos pormenores. As cenas de alcova são reproduzidas na sua nudez mais impudica e mais asquerosa. As páginas que as retratam tem as exalações pútridas do lupanar, fazem na dignidade e no pudor largas manchas nauseabundas e torpes, como as que põem nos muros brancos os canos rotos.

O tipo do Primo Basílio, que dá o nome ao romance, é falso, ao meu ver.

O modo como ele seduz a prima, os seus planos estratégicos de *crevé* corrompido até a medula, a sua tática de *dandy*[6] devasso, o seu cinismo,

---

6 O dandismo de Basílio manifesta-se, também, na maneira como se relaciona com os amigos de Luísa. No seu encontro com Julião Zuzarte, na casa de Luísa (capítulo IV), parece ter aplicado a sugestão de Stendhal, tratando-o com profundo desprezo. Segundo as palavras de Stendhal (*Memórias de um turista*): "No lugar de odiar o pequeno livreiro do vilarejo que vende o Almanaque popular, aplique-lhe o remédio indicado pelo célebre Cuvier: trate-o como um inseto" (citado por Kempf, *Dandies*, p.35).

O *primo Basílio* na imprensa brasileira do século XIX

calculado e frio, corretamente frisado, perfumado por Lubin,[7] vestido por Poole,[8] ostentando as suas belas jóias inglesas, as suas meias de seda e as suas relações no *acmé-monde*[9] com a sábia dissimulação de um perito, todos os seus meios de conquistas, finalmente, são inteiramente incompatíveis com a sua qualidade de homem de negócios, de comerciante.

Um homem que vem de trabalhar sete anos na América do Sul, na Bahia e no Paraguai, que está ainda nos negócios, que vem a Lisboa precisamente para tratar deles, não tem nunca a idéia de ir desencaminhar uma prima com os atrativos de sua *toillete*, da sua perfumaria e da sua crônica elegante, como freqüentador do *boulevard*.

A ação do trabalho sobre quem a exerce é de tal maneira moralizadora que marca no caráter uma gravidade indelével. Pode vir a um trabalhador o amor sincero, a paixão, os simples apetites dos sentidos ou a exigência tumultuosa e bestial da animalidade. Mas procede por meios diversos dos do primo Basílio para chegar ao seu fim: ou se arremessa de chofre como um digno e sincero bruto respeitável; ou propõe honradamente justa paga e retira-se. Não tem tempo nem tem disposição de espírito para sustentar o assédio bombardeando a praça a tiros de petisquice e de futilidade. Este derradeiro método, aliás mais seguro e mais eficaz, é privativo dos ociosos e dos vadios.

Queirós, atribuindo a um trabalhador valoroso a mórbida corrupção peculiar da luxúria imaginativa, sutilizadora, estafada, um tanto físico, dos homens de prazer, confundiu e obscureceu um pouco o enunciado do seu interessante problema.

---

7 Perfume francês de grande popularidade no século XIX. As críticas literárias e os romances da época faziam referências recorrentes ao Lubin, que, além da qualidade da fragrância, distinguia-se pelo requinte e pela beleza do frasco. No capítulo VIII de *O primo Basílio*, há uma detalhada descrição do banho temperado com "água de Lubin" do visconde Reinaldo, amigo de Basílio.

8 As roupas de Poole compunham um par simétrico com o perfume Lubin. Vestimenta inglesa e perfume francês eram o verso e o reverso da elegância e do dandismo.

9 *Acmé*: termo de origem médica que se aplica à fase mais aguda de uma doença. Segundo o dicionário *Le Petit Robert* (1986), o vocábulo é também utilizado como neologismo, referindo-se à fase de apogeu, ao momento de maior desenvolvimento de algo. *Acmé-monde* é, pois, sinônimo de alta sociedade, de "grande mundo".

Luísa, a burguesinha lisbonense, é horrivelmente verdadeira, no seu culto da sentimentalidade e do dandismo, na sua admiração palerma do primo janota. Creio, porém, que esta figura aproveitaria em ser mais rodeada dos principais elementos que determinam o seu caráter. Conviria tornarem-se conhecidos os trâmites da sua educação, parcelas de que ela é a soma. Seria bom mostrar como, pelos princípios em que a criaram, ela não podia fatalmente ter um ideal mais elevado que o do Basílio, tão irresistível pela escolha das suas gravatas, pelas frescuras das suas luvas, pelo preço dos seus *sachets*! Pelo que lhe ensinaram, pelo que lhe disseram, pelo que lhe deixaram ler, como havia de discernir ela as qualidades e os merecimentos que tornam o homem verdadeiramente distinto e superior?

E, a respeito de si mesmo, o que foi que lhe ensinaram por meio de exemplos ou por meio de simples teorias acerca da dignidade ou do dever?

A criada Juliana é inteiramente completa, é viva, e constitui uma das criações mais perfeitas da literatura portuguesa. É a expressão sintética de uma classe em anarquia e em dissolução; é a flor da hostilidade e do ódio lentamente produzida pelo desespero.

Entre as figuras do segundo plano da obra, deve ser citado o conselheiro Acácio, uma verdadeira pérola de sensaboria pomposa, de banalidade solene, extraída das profundidades da burocracia nacional, pelo mergulhador mais intrépido e mais feliz.

Este livro, superior pela forma ao *Crime do padre Amaro*, está, no entanto, abaixo dele como intenção crítica e como influência social. O *Crime do padre Amaro*, demolindo o prestígio clerical, desarmando a imoralidade do celibato eclesiástico, fazia uma obra de justiça, aditava o progresso humano. *O primo Basílio*, atacando a burguesia, que é uma formação não transitória mas definitiva, que não pode ser demolida, e que hoje em dia precisa muito mais de ser instruída do que injuriada, pratica um feito sem alcance na direção mental do seu tempo.

Este livro, concebido com amargura e com misantropia, deixa no espírito de quem lê uma triste impressão de melancolia e desalento. Com exceção de Juliana, a única pessoa forte do livro, as paixões dos outros, para assim dizer negativas, não são feitas de força como as paixões de Balzac, são feitas de acumulações de fraquezas. Olhada através de uma tal

O primo Basílio na imprensa brasileira do século XIX

obra, a sociedade portuguesa, e mais particularmente a sociedade de Lisboa, parece lastimosamente corrupta, antipática, condenada à dissolução. Uma circunstância, porém, demonstra o contrário e esta é o sentimento consolador que afinal resulta de uma tal leitura – Não está definitivamente condenada e, pelo contrário, encerram em si poderosas condições de vitalidade uma sociedade em que as convergências intelectuais e sociais têm a virtude prolífica suficiente para produzirem em certo momento, como cristalização da sua influência, um artista que, como Eça de Queirós, é uma das glórias da civilização e uma das forças mais poderosas da humanidade.

Ramalho Ortigão[10]

---

10 José Duarte Ramalho Ortigão, de formação cultural marcadamente romântica, distanciou-se, a princípio, dos primeiros combates da Geração de 70 portuguesa. Graças a Eça de Queirós, acabou por se relacionar com a nova geração literária. Compartiu com Eça a redação da primeira fase das *Farpas* e a publicação em folhetim do romance *Mistério da estrada de Sintra*. Foi autor de livros de viagem como *Em Paris* (1867), *A Holanda* (1883), *John Bull*: depoimento de uma testemunha acerca de alguns aspectos da vida e da civilização inglesa (1887). Em 1896, publicou *O culto da arte em Portugal*. Ramalho visitou o Brasil em 1887 e conheceu Machado de Assis. Empregou João Ribaixo como um de seus pseudônimos.

2
Folhetim Sem Malícia

Provavelmente de autoria de Carlos de Laet
Jornal do Commercio, ano 57, n.86
quarta-feira, 27 de março de 1878

[Este folhetim não é inteiramente dedicado à apreciação crítica de *O primo Basílio*. O autor referia-se, inicialmente, ao término da construção do zimbório da Igreja da Candelária, no Rio de Janeiro, considerando-a uma expressão da vaidade humana inútil aos olhos dos princípios religiosos. A resenha sobre o romance de Eça de Queirós entremeava-se, também, com notícias do falecimento do músico José Joaquim dos Reis, que deixou trabalho sobre "os harmônicos do violino", com observações sobre teatro e música. Há grande possibilidade de essa coluna do *Jornal do Commercio* (JC) ser de autoria de Carlos de Laet. Algumas evidências sustentam a hipótese. Sabe-se que em 1878 Laet subscreveu, de 1º de janeiro a 26 de maio, um folhetim dominical em *O Cruzeiro* (OC), assinando-o com o pseudônimo de Sic. Seria, portanto, titular de dois folhetins simultaneamente publicados na imprensa carioca, em *O Cruzeiro* e, provavelmente, no *Jornal do Commercio*. É possível que – para evitar o excesso de exposição de sua pessoa em meio a um público leitor reduzido ou para cumprir algum acordo feito com *O Cruzeiro* – ele tenha evitado assinar, mesmo com pseudônimo, a sua coluna "Sem Malícia" no *Jornal do Commercio*. Encerrando sua participação em *O Cruzeiro* no final no mês de maio (o último folhetim assinado por Sic tem como data o dia 26 desse mês), Laet iniciou a redação do folhetim semanal publicado no *Jornal do Commercio*, o "Microcosmo", que se estendeu de

16 de junho de 1878 a 24 de junho de 1888. De espírito polêmico, Laet participou do debate sobre a novidade literária do momento, *O primo Basílio*. Arnaldo Faro julgou que a Laet se referia o folhetinista que escreveu, na *Gazeta de Notícias* de 28 de abril, "já da China e do Egito nos veio remessa de escritor para a lide, e um outro que é talvez da Holanda", considerando que Laet era descendente de holandeses.[1] Neste folhetim "Sem Malícia" de 27 de março, o autor relembrou, falando da construção da cúpula da Igreja da Candelária, no Rio de Janeiro, que o sentimento religioso superava qualquer sentimento de vaidade; ponto de vista muito ajustado à estrita fé católica que sempre ostentou Laet, a ponto de receber, mais tarde, da Santa-Sé um título honorífico. Os pontos de vista de Laet sempre produziram, além disso, debates acalorados. Pelo menos um argumento exposto no folhetim "Sem Malícia" (de 17 de abril) foi duramente combatido. O artigo de S. Saraiva, de 20 de abril, opôs-se à máxima moral segundo a qual "nem todas as verdades se dizem", sustentando que ela deveria ter sido inventada por "algum hipócrita célebre". Um outro colunista da *Gazeta* escreveu, em 28 de abril, que havia escritor que "para chamar leitores [julgava] que [escrevia] Sem Malícia, isto é, sem sal, e de fato [cumpria] a palavra".]

Com mais foguetório e ruído do que numa inauguração, apareceu um livro do célebre escritor português Eça de Queirós.

O livro a que aludimos tem por título simplesmente *O primo Basílio*.

Eça de Queirós, Guerra Junqueiro, Ramalho Ortigão, Guilherme de Azevedo representam hoje, senão uma escola, pelos menos uma nova feição da literatura portuguesa.[2]

---

1 Segundo Arnaldo Faro (1977, p.136): "Na referência ao Egito era clara a alusão a Amenófis Efendi [folhetinista da *Gazeta de Notícias*]; a menção à Holanda talvez se destinasse a Carlos de Laet, que não formava entre os admiradores do livro".

2 Todos autores e intelectuais que compuseram a Geração de 70 em Portugal. Guilherme de Azevedo, Eça de Queirós e outros assinaram, em 1871, o programa das conferências que passaram à história com o título "Conferências do Cassino Lisbonense". O programa foi redigido por Antero de Quental (Ponta Delgada, 1842 – Lisboa, 1891). Guilherme Avelino Chave de Azevedo (Santarém, 1839 – Paris, 1882), talvez o menos conhecido de todos eles, estreou na poesia em 1867 com o volume *Aparições* e publicou, em 1871, *Radiações da noite*. Escreveu para o teatro, em colaboração com Guerra Junqueiro, a peça *Viagem à roda da Parvónia*, levada à cena em 1878 (cf. Sarai-

É a eles que se deve a emancipação das fórmulas piegas e choronas, das trovas plangentes com que se cantava a violeta e das alambicadas estrofes dirigidas à palidez do lírio e aos arroxeados arrebóis da madrugada, que foram por alguns anos a feição característica da literatura portuguesa e brasileira.

A fórmula literária desses quatro vultos é essencialmente positivista, o fundo completamente utilitário.

Envolver um grande pensamento num pequeno grupo de palavras simples e despretensiosas é no que esses escritores fazem constituir a eloqüência e o estilo.

A palavra aparece, nas suas obras, na modéstia e humildade da sua missão, como simples satélite da idéia.

A verdade é a cor geral com que é velada toda a pintura.

Do *Crime do padre Amaro* ao *Primo Basílio* há um passo agigantado.

Ambos eles são uma esplêndida manifestação do talento; mas no segundo o pulso obedece com mais segurança à idéia, desenhando e contornando com mais firmeza e vigor.

Eça de Queirós não é o que verdadeiramente costumam chamar um escritor realista; se o realismo é a natureza pintada na sua mais hedionda fórmula.

O talentoso escritor português trata o assunto como se surpreende um flagrante.

Não procura nem rejeita o que porventura possa haver de repelente no seu herói.

Pinta as coisas como elas são realmente na vida, um misto de bom e de mau, de generoso e de miserável, de justo e de iníquo.

Os seus personagens são verdadeiras fotografias; não grupados pretensiosamente como sai da maior parte dos fotógrafos; mas naturais, sim-

---

va & Lopes, 1976, p.1.012-3). Abílio Guerra Junqueiro (Freixo de Espada à Cinta, 1850 – Lisboa, 1923), escritor, político e deputado monarquista até 1890, e desde então republicano convicto. Em 1885, publicou uma coletânea de poemas, *A velhice do Padre Eterno*, em que predominava a sátira anticlerical, e na peça de teatro *A pátria* (1896) evidenciava-se a crítica à monarquia e à debilidade do país. Com a República, regressou à política como representante diplomático do novo regime em Berna.

ples e modestos, como se os modelos fossem escolhidos, sem o saber, num episódio qualquer da vida doméstica.

O protagonista do romance, a que o autor tão intencionalmente chama de *episódio doméstico*, é acentuado com muita graça e naturalidade, discordando nós neste ponto com a profunda crítica que, sobre o romance em questão, faz o talentoso literário Ramalho Ortigão.

O tipo do *Primo Basílio* é falso ao ver desse escritor.

Não pode admitir que um homem, que trabalhou sete anos na América do Sul, na Bahia e no Paraguai, que está ainda nos negócios, e que vai a Lisboa para tratar deles, possa ter idéia de desencaminhar uma prima, com os atrativos dos seus *toilettes* de Poole, das suas perfumarias de Lubin e das suas jóias inglesas.

Que escritores brasileiros e portugueses que tenham por horizontes da sua observação unicamente as raias dos seus países natais lancem à circulação uma opinião dessa ordem, é admissível, é justificado, é até mesmo inevitável!

Ramalho Ortigão, porém, é um escritor cuja crítica se desenvolve numa arena vastíssima e que não só tem talento como *talento viajado*.

O processo de extremar as profissões não cabe nas idéias do século.

A instrução, a elegância, a libertinagem mesmo são de todas as camadas sociais e podem viver de camaradagem com todas as profissões, artes ou ofícios.

Em Portugal mesmo, vai já se sumindo na penumbra dos antigos prejuízos essa interdição que se quer lançar a certas e determinadas classes da sociedade.

Há comerciantes de uma instrução a confundir muito membro de academia; negociantes modelos de educação e elegância, industriais tão finos e palacianos como diplomatas.

As perfumarias de Lubin andam por aí a granel em todas as casas, com ou sem brasões; os casacos de Poole vêm aos centos para ser envergados por gente de toda a espécie; as jóias inglesas, tão aceitas em Portugal, acham até aqui dependuradas em muito fidalgo e, mesmo, em alguns mariolas.³ As peças raras de Lubin, as jóias e os fatos ingleses só não adornam quem não tem dinheiro para os comprar.

Pelo que respeita ao tempo, de que em geral dispõe um negociante para as empresas amorosas, diremos apenas que conhecemos não um, mas muitos que, apesar dos seus múltiplos afazeres, são capazes de fazer a corte a duas primas, e mesmo a três, se tanto for preciso.

Já podem ver que, por esse lado, não nos parece que claudique a primorosa obra de Eça de Queirós.

Assim ela tivesse cenas menos livres e decotadas, que as recomendaríamos, sem rebuço, aos nossos leitores e leitoras.

Aos primeiros não temos receio de apresentar O primo Basílio.

É condimento picante, mas agradável e apetitivo.

Carlos de Laet[4]

---

3 O vocábulo "mariola", utilizado nessa passagem, parece conter muitos significados: 1 moço de fretes 2 homem de recados 3 indivíduo de mau caráter, canalha, patife, tratante 4 homem atrevido com as mulheres. (Cf. Dicionário Houaiss..., 2001.)

4 Carlos Maximiliano Pimenta de Laet (Rio de Janeiro, 1847 – Rio de Janeiro, 1927). Embora tenha se diplomado em engenharia pela Escola Politécnica, Carlos de Laet trocou a carreira de engenheiro pelo jornalismo e pelo magistério. Foi professor das cadeiras de português, geografia e aritmética do Colégio Pedro II, sendo, entretanto, demitido de sua função em 1890 por ter se manifestado contrário à mudança do nome desse educandário para Instituto Nacional de Instrução Secundária. Eleito deputado em 1889, perdeu a cadeira no parlamento com o advento da República. Permaneceu monarquista, batendo-se pelo monarca por meio da imprensa e combatendo antigos monarquistas que, a seu ver, haviam aderido ao novo regime. Orador na sessão solene da Academia Brasileira de Letras em 7 de janeiro de 1911, por ocasião da recepção ao general Dantas Barreto, eleito em substituição a Joaquim Nabuco, aludiu a este último de maneira crítica, referindo-se mesmo ao eventual desgaste que o tempo teria produzido na proverbial beleza do ilustre abolicionista. Polemista, defendeu o poeta brasileiro Fagundes Varela (Rio Claro, 1841 – Niterói, 1875) das críticas contra o seu livro Cancioneiro popular formuladas por Camilo Castelo Branco (Lisboa, 1825 – São Miguel de Seide, 1890). Entre 1893 e 1894, durante a Revolta da Armada, em face da exaltação republicana do momento, exilou-se em São João Del-Rei, Minas Gerais, onde escreveu um conjunto de artigos reunidos no volume Minas. Foi membro e presidente da Academia Brasileira de Letras no período de 1919 a 1922. Assinava seus escritos com os seguintes pseudônimos: Laetâncio, Cosme Peixoto, Acácio Ramos, Bayard, Karl Marx, Sic & Nic.

3
Folhetim Sem Malícia

Provavelmente de autoria de Carlos de Laet
Jornal do Commercio, ano 57, n.100
quarta-feira, 10 de abril de 1878

Assim como para alguns, a sexta-feira e o número treze são coisas fatídicas; assim também para nós, o *realismo* é uma palavra prenhe de maus agouros.

Mas o *realismo* é a questão do dia.

Não há fugir-lhe.

Assentará ou não definitivamente os seus arraiais,[1] entre a literatura e a arte moderna, esta nova evolução?

Passará o *realismo*, como um sonho vago, sem deixar atrás de seu rastro as bases de uma nova escola definida e acentuada?

Eis as questões que atualmente mais devem preocupar os que se interessam pelos progressos da arte e da literatura.

O aparecimento do notável livro de Eça de Queirós *O primo Basílio* deu nova vida à questão, que já quase dormitava o sono do esquecimento.

O primo Basílio é hoje o assunto exclusivo das conversações, não as do lar doméstico, que não têm lá entrada livros dessa ordem; mas as dos

---

1 Segundo o *Dicionário Houaiss...* (2001), "assentar arraiais" significa estabelecer-se, fixar-se em algum lugar.

passeios e dos botequins, que apenas vêem nesse romance a opulência do talento do seu autor.

Já no nosso anterior folhetim nos ocupamos dessa interessante produção do notável romancista português.

Mas saturados hoje das suas belezas e inconveniências, voltamos ao assunto; não para lhe fazer a autópsia, que o não comporta a fraqueza de nosso ânimo e forças, mas para o apresentar ao público, industriando-o na maneira por que o deve receber.

O realismo, desde Champfleury[2] até Courbet,[3] para título de nova escola que desponta nos horizontes artísticos e literários foi tão mal escolhido, que ainda hoje é freqüente o confundir-se o *realismo* com o *naturalismo*, em que tanto primaram outrora os holandeses, e de que tanto nos fala Proudhon na sua *Teoria da arte*.[4]

O *realismo*, segundo parece indicar a natureza e contextura da palavra, é a expressão do real e do verdadeiro; assim como o *naturalismo*

---

2 Champfleury, pseudônimo de Jules François Félix Husson (Laon, 1821 – Sèvres, 1889). Romancista, participou dos círculos de boêmios parisienses próximos a Murger, Baudelaire, Nadar, Courbet, Bainville, retratando esse universo no romance *Confissões de Silvius*, editado em 1845. Escritor de sucesso, publicou em 1860 *Os apaixonados de Sainte-Périne*. Publicou, também, estudos críticos sobre Balzac, Henri Monnier e uma história da caricatura. Participou da "batalha realista", sustentando o pintor realista Gustave Courbet (ver nota a seguir), nos seus textos dedicados sobretudo aos Salões de 1848 e de 1849. Lançou um jornal de curta duração, a *Gazeta de Champfleury*, e reagrupou seus artigos, em 1857, no livro *O realismo*.

3 Gustave Courbet (Ornans, 1819 – La Tour-de-Peilz, 1877). Pintor, gravurista e desenhista. Conviveu, após a Revolução de 1848, com Proudhon, Champfleury e Baudelaire, tornando-se defensor ardente do realismo. Retratava, em suas telas, acontecimentos e personagens seus contemporâneos. Sustentava que não pintaria um anjo ou um cônsul romano porque jamais vira personagens desse tipo. Participou ativamente da Comuna de Paris, de 1871.

4 Pierre Joseph Proudhon (Besançon, 1809 – Paris, 1865). Socialista francês, publicou em 1840 *O que é a propriedade?* e, em 1846, *A filosofia da miséria*. Representante do povo na Assembléia Nacional de 1848, foi condenado à prisão, de 1849 a 1852, devido à sua oposição a Luís Bonaparte. Em *A idéia geral da revolução no século XIX*, de 1851, expôs os princípios do anarquismo. Sua reflexão sobre arte, *Do princípio da arte e de sua destinação social*, foi publicada postumamente.

exprime a feição da arte, que tem por modelo exclusivamente os objetos da natureza, despidos de todas as formas ideais ou fantásticas.

Admitindo essa interpretação da palavra *realismo*, é realista todo o escritor que tiver por fundo de sua concepção literária a realidade; quer ela se manifeste pela expressão da beleza, do bom e do justo, quer ela seja a fotografia da fealdade, do vício e das podridões da sociedade.

Tudo está em que a formosura, a bondade e a justiça, bem como as aberrações e vícios sociais, sejam pintados e descritos nos limites do possível.

Criar um romance em que só aparecerão mulheres formosas, homens elegantes, seres justos e virtuosos, em que tudo corra à medida dos nossos desejos e que tenha por epílogo o prêmio da virtude e o castigo do vício é laborar nos domínios da fantasia.

Mas procurar as chagas verminosas, as nojentas podridões, a crápula, o vício, a torpeza e a devassidão e fazer com esse amontoado de misérias um enredo mais ou menos interessante, é perder-se igualmente em vôos fantásticos; porque tão falsa é a pintura da sociedade vista pelos prismas do otimismo, como pelos do pessimismo.

Eça de Queirós, como já uma vez o dissemos, não é exclusivista.

Não procura a hediondez nem a repele quando lhe aparece à feição do assunto.

O seu livro é uma fotografia.

Não procura um claro escuro de convenção, nem fundos abatidos para lhe fazer realçar as figuras.

Elas aparecem com a verdade inflexível do vidro despolido.

Sob esse ponto de vista, Eça de Queirós é um verdadeiro realista.

Mas a fotografia, apesar da verdade com que representa os objetos, também tem defeitos intoleráveis, aos olhos do verdadeiro artista.

As minudências, com que vêm carregados todos os planos da fotografia, cansam os olhos do espectador, obrigam-no a uma análise miúda e microscópica, que prejudica o efeito geral do quadro.

Com os romances da nova escola chamada realista sentimos o mesmo cansaço, um certo torpor; que nem a mais escrupulosa verdade da descrição pode sacudir.

A verdade com que, nas páginas do *Primo Basílio*, se descreve a vida de Lisboa, especialmente nos ardentes calores dos meses de verão, é admirável.

Mas tão grande é a extensão dessa verdade, tão minuciosa é a descrição dos episódios que se passam durante essas temperaturas verdadeiramente africanas, que o leitor transpira, abafa, precisa de ar puro, de frescura, de vegetação, sente enfim a necessidade de acabar o romance; como quem deseja sair de uma casa onde a atmosfera é perfeitamente irrespirável.

De tudo isso se conclui uma coisa em detrimento do próprio romance, é que, ao lê-lo, sente-se um mal-estar, uma tão grande opressão, que por modo algum podem ser confundidos com uma sensação agradável, com um deleite ou um prazer.

Seja qual for o mérito absoluto de um livro, o tédio, que possa causar a sua leitura, é sempre um elemento de mau êxito para a popularidade desse livro.

O novo romance de Eça de Queirós lê-se com prazer e verdadeiro interesse; mas exige o emprego do leque e o de alguns goles intervalados de água gelada com açúcar.

Mas ajuíze o leitor por experiência própria:[5]

> Tinham acabado de almoçar.
> A sala era esteirada, com o teto de madeira pintado a branco, forrado de papel claro com ramagens e dês. Era em Julho, um domingo: fazia um grande calor; as duas janelas estavam cerradas, mas sentia-se fora o sol faiscar nas vidraças, escaldar a pedra da varanda, havia o silêncio recolhido e so-

---

5 Há algumas diferenças entre essa primeira edição de 1878, citada pelo resenhista, e a segunda e definitiva, corrigida por Eça de Queirós.

nolento de manhã de missa; uma vaga *quebreira* amolentava; vinham desejos de sestas ou de sombras fofas debaixo de arvoredo, no campo, ao pé d'água; nas duas gaiolas, entre as bambinelas de cretone azulado, os canários dormiam; um zumbido monótono de moscas arrastava-se por cima da mesa, pousavam no fundo das chávenas sobre o açúcar mal derretido, enchia a sala de um rumor dormente.[6]

Eis aqui um trecho descritivo admirável de verdade e observação, em que não sabemos qual mais há a admirar, se a delicadeza das minúcias, se a exatidão do colorido.

Em descrições como estas abunda o livro de que falamos; e, tão repetidas são elas, que espalham por toda a ação do romance uma sensação pesarosa e sufocante, que acaba por fatigar o leitor.

Quando o distinto escritor desce às descrições mais realistas, ou, quanto a nós, mais repelentes, conserva a mesma força de análise e de observação.

O leitor acompanha-o em todas as pocilgas, em que o autor, na sua inflexível minuciosidade, se digna conduzi-lo.

Admiramos o espírito de observação que presidiu a todas aquelas maravilhas descritivas, mas estamos inquietos por nos vermos livres delas, vindo cá para fora desinfetar-nos por fora e por dentro!

A descrição do quarto das criadas é um primor no gênero:

Baixo, estreito, com o teto de madeira inclinado; o sol aquecia durante todo o dia as telhas por cima, abafado como um forno, onde se respirava um cheiro requentado de tijolo escandecido.

Um leito de ferro, um colchão de palha amolentado e cavado, coberto com uma colcha de chita de riscadinhos; da barra da cabeceira pendiam *bentinhos*, e a rede enxovalhada que a criada punha na cabeça; sobre uma mesa de pinho, um espelho com gaveta, a escova de cabelo enegrecida e despelada, um pente de osso, as garrafas de remédio, as criadas deitadas em lençóis encardidos, coçando a pele áspera do corpo

---

6 Nesse primeiro parágrafo do romance, Eça de Queirós fez modificações pouco relevantes para a edição definitiva.

por debaixo da grossa camisa, um candeeiro de petróleo fumegante e os percevejos aos milhares; tudo isto é pintado por mão de mestre, mas causa uma tal repugnância e enjôo, que se embrulha o estômago e produz tal fogagem que faz vontade de nos coçarmos.[7]

Mas, se há em tudo isso algum motivo de censura, não cabe ao autor, mas sim à escola em que se filiou.

Eça de Queirós manifestar-se-ia igualmente um talento de perfeita ordem em qualquer outro gênero de literatura que escolhesse.

Tem imaginação brilhantíssima; pena é havê-la arredada para um gênero de assunto em que tão pouco se pode pôr em relevo.

Quando o autor dos romances *O crime do padre Amaro* e *O primo Basílio* dá largas aos vôos da sua imaginação, poucos escritores o podem acompanhar a tão elevadas regiões.

Basta, por exemplo, a descrição dos sonhos que inquietavam a heroína do seu romance para aquilatar a pujante imaginação de Eça de Queirós.

Luísa adormeceu tarde e durante toda a noite um sonho inquieto agitou-a: estava num teatro imenso, dourado como uma igreja, alumiado por lustres de velas de cera. Era uma gala; havia enchente. Jóias faiscavam sobre seios decotados, condecorações reluziam sobre fardas majestosas. Na tribuna, um rei triste e moço, imóvel numa atitude rígida e hierática, sustentava na mão a esfera armilar, e o seu manto de veludo escuro, constelado de pedrarias como um firmamento, espalhava-se em redor em pregas palacianas, fazendo tropeçar a multidão dobrada dos cortesãos pálidos e humildes.

E ela estava no palco, era atriz, debutava no drama de Ernestinho; e toda nervosa via diante de si, na vasta platéia sussurrante, fileiras de olhos negros e acesos, cravados nela com furor: no meio a calva do conselheiro, de uma redondeza nevada e nobre, sobressaía, rodeada como uma flor de um vôo amoroso de abelhas. No palco oscilava a vasta decoração de uma floresta antiga; ela notava, sobretudo à esquerda, um carvalho secular, de uma arrogância heróica, cujo tronco tinha a vaga configuração de uma fisionomia e se parecia com Sebastião.

---

7 O folhetinista reproduziu livremente um trecho do capítulo III do livro, sem o indicar.

O *primo Basílio* na imprensa brasileira do século XIX

Mas o contra-regra bateu as palmas: era esguio, parecia-se com D. Quixote, e trazia óculos redondos com aros de lata: brandia o *Jornal do Commercio* torcido em saca-rolhas, e gania: salta a cenazinha de amor, salta-me essa maravilha! Então a orquestra, onde os olhos dos músicos reluziam como granadas e as suas cabeleiras se eriçavam como montões de estopa, fez ressoar com sonoridade melancólica o fado de Leopoldina; e em roda um coro, que se desenrolava aereamente em ondulações balanceadas, suspirava:

> *E quanto mais longe o julgo*
> *Mais dele me sinto perto!*

Luísa achava-se nos braços de Basílio que a enlaçavam, a queimavam, e toda desfalecida sentia-se perder; fundir-se em um elemento quente como o sol e doce como o mel.

– Mas por entre os seus soluços sentia-se envergonhada porque Basílio repetia no palco, sem pudor, os delírios do *Paraíso*. Por que consentia ela?

De repente, então, em uma aclamação imensa o teatro bradava: Bravo! Bis! Bis! Lenços aos milhares esvoaçavam como borboletas brancas em um campo de trevo: os braços nus das mulheres lançavam com um gesto ondeado ramos de camélias vermelhas: o rei erguera-se espectralmente, e, triste, arremessou como um *bouquet* a sua esfera armilar: e o conselheiro logo, num frenesi, para seguir os exemplos de S. M., desparafusando rapidamente a calva, atirou-lha, com um berro de dor e de glória. E o contra-regra gania: Agradeçam! Agradeçam! Ela curvava-se; os seus cabelos de Madalena rojavam pelo tablado: o Basílio, ao seu lado, seguia com olhos vivos os charutos que lhe lançavam, apanhando-os com a graça de um toureiro e a destreza de um *clown*!

Subitamente, porém, todo o teatro teve um *ah!* de espanto. A aclamação cessou bruscamente. Fez-se um silêncio ansioso e trágico; e todos os olhos, milhares de olhos atônitos se fitavam no pano de fundo, onde um caramanchão arqueava a sua estrutura toda estrelada de rosinhas brancas. Ela voltou-se também como magnetizada e viu Jorge, Jorge que se adiantava, vestido de luto, de luvas pretas, com um punhal na mão, e a lâmina reluzia – menos que os olhos dele! Aproximou-se da rampa e curvando-se, disse com uma voz profunda:

– Real majestade, senhor infante, senhor governador civil, minhas senhoras e meus senhores, agora é comigo! Reparem neste trabalhinho!

Caminhou então para ela com passos marmóreos que faziam oscilar o tablado; agarrou-lhes os cabelos, como um molho de ervas que se quer ar-

rancar, curvou-lhe a cabeça para trás; ergueu de um modo clássico o punhal; fez a pontaria no seio esquerdo: e balançando o corpo, piscando o olho, cravou-lhe o ferro! – Muito bonito – disse uma voz. Rico trabalho!
E Luísa reconheceu Basílio que fizera entrar nobremente na platéia o seu *phaeton*! Direito na almofada, com o chapéu ao lado, uma rosa na sobrecasaca, continha com a mão negligente a inquietação soberba de seus cavalos ingleses, e ao seu lado, viu sentado, coberto de suas vestes sacerdotais o patriarca de Jerusalém! Mas Jorge arrancara o punhal todo escarlate ... [8]

Ela via no entanto com terror o seu sangue sair da ferida, vermelho e forte, correr, alastrar-se, espraiar-se, fazendo poças aqui, ribeirinhos tortuosos além. E toda a platéia berrava. O autor! Fora o autor!

Então Ernestinho, muito frisado, pálido apareceu; agradecia soluçando, e muito buliçoso, às cortesias, saltava aqui, acolá – para não sujar no sangue de Luísa os seus sapatinhos de verniz.[9]

Há porventura páginas mais cheias de imaginação, de mais escaldada fantasia do que estas que acabamos de transcrever [?].

---

8 O folhetinista eliminou a referência ao repouso de Luísa sob o carvalho protetor, que representava o Sebastião.

9 Essa longa passagem reproduz o sonho de Luísa descrito no capítulo IX do livro. Comparando esse excerto da primeira edição com o da edição definitiva, nota-se o sentido do trabalho de revisão empreendido pelo autor. O aspecto mais visível foi a substituição do "de um" e do "de uma" pela contração "dum", "duma". A narrativa ficou um pouco mais econômica. A descrição "De repente, então, em uma aclamação imensa o teatro bradava" transformou-se em "O teatro numa aclamação bradava". Ficou também menos repetitiva com a eliminação de significados recorrentes. Na edição definitiva, do período "Subitamente, porém, todo o teatro teve um *ah*! de espanto. A aclamação cessou bruscamente. Fez-se um silêncio ansioso e trágico ..." foi eliminada a oração "A aclamação cessou bruscamente". Ela parece, de fato, desnecessária e redundante, considerando que lhe sucede uma outra com igual significação: "Fez-se um silêncio ansioso e trágico". O Eça revisor de seu próprio texto procurava evitar a repetição de termos sinônimos. O verbo "espraiar-se", aplicado ao sangue da heroína ("Ela via ... seu sangue ... correr, alastrar-se, espraiar-se"), presente na primeira edição, foi eliminado da definitiva por ter, provavelmente, o mesmo conteúdo de "alastrar-se". Entende-se, dessa mesma forma, a substituição de "camélias vermelhas" por "violetas dobradas": "os braços nus das mulheres lançavam com um gesto ondeado ramos de camélias vermelhas [violetas dobradas]".

Há ou não um veio criador, um talento ubérrimo, na cintilante palheta com que são coloridos estes admirados quadros [?].¹⁰

Eça de Queirós é, pois, um escritor realista; pela simples razão de não querer ser idealista.

Respeitemo-lo, pois, a preferência, que é mera questão de gosto e não recurso extremo a que se apegue.

Seria interminável o desejo que teríamos de citar trechos dessa magnífica obra, cada qual o mais belo, cada qual o mais bem tratado.

Mas os que já temos trazido para as colunas do nosso folhetim são em quantidade mais do que razoável e permitida.¹¹

O primo Basílio é um grosso volume de seiscentas e tantas páginas que se devoram de uma só sentada, tanto é o interesse que elas despertam.

Nessa obra-prima da literatura portuguesa moderna há uma pequena mancha, que não podem justificar nem as mais exaltadas idéias realistas.

Há algumas páginas de uma tal imoralidade, de um tal desapego dos mais comezinhos princípios das conveniências sociais, que não podemos eximir-nos de lastimar que o mesmo nome que assina tão grandes belezas seja o mesmo que referenda tão repelentes obscenidades.

Já não há aqui que discutir questões de *realismo* e de *naturalismo*, a questão agora versa simplesmente sobre os deveres da decência e decoro literário.

Sente-se que o autor procurou economizar as alusões insistentes à cor vermelha: "camélias vermelhas", "punhal escarlate", "sangue vermelho". Foram, no entanto, acrescidos dois versos novos à música cantada pelo coro: "Vejo-o nas nuvens da tarde, / Nas ondas do mar sem fim, / E por mais longe que esteja / Sinto-o sempre ao pé de mim". As alterações do texto da primeira edição foram, porém, mais pontuais que substantivas.

10 Foram acrescentados pontos de interrogação, ausentes no texto original, porém necessários nessas passagens.

11 Pode-se entender daí que nem toda citação de trechos do livro seria "moralmente permitida".

Bastam algumas páginas do romance O primo Basílio para que lhe sejam fechadas as portas de todas as famílias que se prezam de honestas. Triste futuro é o que está destinado a um livro que não pode ter ingresso senão em casa do celibatário.

Enquanto a nós, nenhuma das páginas a que nos referimos aumentam o mérito da obra.
Eliminá-las em nada alterava a ação do romance nem o mérito literário do livro.
O crime do padre Amaro foi, em sua última edição, inteiramente refundido: é de esperar que O primo Basílio, com mais razão, sofra a mesma sorte.

O mérito do último romance de Eça de Queirós é incontestável; mas é forçoso confessar que o escândalo é que mais tem concorrido para o popularizar.
Os que ainda não leram todo o romance sabem já de cor as páginas a que eu me refiro; tanto é certa a influência que sobre todos exerce a idéia do fruto proibido.

Os mais prudentes estão já de alcatéia, contra o livro.
E ainda há poucos dias, falando nós com um distinto colega, a quem muito respeitamos pelas suas virtudes e profundo saber, encarecemos os méritos do romance O primo Basílio.
Quando acabamos de enumerar as belezas daquela jóia literária, o nosso amigo disse simplesmente:
– Sim senhor! Mas apareça lá em casa o meu amigo com o seu *Primo Basílio*, que verá como o recebo com um cipó que lá tenho atrás da porta!

Carlos de Laet[12]

---

12 A atribuição da autoria da coluna "Sem Malícia" do *Jornal do Commercio* (JC) a Carlos de Laet é, como já observado, apenas provável.

4
O primo Basílio

Folhetim assinado por L.
Gazeta de Notícias, ano IV, n.100
sexta-feira, 12 de abril de 1878

Ainda há pouco tempo que neste mesmo lugar o Sr. Ramalho Ortigão dava aos leitores desta folha a boa nova de que o Sr. Eça de Queirós tinha terminado o seu novo romance, *O primo Basílio*.

Antes que este romance fosse conhecido pela leitura, já muita gente *fazia idéia* dele pela apreciação crítica do amigo.

Amigo sincero e implacável, como soem ser todos os verdadeiros amigos, o Sr. Ramalho Ortigão fez a crítica da nova obra do autor do *Crime do padre Amaro* com a isenção de caráter e de espírito que lhe é apanágio.

Infelizmente muitos ficam com a idéia e não passam além. Contentam-se com o *ouvir dizer*, fazem obra pelo consta e não se querem dar ao trabalho de ler a obra e de apreciá-la como esta tem jus.

Não foram esses com certeza os que manusearem o livro que, dias depois de anunciado, era lido com uma avidez pouco usada para com a generalidade dos livros escritos em língua portuguesa; exceção salva de Herculano e Garret, Alencar e Macedo.[1] Os que o leram dividiram-se

---

1 Referência a autores românticos portugueses e brasileiros: Alexandre Herculano de Carvalho Araújo (Lisboa, 1810 – Vale de Lobos, 1877); Almeida Garret, pseudôni-

em duas classes; os que exclamaram: – Isto é um escândalo; outros que o apontaram como a obra mais profunda, mais digna e meritória da moderna literatura portuguesa.

Respeitando tanto uns como outros, cremos que ambos exageram, e que são levados, nas suas maneiras de apreciar, pelo defeito de pertencerem a esta ou àquela escola.

Nós não pertencemos a nenhuma das tais escolas ou confrarias, onde encontramos o bom e o belo, aplaudimo-lo, que ele se diga filiado na escola de Lamartine, Victor Hugo ou Flaubert, que não tenha filiação, nem pontos de contatos, com qualquer dessas chamadas escolas.[2]

Crêem uns que para se praticar o bem é necessário dar exemplos do mesmo bem, desenhar os inefáveis gozos que daí resultam; entendem outros que o espetáculo do mal, da crápula e da infâmia é o melhor sustentáculo da inocência que, sem o fundo carregado da hediondez e da imoralidade, não tem realce a formosura nem brilhos o pudor.

Não nos achamos na altura de discutir essas transcendentes teorias. O que vemos porém é que, se lançarmos os olhos para a moderna sociedade, se estudarmos a marcha da sua evolução, reconheceremos que ela vai perdendo as tendências da punição para as substituir pela do ensinamento. Que os crimes são punidos não quase pelo prejuízo causado individualmente, mas pela afronta social; que a idéia de castigo – como exemplo – não tem quem a defenda; que se fecham as portas das prisões quando a justiça faz cair alguma cabeça, para que a vista do sangue e de um novo crime praticado em nome da sociedade não sirva de espetáculo, como se quisesse fazer compreender que não é por aqueles meios que hão de regenerar os que são maus.

E são os que mais proclamam e aplaudem essas doutrinas, os que nos vão buscar as decapitações morais para espetáculo e os que se

---

mo de João Baptista da Silva Leitão (Porto, 1799 – Lisboa, 1854); José Martiniano de Alencar (Mecejana, 1829 – Rio de Janeiro, 1877); Joaquim Manoel de Macedo (Itaboraí, 1820 – Rio de Janeiro, 1882).

2 Desses três escritores franceses do século XIX, somente Gustave Flaubert (Rouen, 1821– Croisset, 1880) não pertencia à escola literária do romantismo. Foram autores românticos: Alphonse Marie Louis Prat de Lamartine (Mâcon, 1790 – Paris, 1869) e Victor Hugo (Besançon, 1802 – Paris, 1885).

comprazem em chagar com ferrete ignominioso da infâmia a alma de seus personagens.

Estamos já vendo a objeção ao que deixamos dito na retórica virulenta que sempre costuma enfeitar as palavras – educação, família, moralidade e bem.

Também nós desejamos que o homem se eduque, também tivemos uma família que respeitamos e amamos, também veneramos a moralidade e tendemos para o bem; mas por outros meios que não os usados hoje por uma certa *escola*.

Se talento nos fora dado para fazer uma análise de costumes como a faz o Sr. Eça de Queirós no seu livro, teríamos o cuidado de parar com o nosso bisturi no local em que sabíamos que só encontrávamos a matéria purulenta, que só podia salpicar-nos e manchar-nos sem que daí nos viesse bem. O autor de que nos ocupamos parece que foi exatamente nos lugares perigosos, nas situações que devem ser não veladas, mas postas de parte, que se comprouve em demorar a análise.

Digamos o que julgamos dessa obra, que é lida com o mesmo interesse com que foi escrita, durante uma longa noite febril que foi de setembro de 1876 a igual mês do ano seguinte.

O que sobremodo nos fascina, seduz, atrai, eleva, e por assim dizer nos encanta, é a forma. Forma admirável na sua singeleza e despretensão, fascinadora nos seus próprios descuidos e imperfeições. Parece que ali nada foi pensado, que a pena correu ligeira sem voltar atrás por uma vírgula, e sem substituir uma palavra por outra. E contudo, poucos livros temos lido mais pensados, mais profundamente observados, e cremos que é dessa tensão de observação que vem, para nós, um defeito.

Os indivíduos convertem-se em tipos.

O processo é o de Molière.[3] Das suas análises saem sínteses generalizadoras.

A rua em que o seu romance se passa não é uma rua de Lisboa, é a síntese de um bairro; todos os tipos que ali vivem são reais, copiados do

---

3 Jean-Baptiste Poquelin (Paris, 1622 – Paris, 1673), chamado de Molière. Autor cômico francês, foi teatrólogo da Corte de Luís XIV, favorecendo-se do mecenato real.

natural, o artista julgou-se com o direito de os reunir numa localidade, e fazê-los obrar como se de fato ali os tivera colocado o acaso.

Escolheu dentre todas as criadas, as qualidades com que devia criar a sua. Reproduziu a cena do alquimista do *Fausto*,[4] e a criada ficou um tipo, sim, mas não um indivíduo. O que distingue o tipo do indivíduo é que naquele tudo concorre para um fim. O avarento de Molière, ouvindo uma frase que lhe agrada, diz que ela deve ser escrita com letras de ouro, mas como aquele avarento é um tipo, deve, como acontece, emendar o dito, e poupar o ouro... até falando; o indivíduo deixaria ficar a frase, embora guardasse o ouro.[5]

Nos outros personagens dá-se o mesmo. A modesta sala de Jorge, iluminada pelo velho candeeiro de porcelana cor-de-rosa, não é para nós a sala do "Engenheiro", mas a sala duma classe, com todos os seu defeitos e com bem poucas virtudes... Sebastião entra quase sempre depois dos outros.

Será esse processo o de escrever mau? Cremos que não. Mas o que julgamos então necessário é que se recorra aos contrastes, e já que temos o direito de escolher, direito sagrado nas questões da arte, escolhamos também as contradições do mau, que felizmente ainda não são tão raras na sociedade portuguesa.

A queda de Luísa seduzida, deslumbrada pela fatuidade do primo é atribuída a defeito de educação. Será só este defeito? Em idênticas condições de educação e de sedução todas as mulheres cedem? Cremos que não. E legislar e generalizar em tal assunto é sobremodo ousado e injusto. E nada há mais difícil, tanto nas análises clínicas, fisiológicas, sociais e morais, do que estabelecer idênticos estados e meios iguais. Não modificarão a índole do indivíduo as condições do meio?

Os livros histéricos de Lamartine,[6] as paixões exaltadas e exageradas dos românticos são influências perigosas. De acordo.

---

4 Drama do escritor alemão Johann Wolfgang von Goethe (Frankfurt am Main, 1749 – Weimar, 1832). *Fausto*, tragédia dividida em duas partes, precedidas de uma "Invocação" e de dois "Prólogos", teve a primeira apresentação em 1829.

5 O autor do folhetim não deu nenhum destaque ao nome da peça escrita por Molière *L'Avare*, representada pela primeira vez em 1668.

6 Alphonse de Lamartine abordou, na sua produção literária, uma gama variada de gêneros: poesia lírica, história, romance, ensaios, narrativas de viagem, autobiogra-

O *primo Basílio* na imprensa brasileira do século XIX

Mas essas influências vão passando; a literatura hoje, mesmo a amena e recreativa, vai tomando rumo mais certo, e dirige-se a porto mais seguro; deixá-la navegar nas águas que vai; o barco não comporta a força poderosa do vapor; deixem os brandos ventos enfunar-lhes as velas, sigamos tranqüilos a evolução, mas resistamos com vigor e coragem à revolução.

O livro de Eça de Queirós é a revolução.

Pretende num dia curar o doente de séculos. Para isso dilacera-lhe os vestidos que lhe encobrem feridas e pústulas, e quando todos estão horrorizados de vê-las, quando querem retirar-se enojados, ele aplica-lhe o cautério violento e o pobre doente cai morto, mas não curado, no meio das contorções horrorosas da dor, de gritos dilacerantes, cortados aqui e ali pela gargalhada idiota dos que não compreendem aqueles martírios.

Que a sociedade precisa modificar-se, ela própria o sabe; mas o que ela não deseja nem quer é que se ensine a toda ela o que só alguns dos seus miseráveis membros sabem; membros que se não regeneram nem melhoram e que serão com certeza os mais assíduos leitores das páginas do "Paraíso".

E por causa do "Paraíso" a obra perde muito do seu grande valor.

A última parte da obra é incontestavelmente, se não a mais bem observada, pelos menos a mais pensada.

É nela que encerra a moralidade da fábula. As torturas que o adultério faz sofrer à esposa, que trocou os afetos santos do esposo pelas sensações crapulosas de um devasso sem espírito nem dignidade, são escritas com mão de mestre e seriam um salutar remédio que devia ser aplicado a todas, que estão a pique de perder-se.

Esse livro devia ser receitado, na sua última parte, como preservativo; mas devia ser como os remédios aplicados na ocasião própria e não a torto e a direito.

Ninguém toma quinino sem estar infeccionado de febres ou morar à beira de pântanos. E felizmente a nossa sociedade, o meio atual, não é o pântano que muitos pessimistas querem ver.

---

fias. *Harmonias poéticas e religiosas*, antologia de poemas líricos, foram editadas em 1830; o poema *Jocelyn*, em 1836; publicou *História dos girondinos* em 1847. Participou ativamente da Revolução de 1848 como chefe do Governo Provisório.

E tanto assim é verdade que poucos serão os pais, filhos ou irmãos que depois de lerem O primo Basílio vão para casa recomendar a leitura do "Paraíso".

Há sempre uma ocasião azada para o escritor, que se presa, pôr o ponto final.

As cenas do mesmo romance passadas entre Jorge e Luísa na alcova conjugal não fazem corar.

É esta última parte que o autor parece querer que seja o fim moral da sua obra.

O cuidado com que o tratou, a observação mais individual que típica dos seus personagens assim o levam a crer. É nessa parte que entra verdadeiramente em ação o jogo das paixões; é aqui que elas vão de encontro em turbilhão impetuoso contra os caracteres; que os indivíduos deixam cair a máscara social para serem homens; é aqui que Luísa sucumbe ao remorso, que Jorge despreza as conveniências do meio para apenas se lembrar que é um homem que ama uma mulher, embora dela recebesse a ofensa a que lhe fará vergar a fronte durante a vida. O egoísmo de Julião é substituído pela dedicação do médico; o seu sorriso insolente some-se nas rugas do cuidado e da observação.

Achamo-nos aqui à vontade.

Os pesadelos produzidos pela leitura do "Paraíso" esvaíram-se. Vivemos entre homens, estamos aqui, sim, em plena vida. Estamos em casa de Jorge!

E contudo parece-nos que haverá muita gente para quem aquela última parte não seja a moralidade do livro.

Haverá muitos que julgarão que a obra do Sr. Eça de Queirós não é um serviço feito aos que ainda se não deixaram submergir no charco do adultério, mas uma lição aos que já o fizeram; quererão ver no que produz a catástrofe, no que rasga o véu que encobre os olhos de Jorge, nessa carta que chega a propósito para a resolução da crise dramática, um conselho, um aviso, uma presunção às incautas, e tiram, como moralidade, a conveniência que as mulheres casadas têm em queimar as cartas dos amantes, para que as criadas as não encontrem no cesto dos papéis velhos.

Ora, só para isto não era preciso mais de seiscentas páginas. Alexandre Dumas, filho, disse-o mais depressa e com mais espírito no Demi-

O primo Basílio na imprensa brasileira do século XIX

monde.[7] Felizmente o livro é mais do que isso; é um riquíssimo e esmerado trabalho de forma, artisticamente cinzelado; é um estudo verdadeiro dos personagens que apresenta, uma obra notável pelo cunho da individualidade artística do autor; um primor, no seu gênero, na moderna literatura portuguesa.

Estas poucas linhas que para aí ficam não se elevam às alturas pretensiosas duma crítica à obra de Eça de Queirós, nem muito menos pretendem discutir *escolas*. São apenas um testemunho de apreço pela obra que tanta sensação tem causado no mundo das letras.

Outros, de pulso mais firme, se encarregarão do que não soubemos nem pretendemos fazer.

L.[8]

---

7 Alexandre Dumas, filho (Paris, 1824 – Marly-le-Roi, 1895). Romancista e teatrólogo que entendia o teatro como um espaço de debate de importantes questões sociais, assim como de regeneração social. Sua obra mais conhecida, *A Dama das Camélias*, foi a princípio um drama teatral em cinco atos, que estreou no teatro de Vaudeville de Paris em 1852, convertido, mais tarde, em romance. Segundo João Roberto Faria, *A Dama das Camélias* foi representada no Ginásio Dramático do Rio de Janeiro em 7 de fevereiro de 1856, tendo sido aguardada com grande expectativa. Com o sucesso da peça (catorze representações seguidas), o Ginásio apostou em *Le demimonde* do mesmo autor, cuja estréia ocorreu em 23 de março, apenas um ano após a sua aparição em Paris (20 de março de 1855). (cf. Faria, 1993, p.82-4.)

8 Arnaldo Faro (1977, p.131), citando José Galante de Sousa (*Fontes para o estudo de Machado de Assis*, p.20), admitiu a possibilidade da letra **L.** referir-se a Ferreira de Araújo. José Ferreira de Sousa Araújo (1846–1900), médico por formação, foi um dos fundadores em 1874 da *Gazeta de Notícias* (GN). Assinava suas matérias jornalísticas utilizando os pseudônimos de Lulu Sênior, José Telha e Lélio. Assinando José Telha, publicou em 1888 *Macaquinhos no sótão*. Foi objeto de zombarias de Arthur de Azevedo (São Luís, 1855 – Rio de Janeiro, 1908), proprietário da *Gazetinha*, que não poupava o proprietário do grande jornal rival, aludindo freqüentemente à sua obesidade. A esse respeito, escreveu Raimundo Magalhães Júnior (1966, p.68): "É que Ferreira de Araújo, o *José Telha*, era gordo como homem e prolixo como escritor". Machado de Assis, na carta obituária em homenagem a Eça de Queirós, publicada em 24 de agosto de 1900 na *Gazeta de Notícias*, referiu-se ao falecimento de Ferreira de Araújo comparando-o, de certa forma, ao escritor português. Em 21 de setembro, do mesmo ano e no mesmo jornal, numa carta endereçada a Henrique Chaves, Machado voltou a elogiar Ferreira de Araújo, enaltecendo-o como "escritor, ... cidadão, ... pai de família [e] jornalista emérito".

5
O primo Basílio por Eça de Queirós

Folhetim assinado por Eleazar
O Cruzeiro, ano I, n.106
terça-feira, 16 de abril de 1878

Um dos bons e vivazes talentos da atual geração portuguesa, o Sr. Eça de Queirós, acaba de publicar o seu segundo romance, *O primo Basílio*. O primeiro, *O crime do padre Amaro*, não foi decerto a sua estréia literária. De ambos os lados do Atlântico, apreciávamos há muito o estilo vigoroso e brilhante do colaborador do Sr. Ramalho Ortigão, naquelas agudas *Farpas*, em que, aliás, os dois notáveis escritores formaram um só. Foi a estréia no romance, e tão ruidosa estréia, que a crítica e o público, de mãos dadas, puseram desde logo o nome do autor na primeira galeria dos contemporâneos. Estava obrigado a prosseguir na carreira encetada; digamos melhor, a colher a palma do triunfo. Que é, e completo e incontestável.

Mas esse triunfo é somente devido ao trabalho real do autor? *O crime do padre Amaro* revelou desde logo as tendências literárias do Sr. Eça de Queirós e a escola a que abertamente se filiava. O Sr. Eça de Queirós é um fiel e aspérrimo discípulo do realismo propagado pelo autor de *Assommoir*.[1] Se fora simples copista, o dever da crítica era deixá-lo, sem defesa,

---

1 *L' assommoir*, romance de Émile Zola (Paris, 1840 – Paris, 1902), teve sua primeira edição em 1877.

nas mãos do entusiasmo cego, que acabaria por matá-lo; mas é homem de talento, transpôs ainda há pouco as portas da oficina literária; e eu, que lhe não nego a minha admiração, tomo a peito dizer-lhe francamente o que penso, já da obra em si, já das doutrinas e práticas, cujo iniciador é, na pátria de Alexandre Herculano e no idioma de Gonçalves Dias.[2]

Que o Sr. Eça de Queirós é discípulo do autor do *Assommoir*, ninguém há que o não conheça. O próprio *Crime do padre Amaro* é imitação do romance de Zola, *La faute de l'abbé Mouret*.[3] Situação análoga, iguais tendências; diferença no meio; diferença no desenlace; idêntico estilo; algumas reminiscências, como no capítulo da missa, e outras; enfim, o mesmo título. Quem os leu a ambos, não contestou decerto a originalidade do Sr. Eça de Queirós, porque ele a tinha, e tem, e a manifesta de modo afirmativo; creio até que essa mesma originalidade deu motivo ao maior defeito na concepção d'*O crime do padre Amaro*. O Sr. Eça de Queirós alterou naturalmente as circunstâncias que rodeavam o padre Mouret, administrador espiritual de uma paróquia rústica, flanqueado de um padre austero e ríspido; o padre Amaro vive numa cidade de província, no meio de mulheres, ao lado de outros que do sacerdócio só têm a batina e as propinas; vê-os concupiscentes e maritalmente estabelecidos, sem perderem um só átomo de influência e consideração. Sendo assim não se compreende o terror do padre Amaro no dia em

---

2 Antônio Gonçalves Dias (Caxias, 1823 – Guimarães, 1864). Considerado por muitos o melhor poeta do romantismo brasileiro e um dos maiores poetas do Brasil. Escreveu *Primeiros cantos* (1846), *Segundos cantos* e *Sextilhas de frei Antão* (1848), *Últimos cantos* (1851), *Os timbiras* (1857). Foi também teatrólogo. Escreveu, entre 1843 e 1850, o drama *Beatriz Cenci*, logo proibido no Brasil pelo Conservatório Dramático por se tratar da história de uma relação incestuosa entre pai e filha, seguida de um parricídio, e a obra-prima do teatro brasileiro *Leonor de Mendonça*. Em 1848 publicou, sob o pseudônimo Optimus Criticus, um conjunto de artigos em folhetins no jornal *Correio da Tarde* (CT) sobre o poema *A independência do Brasil*, de Antônio Gonçalves Teixeira e Sousa (Cabo Frio, 1812 – Rio de Janeiro, 1861).

3 A apresentação precisa da data de publicação de *La faute de l'abbé Mouret* foi essencial para que Eça de Queirós pudesse se defender da séria acusação de plágio que lhe fizera Machado de Assis. A primeira edição desse romance de Zola é de 1875, enquanto *O crime do padre Amaro* foi publicado em folhetins no ano de 1874.

que do seu erro lhe nasce um filho, e muito menos se compreende que o mate. Das duas forças que lutam na alma do padre Amaro, uma é real e efetiva – o sentimento da paternidade; a outra é quimérica e impossível – o terror da opinião, que ele tem visto tolerante e cúmplice no desvio de seus confrades; e não obstante, é esta a força que triunfa. Haverá aí uma verdade moral?

Ora bem, compreende-se a ruidosa aceitação d'*O crime do padre Amaro*.[4] Era realismo implacável, conseqüente, lógico, levado à puerilidade e à obscuridade. Víamos aparecer na nossa língua um realista sem rebuço, sem atenuações, sem melindres, resoluto a vibrar o camartelo no mármore da outra escola, que aos olhos do Sr. Eça de Queirós parecia uma simples ruína, uma tradição acabada. Não se conhecia no nosso idioma aquela reprodução fotográfica e servil das coisas mínimas e ignóbeis. Pela primeira vez, aparecia um livro em que o escuso e o – digamos o próprio termo, pois tratamos de repelir a doutrina, não o talento, e menos o homem – em que o escuso e o torpe eram tratados com um carinho minucioso e relacionados com uma exação de inventário. A gente de gosto leu com prazer alguns quadros, excelentemente acabados, em que o Sr. Eça de Queirós esquecia por minutos as preocupações da escola; e, ainda nos quadros que lhe destoavam, achou mais um rasgo feliz, mais uma expressão verdadeira; a maioria, porém, atirou-se ao inventário. Pois que havia de fazer a maioria, senão admirar a fidelidade de um autor, que não esquece nada, e não oculta nada? Porque a nova poética é isto, e só chegará à perfeição no dia em que nos disser o número exato dos fios de que se compõe um lenço de cambraia ou um esfregão de cozinha. Quanto à ação em si, e os episódios que a esmaltam, foram um dos atrativos d'*O crime do padre Amaro*, e o maior deles; tinham o mérito do pomo defeso. E tudo isso, saindo das mãos de um homem de talento, produziu o sucesso da obra.

Certo da vitória, o Sr. Eça de Queirós reincidiu no gênero, e trouxe-nos *O primo Basílio*, cujo êxito é evidentemente maior que o do primeiro

---

4 Ao contrário da afirmação de Machado de Assis, *O crime do padre Amaro* não teve imediato sucesso de público. Foi a boa aceitação de *O primo Basílio* que despertou o interesse de muitos pelo livro anterior de Eça de Queirós.

romance, sem que, aliás, a ação seja mais intensa, mais interessante ou vivaz, nem mais perfeito o estilo. A que atribuir a maior aceitação deste livro? Ao próprio fato da reincidência, e, outrossim, ao requinte de certos lances, que não destoaram do paladar público. Talvez o autor se enganou em um ponto. Uma das passagens que maior impressão fizeram, n'*O crime do padre Amaro*, foi à palavra de calculado cinismo, dita pelo herói. O herói d'*O primo Basílio* remata o livro com um dito análogo; e, se no primeiro romance é ele característico e novo, no segundo é já rebuscado, tem um ar de *clichê*; enfastia. Excluído esse lugar, a reprodução dos lances e do estilo é feita com o artifício necessário, para lhes dar novo aspecto e igual impressão.

Vejamos o que é *O primo Basílio* e comecemos por uma palavra que há nele. Um dos personagens, Sebastião, conta a outro o caso de Basílio, que, tendo namorado Luísa em solteira, estivera para casar com ela; mas falindo o pai, veio para o Brasil, donde escreveu desfazendo o casamento; – Mas é a *Eugênia Grandet!*,[5] exclama o outro. O Sr. Eça de Queirós incumbiu-se de nos dar o fio da sua concepção. Disse talvez consigo: – Balzac separa os dois primos, depois de um beijo (aliás, o mais casto dos beijos). Carlos vai para a América; a outra fica, e fica solteira. Se a casássemos com outro, qual seria o resultado do encontro dos dois na Europa? Se tal foi a reflexão do autor, devo dizer, desde já, que de nenhum modo plagiou os personagens de Balzac. A Eugênia deste, a provinciana singela e boa, cujo corpo, aliás robusto, encerra uma alma apaixonada e sublime, nada tem com a Luísa do Sr. Eça de Queirós. Na Eugênia há uma personalidade acentuada, uma figura moral, e que por isso mesmo nos interessa e prende; a Luísa – força é dizê-lo – a Luísa é um caráter negativo, e no meio da ação ideada pelo autor, é antes um *títere* do que uma pessoa moral.

Repito, é um *títere*; não quero dizer que não tenha nervos e músculos; não tem mesmo outra coisa; não lhe peçam paixões ou remorsos; menos ainda consciência.

---

5 Esse diálogo entre Sebastião e Julião se passa no capítulo IV de *O primo Basílio*. O romance *Eugênia Grandet*, de Balzac, foi publicado em 1833.

Casada com Jorge, faz este uma viagem ao Alentejo, ficando ela sozinha em Lisboa; aparece-lhe o primo Basílio, que a amou em solteira. Ela já o não ama; quando leu a notícia da chegada dele, doze dias antes, ficou muito "admirada"; depois foi cuidar dos coletes do marido. Agora, que o vê, começa por ficar nervosa; ele lhe fala das viagens, do patriarca de Jerusalém, do papa, das luvas de oito botões, de um rosário e dos namoros de outro tempo; diz-lhe que estimara ter vindo justamente na ocasião de estar o marido ausente. Era uma injúria: Luísa fez-se escarlate; mas a despedida dá-lhe a mão a beijar, dá-lhe até a entender que o espera no dia seguinte. Ele sai; Luísa sente-se "afogueada, cansada", vai despir-se diante de um espelho, "olhando-se muito, gostando de se ver branca". A tarde e a noite gasta-as a pensar ora no primo, ora no marido. Tal é o intróito de uma queda, que nenhuma razão moral explica, nenhuma paixão, sublime ou subalterna, nenhum amor, nenhum despeito, nenhuma perversão sequer. Luísa resvala no lodo, sem vontade, sem repulsa, sem consciência; Basílio não faz mais do que empuxá-la, como matéria inerte, que é. Uma vez rolada ao erro, como nenhuma flama espiritual a alenta, não acha ali a saciedade das grandes paixões criminosas: rebolca-se simplesmente.

Assim, essa ligação de algumas semanas, que é o fato inicial e essencial da ação, não passa de um incidente erótico, sem relevo, repugnante, vulgar. Que tem o leitor do livro com essas duas criaturas sem ocupação nem sentimentos? Positivamente nada.

E aqui chegamos ao defeito capital da concepção do Sr. Eça de Queirós. A situação tende a acabar, porque o marido está prestes a voltar do Alentejo, e Basílio começa a enfastiar-se, e, já por isso, já porque o instiga um companheiro seu, não tardará a trasladar-se a Paris. Interveio, neste ponto, uma criada, Juliana, o caráter mais completo e verdadeiro do livro; Juliana está enfadada de servir; espreita um meio de enriquecer depressa; logra apoderar-se de quatro cartas; é o triunfo, e a opulência. Um dia em que a ama lhe ralha com aspereza, Juliana denuncia as armas que possui. Luísa resolve fugir com o primo; prepara um saco de viagem, mete dentro alguns objetos, entre eles um retrato do marido. Ignoro inteiramente a razão fisiológica ou psicológica desta precaução de ternura conjugal: deve haver alguma; em todo caso, não é

O *primo Basílio* na imprensa brasileira do século XIX

aparente. Não se efetua a fuga, porque o primo rejeita essa complicação; limita-se a oferecer o dinheiro para reaver as cartas – dinheiro que a prima recusa –, despede-se e retira-se de Lisboa. Daí em diante o cordel que move a alma inerte de Luísa passa das mãos de Basílio para a da criada. Juliana, com a ameaça nas mãos, obtém de Luísa tudo, que lhe dê roupa, que lhe troque a alcova, que lha forre de palhinha, que a dispense de trabalhar. Faz mais: obriga-a a varrer, a engomar, a desempenhar outros misteres imundos. Um dia Luísa não se contém; confia tudo a um amigo de casa, que ameaça a criada com a polícia e a prisão, e obtém assim as fatais letras. Juliana sucumbe a um aneurisma; Luísa, que já padecia com a longa ameaça e perpétua humilhação, expira alguns dias depois.

Um leitor perspicaz terá já visto a incongruência da concepção do Sr. Eça de Queirós, e a inanidade do caráter da heroína. Suponhamos que tais cartas não eram descobertas, ou que Juliana não tinha a malícia de as procurar, ou enfim que não havia semelhante fâmula em casa, nem outra da mesma índole. Estava acabado o romance, porque o primo enfastiado seguiria para a França, e Jorge regressaria do Alentejo; os dois esposos voltariam à vida exterior.

Para obviar a esse inconveniente, o autor inventou a criada e o episódio das cartas, as ameaças, as humilhações, as angústias e logo a doença e a morte da heroína. Como é que um espírito tão esclarecido, como o do autor, não viu que semelhante concepção era a coisa menos congruente e interessante do mundo? Que temos nós com essa luta intestina entre a ama e a criada, e em que nos pode interessar a doença de uma e a morte de ambas? Cá fora, uma senhora que sucumbisse às hostilidades de pessoa de seu serviço, em conseqüência de cartas extraviadas, despertaria certamente grande interesse, e imensa curiosidade; e, ou a condenássemos, ou lhe perdoássemos, era sempre um caso digno de lástima. No livro é outra coisa. Para que Luísa me atraia e me prenda, é preciso que as tribulações que a afligem venham dela mesma; seja uma rebelde ou uma arrependida; tenha remorsos ou imprecações; mas, por Deus!, dê-me a sua pessoa moral. Gastar o aço da paciência a fazer tapar a boca de uma cobiça subalterna, a substituí-la nos misteres ínfimos, a defendê-la dos ralhos do marido, é cortar todo o vínculo moral entre ela e nós. Já nenhum há, quando Luísa adoece e morre. Por quê? Porque sabemos que a catástrofe é o resultado de uma circunstância fortuita, e nada mais; e conseqüentemente por esta razão capital: Luísa não tem remorsos, tem medo.

Se o autor, visto que o realismo também inculca vocação social e apostólica, intentou dar no seu romance algum ensinamento ou demonstrar com ele alguma tese, força é confessar que o não conseguiu, a menos de supor que a tese ou ensinamento seja isto: – A boa escolha dos fâmulos é uma condição de paz no adultério. A um escritor esclarecido e de boa fé, como o Sr. Eça de Queirós, não seria lícito contestar que, por mais singular que pareça a conclusão, não há outra no seu livro. Mas o autor poderia retorquir: – Não, não quis formular nenhuma lição social ou moral; quis somente escrever uma hipótese; adoto o realismo, porque é a verdadeira forma da arte e a única própria do nosso tempo e adiantamento mental; mas não me proponho a lecionar ou curar; exerço a patologia, não a terapêutica. A isso responderia eu com vantagem: – Se escreveis uma hipótese dai-me a hipótese lógica, humana verdadeira. Sabemos todos que é aflitivo o espetáculo de uma grande dor física; e, não obstante, é máxima corrente em arte, que semelhante espetáculo, no teatro, não comove a ninguém; ali vale somente a dor moral. Ora bem; aplicai esta máxima ao vosso realismo, e sobretudo proporcionai o efeito à causa, e não exijais a minha comoção a troco de um equívoco.

E passemos agora ao mais grave, ao gravíssimo.

Parece que o Sr. Eça de Queirós quis dar-nos na heroína um produto de educação frívola e da vida ociosa; não obstante, há aí traços que fazem supor, à primeira vista, uma vocação sensual. A razão disso é a fatalidade das obras do Sr. Eça de Queirós – ou, noutros termos, do seu realismo sem condescendência: é a sensação física. Os exemplos acumulam-se de página a página; apontá-los, seria reuni-los e agravar o que há neles desvendado e cru. Os que de boa fé supõem defender o livro, dizendo que podia ser expurgado de algumas cenas, para só ficar o pensamento moral ou social que o engendrou, esquecem ou não reparam que isso é justamente a medula da composição. Há episódios mais crus do que outros. Que importa eliminá-los? Não poderíamos eliminar o tom

O *primo Basílio* na imprensa brasileira do século XIX

do livro. Ora, o tom é o espetáculo dos ardores, exigências e perversões físicas. Quando o fato lhe não parece bastante caracterizado com o termo próprio, o autor acrescenta-lhe outro impróprio. De uma carvoeira, à porta da loja, diz ele que apresentava a "gravidez bestial". Bestial por quê? Naturalmente, porque o adjetivo avoluma o substantivo e o autor não vê ali o sinal da maternidade humana; vê um fenômeno animal, nada mais.

Com tais preocupações de escola, não admira que a pena do autor chegue ao extremo de correr o reposteiro conjugal; que nos talhe as suas mulheres pelos aspectos e trejeitos da concupiscência; que escreva reminiscências e alusões de um erotismo que Proudhon chamaria onissexual e onímodo; que no meio das tribulações que assaltam a heroína, não lhe infunda no coração, em relação ao esposo, as esperanças de um sentimento superior, mas somente os cálculos da sensualidade e os "ímpetos de concubina"; que nos dê as cenas repugnantes do "Paraíso"; que não esqueça sequer os desenhos torpes de um corredor de teatro. Não admira; é fatal; tão fatal quanto a outra preocupação correlativa. Ruim moléstia é o catarro; mas por que hão de padecer dela os personagens do Sr. Eça de Queirós? N'*O crime do padre Amaro* há bastantes afetados de tal achaque; n'*O primo Basílio* fala-se apenas de um caso: um indivíduo que morreu de catarro na bexiga. Em compensação há infinitos "jatos escuros de saliva". Quanto à preocupação constante do acessório, bastará citar as confidências de Sebastião a Julião, feitas casualmente à porta e dentro de uma confeitaria, para termos ocasião de ver reproduzidos o mostrador e as suas pirâmides de doces, os bancos, as mesas, um sujeito que lê um jornal e cospe a miúdo, o choque das bolas de bilhar, uma rixa interior, e outro sujeito que sai a vociferar contra o parceiro; bastará citar o longo jantar do conselheiro Acácio (transcrição do personagem de Henri Monnier);[6] finalmente, o capítulo do teatro de S. Carlos, qua-

---

6 Henry Bonaventure Monnier (Paris, 1799 – Paris, 1877). Autor de litografias, literato, dramaturgo e ator. Escreveu: *Cenas populares* (1830); *Cenas da cidade e do campo* (1841); *Os burgueses de Paris: cenas cômicas* (1854); *Paris e a província* (1866). Machado-Eleazar associou, na passagem acima, o personagem de Eça de Queirós, o conselheiro Acácio, ao Joseph Prudhomme, herói de Monnier, que foi co-autor da

se no fim do livro. Quando todo o interesse se concentra em casa de Luísa, onde Sebastião trata de reaver as cartas subtraídas pela criada, descreve-nos o autor uma noite inteira de espetáculo, a platéia, os camarotes, a cena, uma altercação de espectadores.

Que os três quadros estão acabados com muita arte, sobretudo o primeiro, é coisa que a crítica imparcial deve reconhecer; mas, por que avolumar tais acessórios até o ponto de abafar o principal?

Talvez estes reparos sejam menos atendíveis, desde que o nosso ponto de vista é diferente. O Sr. Eça de Queirós não quer ser realista mitigado, mas intenso e completo; e daí vem que o tom carregado das tintas, que nos assusta, para ele é simplesmente o tom próprio. Dado, porém, que a doutrina do Sr. Eça de Queirós fosse verdadeira, ainda assim cumpre não acumular tanto as cores, nem acentuar tanto as linhas; e quem o diz é o próprio chefe da escola, de quem li, há pouco, e não sem pasmo, que o perigo do movimento realista é haver quem suponha que o traço grosso é o traço exato. Digo isto no interesse do talento do Sr. Eça de Queirós, não no da doutrina que lhe é adversa; porque a esta o que mais importa é que o Sr. Eça de Queirós escreva outros livros como *O primo Basílio*. Se tal suceder, o realismo na nossa língua será estrangulado no berço; e a arte pura, apropriando-se do que ele contiver aproveitável (porque o há, quando se não despenha no excessivo, no tedioso, no obsceno, e até no ridículo), a arte pura, digo eu, voltará a beber aquelas águas sadias do *Monge de Cister*,[7] do *Arco de Sant'Ana*[8] e do *Guarani*.[9] A

---

peça *Grandeza e decadência de Joseph Prudhomme*, encenada pela primeira vez em 1852, em Paris. Cinco anos mais tarde, Monnier publicou o livro *Memórias de Joseph Prudhomme* (1857), caracterizando um burguês vaidoso, vazio, de falso bom senso, que ostentava uma linguagem ornada de lugares-comuns. Algumas expressões de Prudhomme ("O carro do Estado navega sobre um vulcão"; "Se tirardes o homem da sociedade, vós o isolais") tornaram-se tão célebres quanto as de seu sósia eciano e português, o conselheiro Acácio.

7 Os dois volumes de *O monge de Cister*, de Alexandre Herculano, foram publicados em 1848.

8 Os tomos I e II do *Arco de Sant'Ana*, de Almeida Garret, foram lançados, respectivamente, em 1845 e 1850.

9 O ano da primeira edição de *O guarani*, de José de Alencar, foi 1857.

O primo Basílio na imprensa brasileira do século XIX

atual literatura portuguesa é assaz rica de força e talento para podermos afiançar que este resultado será certo, e que a herança de Garret se transmitirá intacta às mãos da geração vindoura.

Eleazar[10]

---

10 Eleazar foi o pseudônimo usado por Joaquim Maria Machado de Assis (Rio de Janeiro, 1839 – Rio de Janeiro, 1908) para assinar os folhetins publicados em *O Cruzeiro* (OC). Em setembro de 1878, cessou a sua colaboração nesse diário. Na *Bíblia*, no Antigo Testamento, quatro personagens aparecem com o nome de Eleazar. O primeiro, num dos livros que compõem o Pentateuco, *Números*, Eleazar é o filho e sucessor do grande sacerdote Aaron (Nm 20,25-28). Em Samuel II (23,9), Eleazar seria um dos "três valentes" de Davi na luta contra os filisteus. Esse mesmo personagem ressurge em Crônicas I (11,12) como um dos homens poderosos do reinado de Davi. Em Macabeus I (6, 43-46), é o irmão de Judas Macabeu, e ao lado deste combate os Selêucidas, morrendo em combate. Em Macabeus II (6,18-31), um personagem de mesmo nome aparece na pele não de um guerreiro, mas de um ancião de noventa anos, que prefere sacrificar a vida a desrespeitar os costumes e os preceitos da sua religião. Os dois livros dos Macabeus narram a história das lutas travadas pelos judeus contra os soberanos selêucidas no esforço para garantir sua liberdade religiosa e política. O título do livro provém do apelido de Macabeu dado ao principal herói dessa história. Dos quatro personagens, Machado escolheu seu pseudônimo baseado, ao que parece, na história do ancião. Algumas razões indicariam os motivos dessa escolha. De fato, Eleazar, o velho, negou-se a transigir com o que julgava ser verdadeiro e justo: negou-se a comer a carne impura dos sacrifícios de animais dedicados aos deuses pagãos (2Mc 6,21). Além disso, optou pelo sacrifício, rejeitando a farsa que lhe era proposta pelos algozes ("apenas simulasse comer das carnes prescritas pelo rei"), entendendo que sua morte exerceria uma função edificadora na formação da juventude. Caso contrário, muitos jovens, persuadidos de que Eleazar teria sucumbido aos costumes estrangeiros, seriam instados a fazer o mesmo (2Mc 6, 24;25). E, finalmente, o ancião era "escriba" de profissão, a mesma atividade, em certa medida, exercida pelo folhetinista de *O Cruzeiro*.

6
Folhetim Sem Malícia

Provavelmente de autoria de Carlos de Laet
Jornal do Commercio, ano 57, n.107
quarta-feira, 17 de abril de 1878

Se não temêssemos que se levantassem contra nós todos os folhetinistas havidos e por haver, escrevíamos agora um folhetim inteiramente realista!

Realista na idéia e na forma.

Levaríamos as minúcias descritivas da nova escola até onde começassem as descrições espinhosas das cenas do "Paraíso"; não o dos bem-aventurados; mas o do Sr. Eça de Queirós, ou, antes, do sedutor *Primo Basílio*.

O realismo tem, a falar a verdade, um fundo de comodidade, que, quando não tivesse outras vantagens, tinha a de nos permitir ser, pelo menos, *malcriados*!

O *shocking* dos escrupulosos súditos britânicos foi que sofreu mais com essas liberdades realistas.

Por toda a parte poderá a escola realista estender as suas raízes, menos em Inglaterra.

Se um romancista inglês se lembrar um dia de escrever um romance realista, caem-lhe em cima o sexo belo e o feio, com mais indignação do que se ele houvesse deixado de tirar o chapéu ao ouvir o respeitável "*God save the Queen!*".[1]

Contra as tendências da nova escola nua e crua, como nô-la querem apresentar alguns, a mais importante e poderosa cruzada é promovida pelos indivíduos bem-educados.

E assim deve ser.

Não há razão aceitável para apresentar diante dos olhos do leitor o que a gente em casa esconde às visitas.

Se um escritor, logo que não tenha em mira escrever exclusivamente para as ínfimas camadas sociais, tem direito de lançar no seu livro as mais repelentes expressões, as mais repugnantes asquerosidades, por que razão na sociedade se não há de permitir de viva voz essa linguagem grosseira, por que motivo não nos poderíamos entregar à prática desses mesmos atos, que já tiveram a honra de ser cantados em caracteres de imprensa?

É necessário que o leitor esteja afinado pelo diapasão do livro.

Ou então o livro não é do seu tempo, ou vice-versa, não é o leitor da época do livro.

Mais severidade deveria haver ainda na forma conveniente das expressões do livro, do que mesmo na do homem que freqüenta a sociedade.

Este carece de apresentação para ter entrada nas casas honestas; o livro insinua-se com mais facilidades e esconde-se com mais presteza.

Um chefe de família, de princípios ríspidos e severos, tem a certeza de, ao cabo de uma minuciosa inspeção noturna – quase sempre feita com o castiçal em uma das mãos e a bengala na outra –, poder ir deitar-se sossegado, com a certeza de que não ficou nem meliante, nem *lovelace* escondidos em sua casa.

Mas poderá levar ele o rigor da pesquisa a ponto de dizer que não ficou oculto no quarto de suas filhas um *Primo Basílio*, encadernado ou em brochura?

Será um tanto difícil!

---

[1] Hino nacional britânico.

O que desde já se vê é que a escola realista, quer na arte, quer na literatura, tem de restringir a sua circulação a uma roda limitada.

Se assim não fosse, maus juízos ficaríamos fazendo da moralidade e da polidez da futura geração.

A máxima *nem todas as verdades se dizem* devia estar presente ao espírito dos romancistas da nova escola.

Muito mais que para o crédito do seu talento não há necessidade dizê-las todas.

Em todo o caso, justiça seja feita ao notável romancista Eça de Queirós, por muito minuciosa que fosse a descrição do quarto das criadas, escaparam ainda assim alguns objetos, que figuram indispensavelmente em todos os quartos e que o autor do *Primo Basílio* poupou; não por asseio, mas para que não fizesse cair de todo no ridículo as miúdas exagerações da escola realista.

Mas *de cá se vai a lá*, como diz o ditado.

Se pega a moda do realismo puro, acabaremos por ler nos romances tudo quanto se esconde na realidade da vida; e não virá muito longe a época em que certas expressões, que nos livros aparecem hoje entestadas unicamente com as iniciais, se ostentem de futuro acompanhadas de todas as letras por extenso, para edificação dos leitores e das quitandeiras!

Imagine o leitor que a literatura jornalística, arrastada pela febre realista, lhe trazia diante de seus olhos as mais verdadeiras, reais e necessárias questões, visto que o princípio utilitário é a cota d'armas com que a escola nova justifica os seus desmandos; imagine que lhe falávamos dos canos de esgoto com tal força de verdade de descrição, que os obrigava a levarem o lenço ao nariz; que lhe descrevíamos, com o todo requinte das minudências, o nauseabundo estado dos nossos mictórios; que íamos aos cemitérios, para lhe mostrar o estado mais ou menos putrefato dos cadáveres, imagine tudo isso; e ainda que éramos peritos nesse gênero de exegeses; o que faria o leitor?

Dobrava o jornal com todo o cuidado e deixava de o ler; antes de jantar, para lhe não tirar o apetite; depois para não lhe perturbar a digestão.

Para se apreciar o realismo são necessárias duas qualidades essenciais: a educação fraca e estômago forte.

Quem não tiver esses predicados só poderá habituar-se a esse gênero revoltante pelo processo por que se habituam os cirurgiões a ver sem se enojar os aspectos das chagas e das podridões do corpo humano.

É questão de necessidade e de teima.

Com a teimosia e persistência consegue-se até vencer a rigidez do aço. E o aço é quase tão duro como o realismo.

[O folhetim continua nesse passo a versar sobre assuntos outros que não o realismo. Refere-se à arte da ourivesaria, descrevendo um trabalho desse gênero exposto numa casa comercial da Rua do Ouvidor. O autor aponta para a necessidade de se estabelecer na Academia Imperial de Belas-Artes um curso sobre gravura em madeira, pois os jornais são ilustrados por esse meio técnico. O artigo encerra-se com a crítica ao desinteresse do Estado para com os trabalhos artísticos, sugerindo aos financeiramente desvalidos artistas lançarem mão de um recurso]: o de escrever romances realistas!

Quanto mais realistas forem eles, mais aceitação hão de ter.
Levem o decotado da escola ao seu maior auge.
De livros escritos assim se pode dizer: *quanto mais realista mais peixe!*

[Carlos de Laet]

7
Ainda *O primo Basílio*

Folhetim assinado por S. Saraiva
Gazeta de Notícias, ano IV, n.108
sábado, 20 de abril de 1878

Poucas vezes tenho visto exercer tão severamente a crítica como o fez o Eleazar, distinto e erudito folhetinista do *Cruzeiro*, a propósito do último livro de Eça de Queirós – *O primo Basílio*.

Aqueles que por sistema esperam a manifestação de opiniões autorizadas, para se resolverem a ler as obras que as provocaram, depois do folhetim a que nos referimos só têm uma coisa a fazer – não ler o livro de Eça de Queirós.

O ilustre crítico, examinando minuciosamente a obra, manifestando-se abertamente contra a escola a que ela se filia, falando da originalidade do autor como de uma coisa muito problemática, fazendo a autópsia dos seus personagens e concluindo que Eça de Queirós é um discípulo de Zola, não encontrou nenhuma beleza, nem um capítulo em que se revele o talento do autor que, aliás, reconhece. Ao contrário, só achou reminiscências de outras obras, incongruência na concepção e até motivos para o leitor se enfadar.

Vejamos, pois, até que ponto são justas as acusações, até que ponto são admissíveis os reparos do ilustre crítico.

Não discuto preferências de escolas; de nada serviria para o caso em questão, o que me parece, todavia, de que desde que há pontos de vista diferentes, a crítica não pode ser exercida com imparcialidade e sem preocupação de gêneros.

Eleazar é evidentemente adverso à escola a que se filiou o autor do *Crime do padre Amaro* e necessariamente por isso é obrigado a combater a causa e o efeito, a escola e o livro.

O adversário não poderá ser nunca o melhor juiz.

Mas digamos o que é *O primo Basílio*. A nosso ver, é ele a mais acentuada manifestação do gênero da literatura que se trata de implantar.

Debaixo desse ponto de vista, isto é, como produto do realismo, é o novo livro uma obra mal-feita, ou corresponde exatamente às exigências do seu gênero?

Parece-me ser este o único ponto em que se pode assentar uma apreciação despreocupada, desembaraçada de quaisquer laços que prendam o espírito da crítica a esta ou àquela escola.

O que fez Eça de Queirós?

Aproveitou o trivialíssimo episódio de um adultério sem escândalo, transplantou para o livro o viver, o caráter, os hábitos, os defeitos, as virtudes dos seus personagens, e, com mais apurado processo de observação, com o mais escrupuloso respeito à verdade, apresenta-nos uma mulher adúltera, que não é morta pelo marido, que não se envenena, que não foge com o amante, que não é repelida pela sociedade, mas que sucumbe à sua vergonha e às mil torturas que o seu passo errado lhe acarretou.

É inverossímil a ação do romance?

São falsos os caracteres que neles figuram? Estão as suas palavras em contradição com a sua maneira de agir?

É isto, ou o contrário que convém demonstrar.

Tratando a heroína do romance, assevera Eleazar que Luísa é um caráter negativo e no meio da ação idealizada pelo autor é antes um *títere* do que uma pessoa moral; tem nervos e músculos, mas não tem consciência, não tem remorsos, não tem paixões.

O caráter de Luísa, que tão extraordinário pareceu ao ilustre Eleazar, é ou não o caráter ordinário da mulher moderna, fraca, fútil e leviana? Há mulheres como Luísa ou não as há? É este caráter uma fotografia ou o produto da imaginação do autor?

Parece-me que não se pode negar a verdade do caráter de Luísa. Se o autor tivesse procurado para sua heroína uma mulher forte e enérgica, menos sensual, menos dócil, e mais austera, havia forçosamente de dar uma outra diretriz à sua ação.

Não creio que a crítica tenha o direito de perguntar ao artista por que escolheu estes ou aqueles caracteres, esta ou aquela maneira de os pôr em movimento.

Por certo que não pode ir até lá o nosso direito, que apenas está limitado a aceitar a obra de arte como um fato, a ver se ele é falso ou verdadeiro e se está em harmonia com o meio onde se fez a sua elaboração.

Por que é Luísa um *títere*? Porque se deixa fascinar pela calculada perfídia de Basílio, porque depois de sair, não tem a força para se erguer, porque depois de descoberta a sua falta por Juliana, não tem a energia para sair de uma posição humilhante, Luísa é um *títere* por essas razões.

Mas o que são todas as mulheres, com aquele temperamento, com aquela educação e em casos análogos? São *títeres* evidentemente. Mas não seria o pensamento de Eça de Queirós, simplesmente com auxílio dos fatos que expõe, demonstrar que todas as mulheres, em tais circunstâncias, ficam reduzidas à inconsciente posição de *títeres* e que é dessa posição que lhes há de vir o arrependimento ou o castigo?

E depois, acrescenta Eleazar, Luísa não tem remorsos, não tem arrependimento, não tem consciência – tem apenas medo do marido. Isto, que é apontado como um defeito, nos parece a coisa mais lógica deste mundo, porque não vemos a contradição que há entre o caráter de Luísa e o medo que ela manifesta. Se Luísa fosse simplesmente um títere, por certo não teria medo: os títeres não têm medo. Luísa, porém, que efetivamente fica reduzida a títere, não o é senão pelas circunstâncias que a rodeiam.

Se efetivamente ela não tivesse consciência, não tivesse remorsos, não a humilharia aos seus próprios olhos a posição em que se vê colocada. Transige com Juliana, sofre-a, trata-a bem, é verdade; mas fica tranqüila? Essa *perpétua humilhação* não a leva ao túmulo?

Com grande espanto nosso, pergunta Eleazar: "– que temos nós com essa luta intestina entre a ama e a criada?".

Pois não é exatamente uma luta a parte principal do livro? Não prova ela que, apesar do delito de Luísa não lhe ter acarretado o desprezo das suas relações, que apesar de o marido não saber, a mulher que cai pode sofrer as maiores torturas, torturas de todos os dias, de todas as horas e de todas os momentos? Não, Luísa é um caráter fraco, mas não é um títere: bem o prova a cena passada em casa do *Pão e Queijo*, com o *Castro dos Óculos*.[1]

"Suponhamos" diz Eleazar, "que tais cartas não eram descobertas, e estava acabado o romance".

Perdoe-me o ilustre crítico. Essa suposição, por fútil que é, chega a parecer-me cômica.

O fato de Juliana possuir as *tais* cartas, divulgadoras do erro da ama, é ou não o elemento principal do romance? Foi ele ou não que serviu de fonte ao autor?

Essa suposição leva-me também a perguntar: – Se Eça de Queirós não tivesse escrito *O primo Basílio*, estaríamos nós tratando dele?

"Não há laço nenhum moral entre Luísa e nós, porque sabemos que a catástrofe é o resultado de uma circunstância fortuita." É sem dúvida; mas não é natural essa circunstância fortuita? Foi evidentemente Luísa o personagem com que mais se preocupou o ilustre crítico. Não tivemos, pois, remédio senão acompanhá-lo.

Depois de uma apreciação minuciosa, chega Eleazar à conclusão de que a tese do livro é a seguinte:

"A boa escolha dos fâmulos é uma condição de paz no adultério."

É espirituosa esta conclusão; não tem, porém, outro valor. Eça de Queirós, em quem são reconhecidas tantas qualidades de escritor, não se ocuparia em fazer um livro de mais de seiscentas páginas para provar, permita-me a frase, uma banalidade.

Ao contrário do ilustre folhetinista, para mim não é ponto de dúvida que do *realismo* venha algum ensinamento. O *realismo* tem por principal preocupação a maior aproximação da verdade: ainda que não chegue ao seu resultado, não serão os seus esforços dignos de louvor?

---

1 Conforme o final do capítulo XI de *O primo Basílio*.

Condena Eleazar *o tom* do livro, as minúcias, os detalhes e até a marcha da ação.

Depois de reconhecer que Eça de Queirós é um discípulo de Zola, será justa tal condenação? Se Eça de Queirós não fosse minucioso na descrição dos detalhes, não fosse implacável com os vícios que encontra nos seus personagens, não tivesse, enfim, como principal preocupação a fiel cópia do que sujeita ao seu processo de observação, seria ele um adepto da moderna escola?

É por isso que a princípio disse que me parecia falso o ponto de vista do eminente crítico.

Confessar, reconhecer que uma obra filia-se a uma escola e não a considerar sob esse aspecto, para só a condenar, pode ser muito cômodo, mas por certo não é justo. O próprio articulista a confirma, quando admite a possibilidade *de não serem atendíveis os seus reparos, desde que é diferente o seu ponto de vista*. E basta esta razão para afoitamente impugnarmos acusações feitas ao novo livro, sem que por isso nos julguemos obrigados à minuciosa descrição de todos os personagens e detalhes dele. É natural que tão perfeita fotografia de um quadro, que só peca por verdadeiro, desperte os rancores daqueles que entendem que nem todas as verdades se dizem. Esta frase foi necessariamente inventada por algum hipócrita célebre.

Há o tedioso, há o ridículo, há mesmo o torpe e o obsceno do realismo. Não o contesto; mas percorram-se as obras dos adeptos das outras escolas e digam-me depois que não há lá o ridículo, o obsceno e o torpe.

O *realismo* é, segundo Champfleury, a escola da sinceridade.

É exato que há no *Primo Basílio* algumas cenas, que no próprio interesse do livro, deviam dele ser arrancadas. Esse excesso, porém, essas *cores tão carregadas*, esses *traços tão grossos* são apenas os defeitos da propaganda, que nos parece, hão de em breve desaparecer.

Não sirvam, pois, essas páginas pouco convenientes para a condenação *in totum* de uma obra artística, estudada com critério, observada com cuidado e que revela um progresso na maneira de apreciar os fatos que nos cercam.

Não nos parece que obras como *O primo Basílio* concorram para estrangular o *realismo*; cremos, ao contrário, que apenas com as modifica-

O primo Basílio na imprensa brasileira do século XIX

ções compatíveis com o seu desenvolvimento ele se há de firmar na literatura portuguesa, como se firmaram todos os outros gêneros.

É nossa crença também que a herança de Garret se transmitirá às mãos da geração vindoura; porém, o que não podemos também deixar de acreditar é que o tempo há de forçosamente ir deixando os indubitáveis vestígios da sua influência.

Podem os que não aceitam o realismo formar as colunas cerradas da sua resistência, esta será inútil porque as colunas sucumbirão ao peso do grande colosso, que se chama simplesmente – a verdade.

S. Saraiva[2]

---

2 Arnaldo Faro (1977, p.132-5) perfez um longo e erudito caminho para demonstrar que S. Saraiva era, de fato, o pseudônimo de Henrique Chaves, um dos fundadores da *Gazeta de Notícias* (GN). Henrique Samuel da Nogueira Rodrigues Chaves (Lisboa, 1849 – Rio de Janeiro, 1910) veio para o Brasil em 1868. Fundou com Rafael Bordalo Pinheiro (Lisboa, 1846 – Lisboa, 1905) *O Mosquito* (OM), jornal de crítica e de caricaturas. Mais tarde, colaborou em *O Besouro* (OB), também pertencente a Bordalo. Entrou para o serviço taquigráfico da Câmara dos Deputados e foi, com Manuel Carneiro, Elísio Mendes e Ferreira de Araújo, um dos fundadores da *Gazeta*. Empregava na assinatura de seus textos os pseudônimos de Canhando e Zig-Zag. Em 1893, em *O álbum*, Machado de Assis fez um retrato de Henrique Chaves enaltecendo as suas qualidades intelectuais de grande jornalista e a sua sorte de ter nascido numa cidade como Lisboa.

8
Folhetim Palestra

Assinado por Luiz de Andrade
Gazeta de Notícias, ano IV, n.111
terça-feira, 23 de abril de 1878

Ainda não há muitos anos que o despotismo literário, exercido por uns príncipes feudais com alianças defensivas, castigava rudemente com a conspiração do silêncio os temerários que ousavam aparecer em público sem uma licença por eles autenticada, um selo na testa ou um carimbo na anca, dando assim à literatura o aspecto singular de uma manada de potros marcados pelo dono.

À vista do sinal comum reconheciam-se uns aos outros, recebiam-se com amor e foguetes, abriam-se mutuamente os braços e consagravam-se gênios.

Eram-lhe impostas certas regras de vida, tinham de prosternar-se diante do sacerdote, máxime render-lhe preitos, dirigir-lhes preces, e então o sacerdote lançava-lhe a bênção de um passaporte de elogios, consagrando-o um dos maiores talentos que conhecia. E o neófito podia correr o mundo.

A liga dos antigos literatos clássicos achava-se em alguns países tão bem organizada que só eles dispunham do público, e era quase impossível romper o círculo que formavam à volta dos rebeldes que recusavam o batismo. À volta dos revolucionários formava-se uma verdadeira montaria; acossavam-na, davam-lhe tiros, e quase sempre, ou morto ou vivo, conseguiam afastá-lo do povoado. Uma das imposições do senado era fazer preceder aos trabalhos dos novos autores de sonolentos prólogos, tornando-os, na frase de escol, iguais aos cegos que levam na frente um cãozinho.

Felizmente depois de uma luta memorável, iniciada pelo romantismo em 1830 em França, e repercutida com um eco prolongado em todos os países, desfez-se a aliança dos príncipes e estabeleceu-se nas escolas a perfeita democracia. Já não são precisos nem pergaminhos, nem selos, nem carimbos, para que se possa encher algumas tiras de papel e falar livremente ao público. Os cenáculos, como um ninho de ratos à beira do qual aparece um gato atrevido, dissolveram-se, fazendo uma gritaria infernal e inofensiva, e passaram à história. Cantou-se então a Marselhesa e ficou para sempre estabelecida a verdadeira república das letras, onde todos têm um lugar, conforme os seus merecimentos, como indica o bom senso, e não como informavam os passaportes, outorgados por um Júpiter Tonante de opereta. Penduraram os raios no cabide, venderam as tempestades ao latoeiro da esquina e guardaram os trovões na cômoda. Tinham sido armas impotentes no combate e como as excomunhões só metiam medo enquanto apenas ameaçavam com elas. Chegado o momento de ação, reconheceu-se que os raios fulminantes eram de folha de flandres, os trovões de enxofre moído e todos desataram a rir. As excomunhões, tanto literárias quanto religiosas, nunca passaram daquela pistola desarmada de que fala Alphonse Karr,[1] com a qual só se devia ameaçar, deixando-nos na dúvida sobre o fato de estar ou não carregada. Se lhe bateram os fechos e a bala não prostrou o adversário, verificou-se que o tiro era de teatro e ninguém fez mais caso dele.

---

1 Jean-Baptiste Alphonse Karr (Paris, 1808 – Saint-Raphaël, 1890). Romancista e jornalista. Escreveu os romances *Fadièze* (1834), *Sexta-feira à noite* (1835), *O caminho mais curto* (1836). Entre 1839 e 1846, publicou *Les guêpes* ("As vespas"), com uma tiragem de 20 mil exemplares, "expressão mensal [segundo o autor] de [seu] pensamento sobre os homens e sobre as coisas, fora de toda idéia de ambição, de toda influência de partido". Fundou mais tarde um cotidiano, *O Jornal*, de apoio ao general Cavaignac, contra Luís Napoleão, fato que o levou a "exilar-se" voluntariamente no sul do país e a explorar comercialmente a venda de flores. Foi também folhetinista do jornal *Figaro*.

Esses grandes deuses, derrotados de outros tempos, perderam pois as suas armas que a traça devora hoje pacificamente e recolheram-se ao seio da família, deixando o campo franco a quem quiser entrar nele.

Essa grande conquista, que rendeu a Balzac um talo de couve em plena calva na representação do *Hernani*,[2] é que nos justifica a todos de falar desassombradamente ao público, sem medo de que qualquer permanente das letras nos tome o passo e pergunte insolentemente puxando pela espada, quem somos, donde viemos e para onde vamos.

Era uma ousadia. Hoje lançar-lhe-ia um olhar desdenhoso ou, se estivéssemos de bom humor, responderíamos:

– Venha ver, camarada. Siga-me. Dê cá um abraço, meu louro.

Nada pior para um escritor do que passear, divagar, flanar sozinho. Quanto mais numerosa for a companhia, melhor, e encontramos sempre meio de acomodar aos nossos dois braços todos os que quisessem passear conosco, ainda mesmo que sejam aos milhares. Esta é que é a verdadeira interpretação do milagre bíblico da multiplicação dos pães. Confesso que me viria muito embaraçado se tivesse de multiplicar os pães de modo a satisfazer a dezoito mil pessoas, dando ao texto uma interpretação literal. Nem eu, nem a companhia de Consumo de Pão, nem o pescador de Nazaré poderíamos hoje fazer isso. Os cereais estão caros, custam um dinheirão comprados a dinheiro, ou a prazo, e os vendedores exigem um fiador idôneo. É por isso, creio, que certos milagres se têm tornado tão raros, tão difíceis de encontrar como uma idéia no *Apóstolo*.[3] É, pois, necessário que nos restrinjamos modestamente ao pão mental, e aí cada qual pode multiplicá-lo à vontade, sem que a ciência, os padeiros protestem.

---

2 *Hernani*, drama teatral escrito por Victor Hugo, cuja primeira representação no teatro francês, em 25 de fevereiro de 1830, provocou um verdadeiro combate na platéia entre os clássicos e os românticos. É possível que o autor do folhetim da *Gazeta* (GN) não esteja insinuando erradamente que Balzac foi o autor do drama. A apresentação do *Hernani* na *Comédie Française* foi tumultuada, gerando uma verdadeira batalha entre os que estavam na platéia, inclusive Balzac. Deve haver algum relato de que, durante o tumulto, Balzac tenha sido atingido por algo.

3 Jornal católico do Rio de Janeiro editado desde 1865.

Pão do espírito! Declaro francamente que acho essa imagem bastante insossa e sem sabor, tanto pelo menos como aquele quadro-símbolo de não sei que exposição, cujo assunto era um livro encadernado com um pão em cima. Contudo, ela é uma realidade. A frase, como todas as coisas más, fez o seu caminho, tomou foros de vernaculidade e corre mundo. Quando a gente não almoçou ainda, por mais que a volte por todos os lados, que a examine bem, chega sempre à conclusão de que ela deixa alguma coisa a desejar. É preciso pelo menos, além dela um bife ou dois, quando, porém, o leitor abandona o seu restaurante, rubro, saciado e feliz, com o palito ao canto da boca, essa triste figura de retórica chega a ter um encanto especial. Ora, é esse o momento que eu aproveito para a expulsar de ao pé de mim, porém, sem crueldade e crendo firmemente que lhe não darão bengaladas.

Toda a alegria vem do estômago e um homem que almoça bem, que palita os dentes, que enrola o cigarro, acha-se no momento psicológico em que a sua bondade iguala a de um elefante.

Depois vem a luta, vêm os negócios, vêm as letras a pagar. Como um fermento, essas insignificâncias azedam bruscamente o bom humor mais patriarcal. É conveniente, então, não falar em letras nem em artes, porque essas duas coisas, tão boas e tão dignas, produzem um efeito de um pano vermelho nas hastes de um touro. Espuma de raiva, fecha os olhos e investe. Não há remédio senão pular a trincheira e deixá-lo contorcer-se na arena, marrando o pó que levanta e as tábuas duras do circo. Um ou outro capinha mais atrevido mete-lhe então uma farpa, a música toca, o público ri e uma salva de palmas festeja o artista.

Esse momento é o que os folhetinistas evitam com uma habilidade maquiavélica, pondo os seus trabalhos no andar térreo das folhas diárias. Geralmente, só se pega num livro quando se está com disposição de ler. Nos outros gêneros de publicação, a gente arrisca-se a não dar com o leitor no tal momento psicológico, e então é uma desgraça. No jornal, porém, o caso muda de figura e todos os que têm os seus negócios lêem-no de manhã, na hora feliz em que ainda se reflete nos corações a alegria cristalina da manhã, uma nesga de azul do céu, o murmúrio de um arvoredo, o canto de uma ave, o perfume de uma flor, enfim, um átomo de poesia. Nessa ocasião há jovialidade e contentamento. É o momento de felicidade, como diz Hacklaender,[4] para um autor, dêem-lhe prosa, dêem-lhe versos, dêem-lhe o que quiserem. É tal o ardor pantagruélico que chega a encontrar o espírito vivacidade e malícia em certas colunas, que, por serem deslavadas, nem por isso deixam de ter a dureza da cantaria grossa.

É agradável então passar os olhos, ligeiramente, pelos acontecimentos da política, das letras, da religião e dos costumes, tratados segundo o ponto de vista e o bom humor de cada um. Para uns, por exemplo, é Pio IX um herói, um mártir, um segundo Deus;[5] um velho cheio de bondade e de amor ao próximo, a quem o céu mandava pombinhos brancos pousarem na carruagem, proporcionando-lhe assim, além de um bom agouro, um excelente almoço em viagem, visto como na Itália as hospedarias gozam de uma fama desgraçada. Para outros, é o velho que renegou o seu passado liberal, que deu a liberdade aos judeus de Roma encerrados no gueto, que fez leis adiantadas, que prometeu concórdia ao mundo, destruindo depois tudo. Em paga, deixou a Igreja num estado de dissolução e de guerra como nunca esteve desde os tempos primitivos.

É um ancião decrépito, joguete das intrigas de políticos ambiciosos, como Antonelli e Simeoni,[6] cheio de caprichos, surdo à voz da miséria e cheio de meiguices e de cuidados para com um bando de pombos que tinha no jardim e que tratava com uma solicitude materna.

---

4 Provável referência ao novelista e dramaturgo alemão Friedrich Wilhelm Hacklaender (1816- 1877), que, por seu agudo senso de humor, muitas vezes é comparado ao escritor inglês Charles Dickens (1812-1870).

5 O pontificado de Pio IX estendeu-se de 1846 a 1878. Muito embora considerado a princípio um liberal, proclamou os dogmas da Imaculada Conceição e da Infalibilidade do Papa. Editou em 1864 a encíclica *Syllabus*, anatematizando o liberalismo, a civilização moderna e a ideologia do progresso. A partir de 1870, com a incorporação de Roma ao reino unificado da Itália, findando o poder temporal do papado, a Igreja reafirmou, em contrapartida e com veemência, o seu poder espiritual.

6 Pelo texto do folhetim, percebe-se que se tratava, na época, de conhecidos assessores de Pio IX. Provável referência ao cardeal Giovanni Simeoni, sagrado em 1878.

O *primo Basílio* na imprensa brasileira do século XIX

– Isso é o que dizem os revolucionários! – exclamam. Pois bem, chamem assim os que se não deixam levar por fantasmagorias, dignas de fazerem adormecer as crianças, na infância das nações.

Um desses a quem geralmente batizaram com o tal adjetivo acaba de dar um excelente livro, um romance de sensação, de um interesse despótico, admiravelmente arquitetado, cheio de belezas superiores, e escrito com febre e com encarniçamento.

Vê-lo e devorá-lo é obra, não de um momento, mas de algumas horas de leitura ininterrupta. O assunto entrelaça-se, varia em cambiantes multicores, enrosca-se ao leitor e só se pousa o livro na frase final, sentindo-se a cabeça pesada de um grande desalento do coração. Fica-se realmente extenuado, como depois de uma luta arquejante, mas de uma luta em que ficamos vencidos. Assiste-se àquelas peripécias, que têm o encanto dos dramas bem representados, com desgosto, porém com uma curiosidade crescente. O seu valor literário é inestimável; tem comparações e imagens novas, admiráveis, imprevistas; o estilo, ainda que um pouco acidentado e alpestre, é cheio de pitoresco e de colorido. Falta, porém, ao livro, para que possa ser considerada uma perfeita obra de arte – com justiça na concepção e na forma – um ideal superior. Todos os tipos que o autor descreve são desconsoladores, uns porque são infames, outros porque sofrem injustamente, parecendo até que o autor do livro se não compadece deles. As torpezas de toda a cáfila, como no *Babolain*,[7] recaem sobre um homem honesto e simpático. O desfecho faz lembrar também o romance de Drox e o dito final é cínico como *O crime do padre Amaro*, porém de menos alcance. Devíamos esperar que Eça de Queirós, como Zola, pusesse mais as suas qualidades literárias ao serviço da justiça.

A crítica do livro está feita já. Basílio é um tipo falso; no comércio seria impossível enriquecer. Fugiria com o primeiro cheque que tivessem a ingenuidade de confiar-lhe. É positivamente um pelintra.

---

7 *Babolain*, romance escrito por Antoine-Gustave Drox (Paris, 1832 – Paris, 1895), literato, pintor e ensaísta. Seus ensaios foram reunidos no livro *Monsieur, Madame e Bébé* (1866). Foi também colaborador da *Revista dos Dois Mundos*.

Os aspectos sob que é apresentado são antagônicos, uns excluem os outros.

Do primeiro plano, os outros dois tipos, Luísa e Juliana, são de um grande merecimento. O primeiro, correto, justo, fotográfico, parece-nos tão esculturalmente como o de *Mme. Bovary*.[8] Juliana está talvez sobrecarregada, mas é de um desenho esplêndido.

É um livro, enfim, violento, interessante, condimentado e muito literário. O que afirma? O que deseja? Fazer voar as horas, é um ideal muito inferior ao talento de Eça de Queirós.

O livro é uma fotografia com pontos exagerados, por se acharem longe do foco. Não é um quadro que obrigue a pensar e que aponte uma esperança como os modernos romances da escola realista.

Realismo! Eu poderia escrever algumas considerações sobre essa escola, levantando algumas calúnias que lhe têm tançado[9] em rosto. Prefiro, porém, a isso contar um caso fantástico, meio sonho, meio realidade, fugitivo como essas nuvens caprichosas do horizonte.

Era meia-noite; um luar sulfúreo inundava com uma claridade misteriosa três estranhos personagens, que discutiam um assunto indiscutível – vejam se entendem – e além de indiscutível, irresponsável, perpétuo etc.

De envolta com o assunto, falava-se da última evolução política. Na opinião do primeiro, chamando-se homens de idéias adiantadas, que faziam barulho, desejava-se inutilizá-los para sempre. Outro opinava que as viagens, pela influência dos climas, e sustentava que a comparação de uns homens com outros dava um critério novo, uma espécie de maioridade, um desprendimento de certas convenções. O terceiro personagem, o mais fantástico de todos, acrescentava que o primeiro magistrado ia decididamente para a república.

---

8 A relação de Luísa com a heroína do romance *Madame Bovary* (publicado em 1856), de Flaubert, parece ter escapado aos melhores críticos brasileiros de *O primo Basílio* neste ano de 1878. Essa crítica de Luiz de Andrade, inferior a tantas outras, estabelece uma relação que não foi demasiadamente considerada pela época e que se tornará moeda corrente nas análises futuras do romance de Eça de Queirós.

9 Verbo de significado obscuro e que não se encontra dicionarizado.

O primo Basílio na imprensa brasileira do século XIX

– O imprevisto é a nossa norma em política. Pois bem! Centenas e centenas de reis nulos cujos nomes ocupam por condescendência uma polegada na história, enquanto que os de simples cidadãos ocupam páginas e páginas.

E fazia um gesto, significando que a pessoa de que falava via mais longe do que alguns pensavam.

– Vem aí uma ocasião excelente, única, de repousar numa posteridade abençoada. As coisas caminham. Em dez, em vinte anos, as monarquias terão os seus tronos firmados, não na alma popular, como diz a retórica, mas nos museus. Depois na América! Somos a exceção.

Se o Brasil quiser, terá a república e eu conheço o presidente!

Escuso dizer que esta ousada utopia foi combatida pelos outros e por mim, que chegava nessa ocasião. Foi posta em cerco, bloqueada, mas fez uma resistência enorme. Entrincheirou-se atrás dos últimos acontecimentos, defendeu-se com a bravura de Osman Pachá,[10] e, mais feliz do que ele, recusou render-se à descrição. Mandamos-lhe parlamentares, pedimos-lhe pelo amor de Deus que se entregasse, que reconhecesse quanto a sua posição era falsa. Nada! Ela sempre lutando e sustentando-se. – Utopia entrega-te, exclamamos com as lágrimas nos olhos, pensa bem nos destinos da pátria! – E fizemos-lhe um discurso de lágrimas. Tentamos suborná-la. Oferecemos-lhe doces e cafunés. Olha as crenças que bebeste com o leite, olha as ordenações, olha o xadrez.

Nada. A utopia cada vez mais entrincheirada chegou no paroxismo da raiva, como Cambronne em Waterloo,[11] e deixando a defensiva, deu-nos com o auxílio de um reforço de três atletas, que lhe chegaram não

---

10 Osman Pachá (1837-1900). General turco que, em 1877, no quadro da guerra entre a Rússia e a Turquia, defendeu a cidade de Plevna, que acabou ocupada pelos invasores russos e romenos.

11 Pierre Cambronne (Nantes, 1770 – Nantes, 1842). General francês, comandou em Waterloo uma das últimas unidades da Guarda Imperial de Napoleão Bonaparte, negando-se render aos ingleses. Segundo uma versão, ele havia respondido aos inimigos, que exigiam a rendição, por uma simples palavra de cinco letras, denominada mais tarde, na língua francesa, de *mot de Cambronne*. Essa anedota foi divulgada, sobretudo, pelo romance *Os miseráveis*, de Victor Hugo.

sabemos de onde, um ataque imprevisto, e, contra o que esperávamos, nós é que tivemos de entregar-nos sem condições.

Como é que uma utopia, mesmo em sonho, conseguiu isto, e não pode ser aniquilada, é o que, depois de acordado, não pudemos compreender.

Luiz de Andrade[12]

---

12 Luiz de Andrade (1849–1912). Jornalista e bibliotecário do Senado Federal, foi redator da *Revista Ilustrada* (RI), de *O Besouro* (OB) e do *Diário Popular* (DP). Publicou o conjunto de crônicas *Caricatura em prosa* (1876), prefaciado por Guerra Junqueiro, e *Quadros de ontem e de hoje*, também crônicas, em 1885. Segundo Sacramento Blake (1893, v.5, p.347), dirigiu em Lisboa *A Lanterna Mágica: periódico humorístico e político*, tendo por colegas de publicação Guerra Junqueiro, Guilherme de Azevedo e Bordalo Pinheiro. Utilizava como pseudônimo Júlio Verim.

9
Folhetim Cartas Egípcias
[Rabdul Achir, 22 de 1294]

Eleazar e Eça de Queirós: um crítico do *Primo Basílio*

Assinado por Amenófis Efendi
Gazeta de Notícias, ano IV, n.112
quarta-feira, 24 de abril de 1878

[Brito Broca (1960, p.136) escreveu que o "folhetim, sob assinatura de Amenófis Efendi, evidentemente pseudônimo, ... num tom humorístico, à moda das *Lettres Persanes* <de Montesquieu> simulava um egípcio em excursão pelo Brasil". O pseudônimo Amenófis Efendi sintetizava, na verdade, as culturas que haviam se constituído no vale egípcio do rio Nilo. Amenófis, forma derivada do antigo nome egípcio *Amehotep* significando "Amon está satisfeito", compunha-se com a palavra árabe *Efendi*, cujo sentido semântico é "senhor". Os folhetins das "Cartas Egípcias" recebiam, também, datas particulares. Este, dedicado à crítica de *O primo Basílio* feita por Eleazar, foi datado de 22 de 1294. Efendi viajava pela história egípcia, abarcando os períodos faraônicos, da ocupação macedônica com os Ptolomeus e da conquista árabe e muçulmana. O fundamental na sua perspectiva era o esforço de enxergar a sociedade brasileira do final do século XIX com o olhar do estrangeiro, que captaria com mais nitidez que a dos nativos as bizarrices culturais da nova terra].

Cumpro a promessa que te fiz quando deixei nossa pátria, desterrado por ordem do *quediva*;[1] desterro conseqüente a uma vingança mesquinha do *serasquier*,[2] como sabes.

Que te relate o que me tem chamado aqui a atenção, pediste-me tu. Começarei a cumprir hoje a promessa, e como ouço, constantemente, quando dois conhecidos se encontram, quer nas ruas, nas praças, nas mesquitas, uma só pergunta: Já leste *O primo Basílio?* Tendo ontem acabado de ler o romance português a que se referem e, em seguida, um folhetim crítico de uma publicação diária, *Cruzeiro*, analisarei às largas essa crítica e assim terás uma idéia do romance do distinto escritor português e do seu crítico.

Eleazar (que não parece ser protegido por Deus) começou por classificar de *títere* a heroína do romance; duas linhas depois dessa classificação, consente que este *títere* tenha nervos e músculos (Eleazar é mais hábil que Vaucanson).[3] Apesar do sistema nervoso de Luísa, o crítico nega-lhe a possibilidade de ter paixões, remorsos e mesmo consciência.

Não há duvidar, nessa Galatéia depois de animada pelo sopro de vida de Pigmalião,[4] Eleazar continua a ver a estátua, não lhe importando o favor concedido por Vênus ao famoso rei-escultor, e isso apesar de a moça, quando solteira, ter amado Basílio, apesar de Luísa ficar nervosa quando vê o primo que voltara do Brasil, malgrado *fazer-se escarlate* quando o moço diz-lhe estimar muito ter chegado estando o marido ausente da cidade, rubor esse que não obsta o abandonar da mão a um beijo e a fazer o Basílio compreender que deve voltar no dia seguinte.

---

1 *Quediva*: título equivalente a vice-rei do Egito durante o domínio turco (cf. *Dicionário Houaiss...*, 2001).

2 O *Dizionario universale della lingua italiana* (p.938), publicado em 1921, define o substantivo masculino *serraschiere* como o nome que se dava ao posto de generalíssimo na Turquia.

3 Jacques de Vaucanson (Grenoble, 1709 – Paris, 1782). Engenheiro mecânico francês que planejou muitas máquinas e realizou célebres autômatos.

4 Há dois personagens com o nome de Galatéia na mitologia grega antiga. A etimologia do nome evoca a brancura do leite. Pigmalião seria um rei-escultor de Chipre que se apaixonara por uma de suas obras, uma estátua de marfim que representava uma jovem mulher de nome Galatéia. Afrodite (Vênus), atendendo a seu pedido, transformou a estátua em ser vivo, com quem Pigmalião se casou.

Que fazer! Eleazar não consente que se peçam paixões e remorsos a Luísa, entretanto confessa que à *tarde e à noite a moça gasta-as a pensar ora no marido ora no primo*, isso é o intróito da queda do *títere*, queda que *nenhuma razão moral explica, nenhuma paixão sublime ou subalterna, (?)*[5] *nenhum amor, nenhum despeito, nenhuma perversão sequer explicam*. A moça resvala no lado SEM VONTADE, sem repulsa, SEM CONSCIÊNCIA. Basílio não faz mais do que empuxá-la, como matéria inerte que é.

Nos lupanares de Roma, Eleazar encontra uma *lupa*[6] que se diz chamar Lisíaca; o crítico sabe depois que essa mulher é a imperatriz Messalina, a esposa de Cláudio,[7] que não vai a busca de *aureus*,[8] porém à procura da saciedade de seu sistema nervoso hiperestesiado.

Eleazar não pode compreender o tipo da imperatriz romana, porque não vê nesses atos de Messalina uma razão moral.

Boileau[9] podia lembrar ao crítico, e com razão, algumas das palavras que escreveu: *Avant donc que d'écrire, apprendre à penser.*[10]

Cheguemos, porém, ao marco miliário do folhetim crítico; assistamos à colocação de Eça de Queirós no pelourinho das letras, apontando Eleazar o defeito capital do romance.

"O marido vai chegar, Basílio está saciado, Juliana, o caráter mais verdadeiro e completo do livro (Por ser uma criada insolente e ladra? O

---

5 O sinal de interrogação encontra-se no texto original.

6 O autor alude à expressão latina para meretriz (*lupa,ae*), que está na origem do substantivo lupanar (cf. *Dicionário Houaiss...*, 2001).

7 Valéria Messalina (17 d.C. – 48 d.C.), imperatriz romana assassinada por ordem do esposo, o imperador Cláudio (Lugdunum, atual Lyon, 10 d.C. – Roma, 54 d.C.). Messalina foi célebre por sua vida dissoluta, entregando-se mesmo, segundo o poeta satírico Juvenal (60 d.C. – 140 d.C.), à prostituição.

8 Termo latino referente à moeda em curso entre os antigos romanos (cf. *Dicionário Houaiss...*, 2001).

9 Nicolas Boileau (Paris, 1636 – Paris, 1711). Autor de *Sátiras* e *Epístolas*. Traduziu e publicou o *Tratado do sublime*, de Longino, em 1674. Escreveu, ainda, *Reflexões sobre Longino*. A sua *Arte poética* resumia a doutrina clássica. Seus julgamentos sobre o "gosto literário" marcaram as posições estéticas no "grande século" de Luís XIV. O classicismo do século XIX vinculava-se, ainda, aos pressupostos estéticos de Boileau.

10 "Antes de escrever, aprenda a pensar."

crítico não se explica) assenhora-se das cartas da ama, e esta, quando tem ciência que a criada está armada desses instrumentos, resolve fugir com o primo, prepara um saco de viagem, mete dentro alguns objetos, entre eles o retrato do marido". Eleazar ignora *a razão fisiológica ou psicológica* (porque uma razão pode ser do domínio da vida e não ser do senhorio da alma e vice-versa, assim nos induz a crer a conjunção disjuntiva empregada pelo crítico) dessa precaução de ternura conjugal. Não compreendeu Eleazar a irrisão ferina, o sarcasmo fino, o ludíbrio pungente do autor, fazendo a mulher, prestes a confirmar pela fuga a mácula que a enlameia, ter sempre consigo a lembrança viva da vítima do seu crime, o marido em retrato.

Não classificarás Eleazar ingênuo? Responderás por mim.

Continua o crítico: "Não se efetua a fuga, porque o primo não quer complicações, limita-se a oferecer o dinheiro para reaver as cartas, dinheiro que *a prima recusa*, despede-se e retira-se de Lisboa. Daí em diante o cordel que move a alma inerte de Luísa passa das mãos de Basílio para a da criada". Luísa é decididamente um *títere, nem lhe falta o cordel*, porém o crítico diz pouco antes que a moça recusara o dinheiro que lhe oferecera o primo para que houvesse de Juliana as cartas. Perguntamos se quem assim procede tem ou não alma? Esse títere tem ou não algum pudor? Morrem a criada e dias depois a ama; assim termina o romance.

O crítico, que é tão perspicaz, *ou ainda mais que o leitor*, argúi de incongruente a concepção do Sr. Eça de Queirós e de inânime o caráter de Luísa.

Quais as razões apresentadas? "Supõe que as cartas não fossem descobertas, ou que a criada não tivesse tido a malícia de as procurar, ou, em uma palavra, que tal criada, ou pessoa com ela parecida, não existisse, então estava acabado o romance logo depois que o primo tivesse conquistado a conquistável prima, porque Basílio satisfeito ir-se-ia embora, chegaria do Alentejo o marido, enfim tudo voltava ao antigo estado. Para obviar esse inconveniente, Eça de Queirós inventa a criada e o episódio das cartas, as ameaças, as humilhações, as angústias, a doença e a morte da heroína." Se Alexandre Herculano tivesse casado Hermengarda com o gardingo, no primeiro capítulo do seu *Monasticon*, poderia

O primo Basílio na imprensa brasileira do século XIX

ter escrito as páginas brilhantes de vida e de luz que terminam com a morte de Eurico e a loucura da irmã do D. Pelaio em Covadonga?[11] Para que o imortal escritor português fez de Eurico um presbítero e não o matou logo que o pai de Hermengarda recusou-o para noivo de sua filha? Assim teria concluído o seu romance quase antes de começá-lo, escrevendo então um outro livro, acompanhando a entrada dos mouros em Espanha. Se Eleazar, o irmão de Judas Macabeu,[12] não tivesse querido matar o elefante sobre o qual estava Antíoco,[13] para aprisionar o rei da Síria,[14] não teria o valente guerreiro morrido esmagado por esse animal, que caía morto; mas que fazer! a fatalidade quis que Antíoco[15] montasse um elefante quando podia estar a pé, para Eleazar não ser esmagado por ele. O crítico condena a invenção das cartas e da criada, como estamos convencidos, censura A. Herculano por não ter acabado com Eurico antes de ser presbítero.

Inanidade de caráter na heroína! É por ventura inverossímil esse tipo? Incontestavelmente, Eleazar sonha amazonas em todas as mulheres, quer de hoje, quer de outrora, e só nesse gênero é que compreende a existência do que ele chama *vínculo moral*.

---

11 O *Monasticon*, de Alexandre Herculano, compreende os romances *Eurico, o presbítero* (1844) e *O monge de Cister* (1848).

12 Amenófis Efendi aproveitou-se, nessa passagem, do pseudônimo empregado pelo adversário para demonstrar a inconsistência de sua argumentação. Aludiu ao Eleazar, irmão de Judas Macabeu, morto em 162 a.C. na batalha de Bet-Zacarias.

13 Segundo a narrativa bíblica, Antíoco V organizou para a batalha cem mil homens de infantaria, vinte mil cavaleiros e trinta e dois elefantes adestrados para a guerra (cf. *Macabeus I*, 6, 30). Eleazar, julgando que sobre um elefante "equipado de couraças reais" estivesse o rei, golpeou por baixo o animal, que, tombou sobre ele, matando-o (cf. *Macabeus I*, 6, 43-46).

14 A dinastia Selêucida descendia de um general de Alexandre Magno, da Macedônia. Treze foram os reis selêucidas da Síria. O primeiro foi Antíoco, Soter (o "salvador"). Com os selêucidas, intensificou-se o processo de helenização da Palestina. A revolta liderada por Matatias Macabeu e seu filho Judas teve início no reinado de Antíoco IV, Epifânio (o "ilustre") e continuou sob o governo de seu sucessor, Antíoco V, Eupator ("nascido de um bom pai"), cujo reinado estendeu-se de 173 a 162 a.C.

15 A narrativa bíblica não sustenta o rei se encontrava, verdadeiramente, sobre o elefante.

Eça de Queirós escrevendo o seu romance, assim o entendemos, não intentou dar aos que o lessem ensinamento algum, nem demonstrar tese alguma; quis tão-somente fotografar cenas comuns da sociedade moderna, e esse é o proceder da escola romântica positiva; longe dela o ensinar a moral pelas deduções dos seus romances.

O mais *grave, o gravíssimo* do romance de Eça de Queirós, diz o crítico, é o tom desse livro, o espetáculo dos ardores, exigências e perversões físicas com a sua leitura despertadas e, por assim dizer, realizadas.

O autor é argüido por escrever reminiscências e alusões de um erotismo que Proudhon chamaria onissexual e onímodo, confessando já que Luísa, longe de ao pensar no esposo, esperar um sentimento superior, calcula os gozos da sensualidade e tenha somente os "ímpetos da concubina".

Vê-se, pois, que, para o crítico, Luísa já não é um títere, como mais uma vez a classifica, é, como dizíamos, uma mulher dominada pela hiperestesia das papilas nervosas. Se o tom, as reminiscências, as alusões de algumas páginas do romance de Eça de Queirós produzem, no entender do crítico, um erotismo onissexual e onímodo, o que produzirá o seguinte?

1. Quão formosos são teus pés em tuas sandálias, ó filha do Príncipe! Os lineamentos das tuas coxas são como grilhões preciosos contornados por mão de hábil artista.[16]

2. Teu umbigo é como taça redonda, em que não falta bebida, teu ventre um cúmulo de trigo matizado de lírios.[17]

7. Tua estatura é igual a da palmeira e teus peitos verdadeiros cachos de uvas.[18]

---

16 Referência a *Cântico* 7, 2: "Os teus pés... / como são belos nas sandálias, / ó filha de nobres; / as curvas dos teus quadris, / que parecem colares, / obras de um artista." (*Bíblia de Jerusalém*, p.1.196).

17 *Cântico* 7, 3: "Teu umbigo... / essa taça redonda / onde o vinho nunca falta; / teu ventre, monte de trigo / rodeado de açucenas; / (loc. cit.).

18 Amenófis não fez uma citação sucessiva das passagens do *Cântico*, mas escolheu algumas. Após 7, 3, ele reproduziu a passagem 7, 8: "Tens o talhe da palmeira, / e teus seios são os cachos" (loc. cit.).

8. Dizia eu: subirei na palmeira, pegarei nos seus ramos; e então teus peitos serão como cachos na vida, e o cheiro de tuas narinas como o das maçãs.[19]

O que acabo de transcrever são alguns trechos do capítulo VII da celebérrima poesia hebraica intitulada *Cântico dos cânticos*, e seu autor, o célebre rei Salomão,[20] não pertencia à escola positiva, que parece ser tão erótica para Eleazar, que, entretanto, dará a *Bíblia* a ler de preferência aos romances positivos. Incontestavelmente, Salomão foi, como é hoje o romancista português, realista *intenso, e completo, não mitigado, servindo-se de tons de tintas tão carregadas que assustam*; entretanto se Eleazar é católico, se judeu, deve saber que o *Cântico dos cânticos* faz parte do seu livro sagrado – a *Bíblia*.

Não nos parece que o realismo, iniciado na literatura portuguesa pelo Sr. Eça de Queirós, vá a caminho da estrangulação, se não for seguido o parecer de Zola, que Eleazar diz ser o chefe da escola, parecer que o próprio chefe menospreza em seus romances: não ser preciso ser grosso o traço para ser exato. O mundo caminha e se alguém houvesse que aproximadamente escrevesse um romance como o *Monge de Cister* não seria esse livro tão apreciado como antes, porque já não estaria com a época, perfeitamente caracterizada, definida por Henrique Heine[21] nas seguintes palavras:

Rufla o tambor como braço juvenil e não receies, beija a vivandeira. Eis toda a filosofia, o sentido mais profundo dos livros.

---

19 *Cântico 7, 9*: "Pensei: 'Vou subir à palmeira / para colher dos seus frutos!' / Sim, teus seios são cachos de uva, / e o sopro das tuas narinas perfuma / como o aroma das maçãs" (loc. cit.).

20 O *Cântico dos cânticos* apresenta-se como um conjunto de cantos de amor e de núpcias. Foram compostos ou reunidos em torno dos séculos V ou IV, por um autor judeu, a partir de poemas mais antigos. A atribuição do *Cântico* a Salomão foi fundamental para que ele participasse do Cânon Judeu das Escrituras. A citação do *Cântico* por Amenófis Efendi considerou, nessa passagem, o *Cântico* como uma coleção de cantos profanos, o que estava de acordo com as interpretações da época. A partir do século XIX, a origem profana do *Cântico* foi cada vez mais reconhecida. (Cf. Lévèque, 1984, p.229)

21 Heinrich Heine (Düsseldorf, 1797 – Paris, 1856). Poeta lírico e publicista alemão.

Não conheço o ilustre crítico, cujo folhetim acabei de analisar, e muito menos por ele sou conhecido, pois estrangeiro recém-chegado a esta terra hospitaleira a poucos homens de letras conheço; entendo, porém, ser dever meu pedir desculpa ao filho do país se critiquei uma crítica que pretendeu fazer.

Amenófis Efendi[22]

---

22 Pseudônimo de Ataliba Lopes de Gomensoro (Recife, 1843 – Rio de Janeiro, 1895). Doutorou-se pela Faculdade de Medicina do Rio de Janeiro e especializou-se em oftalmologia na Europa. Clinicou no Rio de Janeiro. Arnaldo Faro (1977, p.133) escreveu que Machado de Assis, seu grande adversário no debate sobre *O primo Basílio*, freqüentara seu consultório na Rua da Candelária 18, como paciente. Colaborou na *Gazeta de Notícias* (GN) do Rio de Janeiro. Publicou em 1878 o livro *Cartas egípcias*, coletânea de artigos saídos na *Gazeta*.

10
As três questões

Artigo assinado por D. Fortes
Revista Ilustrada,[1] ano 3, n.109, p.6-7
27 de abril de 1878

Ora até que afinal, depois de tantas hesitações, tantas dúvidas; depois do demorado martírio da incerteza, resolveram-se duas das três graves questões da atualidade.
Eram elas:
Dissolução da câmara;
Emissão do papel-moeda;
E *Primo Basílio*.[2]

---

1 A *Revista Ilustrada* foi fundada por Angelo Agostini (Vercelli, 1843 – Rio de Janeiro, 1910) em 1876, que a dirigiu até 1898. Agostini chegou ao Brasil em 1850. Trabalhou como caricaturista em São Paulo nas revistas *Diabo Coxo* (1864) e *Cabrião* (1866) e, no Rio de Janeiro, em *Arlequim* (1867), *Vida Fluminense* (1868-1875), *O Fígaro* (1876-1878) e *O Mosquito* (1869-1875). Em 1895, fundou com Pereira Neto a *Dom Quixote*, que se estendeu até 1903. A partir de 1904, trabalhou para a *Gazeta de Notícias* (cf. Beluzzo, 1992, cap.III.).

2 Das três questões aludidas pelo colunista da *Revista Ilustrada*, duas referem-se à situação política do momento. Era necessário dissolver a Câmara, considerando que,

Em relação às três questões, igualmente importantes e com igual calor discutidas, já se haviam formado partidos. Havia luta. As opiniões entrechocavam-se, contrabatiam-se. E se os ilustres propinantes[3] não haviam chegado a discutir a soco, como na Inglaterra, é porque não eram ingleses. Mas se a coisa dura mais uns dias... então é que eles se naturalizavam *godemes*[4] e – fogo.

Mas não foi preciso tanto. O nosso governo – o paternal governo, conforme preceitua a antiga e nunca assaz usada chapa, – condoído dos sofrimentos que causava a dúvida no ânimo deste povo leal e fiel, andou mais depressa com a coisa, tão depressa como o *Cruzeiro* com os seus boletins, e decretou:

1. Uma dissolução completa de papel-moeda.
2. Uma nova emissão de 60 mil deputados.

Ou o contrário disso – que é tudo o mesmo.

após quase dez anos de ministério conservador, o Imperador constituíra um ministério liberal, chefiado por João Lins Vieira Cansanção de Sinimbu, visconde de Sinimbu (São Miguel dos Campos, 1810 – Rio de Janeiro, 1906). Já a emissão de papel-moeda visava recompor as finanças governamentais, abaladas pelos gastos vultosos com o auxílio às vítimas da grande seca nordestina de 1877.

3 Substantivo não dicionarizado. *Propinar*, segundo o *Dicionário Houaiss...* (2001), significa "oferecer bebida, dar a beber".

4 Conforme o *Dicionário Houaiss...* (2001), alcunha aplicada a cidadão inglês, oriunda dos vocábulos ingleses *god* (Deus) e *damn* (maldito). Nas *Memórias póstumas de Brás Cubas*, mais exatamente no capítulo XCII ("Um homem extraordinário"), o narrador encontra-se com um certo Damasceno que opina favoravelmente ao "desenvolvimento do tráfico dos africanos e à expulsão dos ingleses", arrematando seu discurso com uma confissão de "patriotismo": "... se ... encontrasse algumas pessoas de boa vontade, era obra de uma noite a expulsão de tais *godemes* ...". Vê-se que se tratava de uma alcunha usual e altamente pejorativa, e que o nacionalismo dos escravistas brasileiros advinha dos obstáculos levantados pela Inglaterra à continuidade do tráfico de escravos. O termo *goddam* aparece também na peça de um ato, de autoria de Luís Carlos Martins Pena (Rio de Janeiro, 1815 – Lisboa, 1848), *Os dois* ou *O inglês maquinista*, encenada em 1845. A palavra foi empregada aí para designar os ingleses.

Decidida a questão pelo lado do governo – dissolvido o papel e emitidos os deputados –, resta-nos a outra questão, e esta cada vez mais complicada.

E a mais importante: a do *Primo Basílio*. Os literatos, os que a devem resolver, estão impossíveis, incapazes, impróprios, in... tudo. Não a resolvem.

As opiniões divergem sobre os pontos capitais com relação à obra e a seu autor: é um livro indecente; é um livro de fundo moral; é imoral; não pode entrar em casa de família; pode – rasgada a página 320; é realista; é naturalista; não é nada. O Sr. Eça escreve bem – mas é sujo; não escreve mal – mas é franco demais. E etc.

Neste ponto está a questão, e ninguém se entende.

E enquanto isso, enquanto se decide se deve o livro ser ou não ser lido pelas famílias, estas, imensamente aguçada a curiosidade, atiram-se com fúria à obra e devoram-na – com os olhos – em dois dias. Algumas, antes da leitura, vão logo *à tal*, à página 320, procurar a *coisa* que não pode ser vista pelas Sras... e se algum *Primo Basílio* está por ali – é o encarregado de explicar as pausas e o cofiamento do bigode do outro.

É verdade que, felizmente, já há alguma coisa adiantada sobre o assunto. Deve-se isso à chegada do ilustre chefe dos nossos literatos, recém-vindo da Europa – o Sr. L. de Castro, do *Jornal*[5] e do *Larousse*.

Também aquilo foi dito e feito: chegou, viu e decidiu:

– Pois, ainda não têm uma opinião decisiva sobre o *Primo Basílio*? Ora vocês são uns bananas... Eu cá, foi bastante pegar no livro, sopesá-lo, ver a última página e já tenho opinião formada:

– É um livro de 636 páginas.

---

5 Referência ao *Jornal do Commercio*.

E disse. E o *magister dixit...* Aquilo que é homem e tudo mais é Leonardo![6]

D. Fortes[7]

---

6 A referência a alguém chamado Leonardo complicou a identificação da pessoa aludida pelo colunista da *Ilustrada*. "L. de Castro" poderia ser Luís de Castro, tradutor da *História do Brasil* de Southey, editada em português em 1862. Porém, sobre Leonardo de Castro nenhuma informação foi encontrada.

7 Assinatura não identificada.

11
Folhetim A Semana

Assinado por F. de M.
Gazeta de Notícias, ano IV, n.116
domingo, 28 de abril de 1878

[O novo titular do folhetim de domingo da Gazeta substituiu Tragaldabas,[1] antigo e emérito titular daquela coluna. O início do texto é uma reflexão filosófico-poética sobre a insegurança e o desajeito naturais de todo novo habitante duma morada prestigiosa e nobre.]

---

1 Tragaldabas, pseudônimo de Joaquim Maria Serra Sobrinho (São Luís, 1838 – Rio de Janeiro, 1888). Poeta, jornalista, teatrólogo, patrono da cadeira número 21 da Academia Brasileira de Letras. Teve importância fundamental na formação cultural e jornalística do escritor e teatrólogo Arthur de Azevedo. Joaquim Serra foi abolicionista de primeira hora e redator de O Abolicionista: órgão da sociedade brasileira contra a escravidão (Rio de Janeiro, 1880-1883). Segundo Sacramento Blake (1893, v.4, p.201), Serra foi redator somente no último ano do periódico, 1883. A partir de 1878, ainda de acordo com Blake, dirigiu o Diário Oficial, exonerando-se por discordar do Gabinete empossado em 1882. Em 1877 e 1878, assinou como Tragaldabas uma série de folhetins na Gazeta de Notícias (GN). Assinou com o pseudônimo de Ignotus o livro Um país da América de 1884: apontamentos de um viajante desconhecido. A Gazeta de Notícias de 5 de novembro de 1888 publicou um longo artigo de Machado de Assis sobre Joaquim Serra. No entender de Machado, "os méritos pessoais" de J. Serra na luta abolicionista não foram reconhecidos pela população: "Quando chegou o dia da vitória abolicionista, todos os seus valentes companheiros de batalha citaram gloriosamente o nome de Joaquim Serra entre os discípulos da primeira hora, entre os mais estrênuos, fortes e devotados; mas a multidão não o repetiu, não o reconhecia".

Leitor, o novo escritor destas folhas do domingo o que quis, com as linhas precedentes, foi pintar-vos o seu estado nervoso, ao tomar conta deste rés-do-chão que o ilustre Tragaldabas[2] ocupou por tanto tempo, pagando semanalmente as rendas em espírito e frase de bom quilate.

O novo habitante deste andar térreo, e portanto o mais arejado e fresco desta casa da *Gazeta*, sente-se assustado com a sua audácia de arrendar aposentos que exigem tanto espírito em pagamento porque na realidade e já, desde hoje, de que modo fará ele figura?

Há de que falar?

Tudo é folhetim na cidade e são todos folhetinistas. Escrevem todos e é um despender de espírito a meter sustos.

Há até quem, para chamar leitores, jura que escreve sem malícia, isto é, sem sal e de fato cumpre a palavra.[3] Entretanto, aterrorizado de

---

2 Num folhetim datado de 31 de março, na sua coluna da *Gazeta de Notícias* (GN), Tragaldabas anunciara a publicação em volume de *Iaiá Garcia*, de Machado de Assis. As suas palavras foram de elogio delicado e fraterno: "Verdadeira rosa de abril, o que não impede que também seja uma *paixão*, é a *Iaiá Garcia*, do meu amigo Machado de Assis. Sempre filiado à escola de Otávio Feuillet, e cada vez mais aprimorado no desenho fisionômico e no estudo do coração, Machado de Assis tem consolidado sua fama como romancista. Os personagens que ele descreve em cada um de seus livros vivem no mundo onde vivemos. Suas paixões são humanas; os acontecimentos seguem um curso habilmente planejado; há lógica em todos os pormenores; lances que, se não são imprevistos, trazem o cunho da verdade, mas da verdade delicadamente interpretada pela poesia. ... O estilo de Machado de Assis, que é sempre admirável pela limpidez, número e harmonia, na *Iaiá Garcia* como que requintou em qualidades. Frase concisa, nervosa, poética, natural e sempre correntia, pode servir de modelo como vernaculidade e elegância. Esse romance vai para o número dos poucos que temos capazes de figurar no lado dos bons romances da moderna escola em Portugal". Seguem-se considerações críticas, comentários elogiosos e alusões à produção literária do "amigo": "Moço como é, o distinto escritor fluminense deve orgulhar-se de já haver opulentado as letras pátrias com três romances da ordem de *Helena*, *Ressurreição* e *Iaiá Garcia*, e com três volumes de poesias tão cheias de inspiração e de belezas como as *Crisálidas*, *Falenas* e *Americanas*". A crítica de Tragaldabas, formulada antes da participação de Machado no debate de *O primo Basílio*, entendia a literatura machadiana como "realista", descrevendo "personagens que vivem no nosso mundo".

3 "Sem Malícia" é o título de um folhetim do *Jornal do Commercio* que participou, nos seus números dos dias 27 de março, 10 e 17 de abril, do debate sobre *O primo Basílio*.

que seja contagioso o mal, um jornalista de peso (e de que peso!), ergue-se e pede aos brasileiros que fujam da literatura leve e que enveredem todos pelas selvas druídicas das letras pançudas e pesadas, da ciência intrincada e corpulenta, e a verdade é que todos os que lêem o polido escritor encontram que de leve nada tem, nem mesmo a ciência.[4] É um *tollé*[5] geral. Todo o mundo escreve. É já prurido e têm notado os malignos que foi acabar a febre amarela e logo surgir o *basilismo*. É bom *O primo Basílio*? É mau? É sério? É decente? É imoral? Tudo é problema, e como todos discutem, nenhum se entende. Já da China e do Egito nos veio remessa de escritor para a lide, e um outro, que é talvez de Holanda, esparramou num periódico a tese: *Qual é o maior defeito do Primo Basílio?*

O grito foi de sucesso e logo fez-se silêncio na falange dos *mestres*, mas eis que o novo Salomão decide a questão deste modo, que Eça de Queirós é o Eça de Queirós I, e mais "que quem imitar Camões será Camões II", e quem usar idêntico processo para com outros autores ficará sendo: Alphonse Karr II, Alexandre Dumas III, etc., etc...

Ora, a tanta sabedoria, a tamanha jurisprudência literária ficaram os povos de boca aberta, e hoje não há ninguém que ignore qual seja o maior defeito do *Primo Basílio*, e mais ainda a "que a individualidade no quadro, na partitura e no livro é tudo".

Oh! Sim, acrescentaremos nós: é tudo a individualidade no quadro, na partitura, no livro e no folhetim!

Afirmamo-lo com a vênia do supracitado mestre: é tudo a individualidade, e por isso é que o que de melhor tem a escola realista é deixar às

---

A referência irônica deixa visível a rivalidade havida entre os jornalistas da época. Já S. Saraiva (*Gazeta de Notícias*, GN, 20 abr. 1878) havia atribuído o pensamento expresso pelo colunista do folhetim "Sem Malícia" (GC, 17 abr. 1878), segundo o qual nem todas as verdades devem ser ditas, a "algum hipócrita célebre". O titular do rodapé do *Jornal do Commercio* não era, ao que parece, muito bem visto pelos colegas de profissão.

4 A que figura enigmática se refere o folhetinista? Conhecido por sua obesidade era Ferreira de Araújo e que, de fato, escreveu sobre *O primo Basílio*. Mas Araújo era um dos proprietários da *Gazeta de Notícias*, o próprio jornal que estampava o folhetim e a zombaria irônica aqui reproduzidos.

5 *Tollé*: clamor, movimento coletivo de protesto (cf. dicionário *Le Petit Robert...*, 1986).

vistas, e bem em relevo, os seus escritores. Para a chamada e já agora defunta e sepultada escola idealista exigia-se do autor perícia no escrever e imaginação.

Agora com a realista, basta dizer que quem imitar Camões será Camões II e logo ficam todos cientes qual no *Primo Basílio* é o maior dos defeitos.

Melhor, mais seguro e acertado procedeu o tribunício Sr. Ministro da Fazenda.[6]

Era a questão de cifras.

S. Exa. precisava de dinheiro e não o tinha. Eis aqui a escola realista. Pois não é o que deve ser chamado o realismo na sua pureza e crueldade? Precisar dinheiro e não o ter?

Não importa! Como homem de tribuna, S. Exa. é eclético, pesca ali, pesca aqui, como o outro (não era ministro) que dizia pinga aqui, pinga ali, pinga acolá, e como eclético cogitou: – Não tenho dinheiro, isso é certo, mas posso ter o seu representante e então tenha eu papel que terei dinheiro. Ouro é o que ouro vale.

Pensado e feito. Tomou da pena S. Exa. e escreveu ao Imperador: Senhor, proponho esta medida, não é legal, mas tomo a responsabilidade.

Toda a substância da representação de S. Exa. foi essa; mas é sabido que não é bastante saber a gente o que quer dizer, sendo que é parte por igual difícil estudar e encontrar o modo de o dizer. Então, o fogoso

---

6 O primeiro ministro da fazenda do gabinete liberal de Sinimbu foi Gaspar da Silveira Martins (Aceguá, 1834 – Montevidéu, 1901). O folhetim assinado por F. de M. confere-lhe a importância, mesmo com ironia, que sempre teve na política brasileira durante o Segundo Reinado. Silveira Martins fortaleceu o Partido Liberal no Rio Grande do Sul, fundando em 1868, em Porto Alegre, o jornal *A Reforma*. Defendeu as eleições diretas, a responsabilidade administrativa ministerial, a descentralização religiosa. Em 1879, renunciou à pasta da fazenda, pois o ministério não aprovou sua proposta de concessão do direito de voto aos não-católicos. Foi senador e, em 1889, presidiu a Província do Rio Grande do Sul. Devido ao brilho de sua oratória, foi cognominado o "Sansão do Império". Exilado pela República, retornou ao país após a deposição do marechal Deodoro, de quem era inimigo pessoal, ingressando no Partido Federalista. Favorável ao parlamentarismo, entrou em conflito com o governo federal. De 1893 a 1895, participou da Revolução Federalista no sul do país.

tribuno, lido nas letras persas, americanas e européias, nas antigas e modernas, nas sagradas e nas outras, retomou a pena e decidiu fazer a um tempo escola realista e escola ideal romântica, lamartinesca.

Senão vejamos:

ESCOLA REALISTA OU BASILESCA

Não basta para pagar as dívidas vencidas, para resgatar os bilhetes em circulação, para pagar as tropas em algumas províncias, com os soldos atrasados muitos meses, para satisfazer as exigências de uma população faminta, para pagar a milhares de colonos os adiantamentos prometidos, para salvar os créditos do Estado e a ordem pública acabada!

É mister dinheiro, e já.

Por muito talento que tenha o Sr. Eça de Queirós, por muito artístico e pitoresco que seja o cunho de sua frase, não era nem capaz é de escrever coisa daquela força e daquele realismo:

"É mister dinheiro e já!".[7]

Dinheiro ou cadeia exclamam aos devedores remissos os credores severos.

Dinheiro ou cadeia!

Ao Imperador, porém, disse S. Exa. o Sr. ministro Gaspar, sempre tribuno apesar de ministro:

– Senhor a ordem pública está abalada...

Sua Majestade estremeceu, pois não sabia disso.

Sua Ex. continuou:

–... e pois dinheiro e já!

O que havia de S. Majestade fazer?

– Sr. Martins, dinheiro não tenho também eu, mas está aqui minha assinatura e saque.

Ora, não é tudo isso da escola realista?

Não é isto o puro *basilismo*?

Não se conseguiu uma nova sensação?

---

7 A oração já escrita mais acima é aqui reproduzida com ênfase diversa da anterior: sem vírgula e sem destaque.

Vamos agora aos trechos da

ESCOLA ROMÂNTICA

As facilidades, que a abundância não justifica, mas pode atenuar, opõe o governo a mais severa economia, promove a cobrança da dívida ativa – sem exceção –, acaba com todas as gratificações ilegais, dispensa o – pessoal inútil – etc., etc.

Agora um trecho flamejante!

... nenhum recurso se oferece mais pronto e eficaz, do que o papel-moeda, pois, qualquer operação, quando realizável, chegaria tarde para acudir a população do norte, *que morre a fome aglomerada nas praias.*

Lirismo final:

O ministério, senhor, tem consciência da responsabilidade que *assume perante a lei.*

Não parece um sonho?
Não é verdade que parece música de Chopin[8] e concerto de sabiás?

Está, pois, provado que se pode, com os tempos que correm da ordem pública abalada, ser Lamartine e *Primo Basílio*; quero eu dizer *ser real e poético*, apreciar como tanta gente o prato de bacalhau que Eça de Queirós pôs no seu romance e, ao mesmo tempo, ser idílico a ponto de confessar francamente que se tem consciência da responsabilidade que se assume perante a lei, isto é, que se sabe que se feriu a lei.

[O autor encerrou o folhetim descrevendo o espetáculo de fome representado pela chegada de cearenses ao Rio de Janeiro, expulsos das regiões de

---

8 Frédéric Chopin (Zelazowa-Wola, 1810 – Paris, 1849). Grande pianista e compositor polonês da escola romântica.

O primo Basílio na imprensa brasileira do século XIX

origem pela seca de 1877. Define a situação como a "escravidão da fome" e reivindica medidas governamentais imediatas de auxílio aos flagelados. A última coluna do folhetim não mantém, pois, o andamento irônico e zombeteiro das anteriores.]

F. de M.[9]

---

9 F. de M. seria talvez, segundo Arnaldo Faro (*Eça e o Brasil*, p.137), a forma abreviada do nome de Ferreira de Menezes (Rio de Janeiro, 1845 – Rio de Janeiro, 1881). Jornalista, teatrólogo, poeta e romancista, diplomou-se em direito em São Paulo, participando aí da redação do jornal *O Ipiranga* (1867-1869), no qual trabalhou como aprendiz de composição tipográfica o combatente abolicionista Luiz Gonzaga Pinto da Gama (Salvador, 1830 – São Paulo, 1882). Foi, no Rio de Janeiro, redator da *Gazeta da Tarde* (GT, 1880) e um dos líderes da Revolta do Vintém (janeiro de 1880) juntamente com Lopes Trovão, José do Patrocínio, Ferro Cardoso e outros.

12
O Primo Basílio

Folhetim assinado por Eleazar
O Cruzeiro, ano I, n.118
terça-feira, 30 de abril de 1878

Há quinze dias, escrevi nestas colunas uma apreciação crítica do segundo romance do Sr. Eça de Queirós, *O primo Basílio*, e daí para cá apareceram dois artigos em resposta ao meu, e porventura algum mais em defesa do romance. Parece que a certa porção de leitores desagradou a severidade da crítica. Não admira; nem a severidade está muito nos hábitos da terra, nem a doutrina realista é tão nova que não conte já, entre nós, mais de um férvido correligionário. Criticar o livro era muito; refutar a doutrina era demais. Urgia, portanto, destruir as objeções e aquietar os ânimos assustados; foi o que se pretendeu fazer e foi o que se não fez.

Pela minha parte, podia dispensar-me de voltar ao assunto. Volto (e pela última vez) porque assim o merece a cortesia dos meus contendores; e, outrossim, porque não fui entendido em uma das minhas objeções.

E antes de ir adiante, convém retificar um ponto. Um dos meus contendores acusa-me de nada achar bom no *Primo Basílio*. Não advertiu que, além de proclamar o talento do autor (seria pueril negá-lo) e de lhe reconhecer o dom da observação, notei o esmero de algumas páginas e a perfeição de um dos seus caracteres. Não me parece que isto seja negar tudo a um livro, e a um segundo livro. Disse comigo: – Este homem tem faculdades de artista, dispõe de um estilo de boa têmpera, tem observação; mas o seu livro traz defeitos que me parecem graves, uns de concepção, outros da escola em que o autor é aluno, e onde aspira a tornar-se mestre; digamos-lhe isto mesmo, com a clareza e franqueza a que têm jus os espíritos de certa esfera. – E foi o que fiz, preferindo às generalidades do diletantismo literário a análise sincera e a reflexão paciente e longa. Censurei e louvei, crendo haver assim provado duas coisas: a lealdade da minha crítica e a sinceridade da minha admiração.

Venhamos agora à concepção do Sr. Eça de Queirós, e tomemos a liberdade de mostrar aos seus defensores como se deve ler e entender uma objeção. Tendo eu dito que, se não houvesse o extravio das cartas, ou se Juliana fosse mulher de outra índole, acabava o romance em meio, porque Basílio, enfastiado, segue para a França, Jorge volta do Alentejo, e os dois esposos tornariam à vida antiga, replicam-me os meus contendores de um modo, na verdade, singular. Um achou a objeção fútil e até cômica; outro evocou os manes de Judas Macabeu, de Antíoco, e do elefante de Antíoco. Sobre o elefante foi construída uma série de hipóteses destinadas a provar a futilidade do argumento. Por que Herculano fez Eurico um presbítero? Se Hermengarda tem casado com o gardingo logo no começo, haveria romance? Se o Sr. Eça de Queirós não houvesse escrito O primo Basílio, estaríamos agora a analisá-lo? Tais são as hipóteses, as perguntas, as deduções do meu argumento; e foi-me precisa toda a confiança que tenho na boa-fé dos defensores do livro, para não supor que estavam a mofar de mim e do público.

Que não entendessem, vá; não era um desastre irreparável. Mas uma vez que não entendiam, podiam lançar mão de um destes dois meios: reler-me ou calar. Preferiram atribuir-me um argumento de simplório involuntariamente, creio; mas, em suma, não me atribuíram outra coisa. Releiam-me; lá verão que, depois de analisar o caráter de Luísa, de mostrar que ela cai sem repulsa nem vontade, que nenhum amor nem ódio a abala, que o adultério é ali uma simples aventura passageira, chego à conclusão de que, com tais caracteres como Luísa e Basílio, uma vez separados os dois, e regressando o marido, não há meio de continuar o romance, porque os heróis e a ação não dão mais nada de si, e o erro de Luísa seria um simples parênteses no período conjugal. Voltariam todos ao primeiro capítulo: Luísa tornava a pegar no *Diário de Notícias*, naquela sala de jantar tão bem descrita pelo autor; Jorge ia escrever os seus relatórios, os freqüentadores da casa continuariam a ir ali encher os serões. Que acontecimento, logicamente deduzido da situação moral dos personagens, podia vir continuar uma ação extinta? Evidentemente nenhum. Remorsos? Não há probabilidade deles; porque, ao anunciar-se a volta do marido, Luísa, não obstante o extravio das cartas, esquece todas as inquietações, "sob uma sensação de desejo, que a inunda". Tirai o extravio das cartas, a casa de Jorge passa a ser uma nesga do *Paraíso*; sem essa circunstância, inteiramente casual, acabaria o romance. Ora, a substituição do principal pelo acessório, a ação transplantada dos caracteres e dos sentimentos para o incidente, para o fortuito, eis o que me pareceu incongruente e contrário às leis da arte.

Tal foi a minha objeção. Se algum dos meus contendores chegar a demonstrar que a objeção não é séria, terá cometido uma ação extraordinária. Até lá, ser-me-á lícito conservar uma pontazinha de ceticismo.

Que o Sr. Eça de Queirós podia lançar mão do extravio das cartas, não serei eu que o conteste; era seu direito. No modo de exercer é que a crítica lhe toma contas. O lenço de Desdêmona tem larga parte na sua morte; mas a alma ciosa e ardente de Otelo, a perfídia de Iago e a inocência de Desdêmona, eis os elementos principais da ação. O drama existe, porque está nos caracteres, nas paixões, na situação moral dos personagens: o acessório não domina o absoluto; é como a rima de Boileau: "*il ne doit qu'obéir*".[1] Extraviem-se as cartas, faça uso delas Juliana; é um episódio como qualquer outro. Mas o que, a meu ver, constitui o defeito da concepção do Sr. Eça de Queirós é que a ação, já despida de todo o interesse moral, adquire um interesse anedótico, um interesse de curiosidade. Luísa resgatará as cartas? Eis o problema que o leitor tem diante de si. A vida, os cuidados, os pensamentos da heroína não têm outro objeto, senão esse. Há uma ocasião em que, não sabendo onde ir buscar o dinheiro necessário ao resgate, Luísa compra umas cautelas de loteria; sai branco. Suponhamos (ainda uma suposição) que o

---

1 "Ele deve somente obedecer."

número saísse premiado; as cartas eram entregues; e, visto que Luísa não tem mais do que medo, se lhe restabelecia a paz do espírito, e com ela a paz doméstica. Indicar a possibilidade desta conclusão é patentear o valor da minha crítica.

Nem seria para admirar o desenlace pela loteria, porque a loteria tem influência decisiva em certo momento da aventura. Um dia, arrufada com o amante, Luísa fica incerta se irá vê-lo ou não; atira ao ar uma moeda de cinco tostões; era cunho; devia ir e foi. Esses traços de caráter é que me levaram a dizer, quando a comparei com a Eugênia, de Balzac, que nenhuma semelhança havia entre as duas, e aquela não passava de um *títere*. Parece que a designação destoou do espírito dos meus contendores, e houve esforço comum para demonstrar que a designação era uma calúnia ou uma superfluidade. Disseram-me que, se Luísa era um *títere*, não podia ter músculos e nervos, como não podia ter medo, porque os *títeres* não têm medo.

Supondo que esse trocadilho de idéias veio somente para desenfadar o estilo, me abstenho de o considerar mais tempo; mas não irei adiante sem convidar os defensores a todo transe a que releiam, com pausa, o livro do Sr. Eça de Queirós: é o melhor método quando se procura penetrar a verdade de uma concepção. Não direi com Buffon,[2] que o gênio é a paciência; mas creio poder afirmar que a paciência é a metade da sagacidade: ao menos na crítica.

Nem basta ler; é preciso comparar, deduzir, aferir a verdade do autor. Assim é que, estando Jorge de regresso e extinta a aventura do primo, Luísa cerca o marido de todos os cuidados – "cuidados de mãe e ímpetos de concubina". Que nos diz o autor nessa página? Que Luísa se envergonhava um pouco da maneira "por que amava o marido; sentia vagamente que naquela violência amorosa havia pouca dignidade conjugal. Parecia-lhe que tinha apenas um *capricho*".

---

2 Georges Louis Leclerc, conde de Buffon (Montbard, 1707 – Paris, 1788). Naturalista e escritor que, preocupado com a ordem e o encadeamento das idéias, pregava uma perfeita adaptação da expressão ao assunto. Publicou em 1753 *Discurso sobre o estilo*.

Que horror! Um capricho por um marido! Que lhe importaria, de resto? "Aquilo fazia-a feliz." Não há absolutamente nenhum meio de atribuir a Luísa esse escrúpulo de dignidade conjugal; está ali porque o autor nô-lo diz; mas não basta; toda a composição do caráter de Luísa é antinômica com semelhante sentimento. A mesma coisa diria dos remorsos que o autor lhe atribui, se ele não tivesse o cuidado de os definir (pág. 440).[3] Os remorsos de Luísa, permita-me dizê-lo, não é a vergonha da consciência, é a vergonha dos sentidos; ou, como diz o autor: "um gosto infeliz em cada beijo". Medo, sim; o que ela tem é medo; disse-o eu e di-lo ela própria: "Que feliz seria, se não fosse a infame!".

Sobre a linguagem, alusões, episódios, e outras partes do livro, notadas por mim, como menos próprias do decoro literário, um dos contendores confessa que os acha excessivos, e podiam ser eliminados, ao passo que outro os aceita e justifica, citando em defesa o exemplo de Salomão na poesia do *Cântico dos Cânticos*:

> *On ne s'attendait guère*
> *A voir la bible en cette affaire;*[4]

e menos ainda se podia esperar o que nos diz do livro bíblico. Ou recebeis o livro, como deve fazer um católico, isto é, em seu sentido místico e superior, e em tal caso não podeis chamar-lhe erótico; ou só o recebeis no sentido literário, e então nem é poesia, nem é Salomão; é drama e de autor anônimo. Ainda, porém, que o aceiteis como um simples produto literário, o exemplo não serve de nada.

Nem era preciso ir à Palestina. Tínheis a *Lisístrata*; e se a *Lisístrata*[5] parecesse obscena demais, podíeis argumentar com algumas frases de

---

3 Única indicação de página feita pelo crítico.

4 "Surpreende-se ver a Bíblia nesta discussão."

5 Comédia apresentada em concurso por Aristófanes (Atenas, c. 447 a.C. – Atenas, c. 385 a.C.) no ano de 411 a.C., em Atenas. Lisístrata, cuja etimologia do nome significa "licenciadora de exércitos", organizou uma reunião em sua casa com mulheres da Lacedemônia e da Beócia para deliberarem sobre um assunto de máxima importância: colocar fim à guerra. O momento da encenação da peça correspondia à Guerra do Peloponeso. O plano de Lisístrata era engenhoso: as mulheres deveriam

Shakespeare e certas locuções de Gil Vicente[6] e Camões.[7] Mas o argumento, se tivesse diferente origem, não teria diferente valor. Em relação a Shakespeare, que importam algumas frases obscenas, em uma ou outra página, se a explicação de muitas delas está no tempo, e se a respeito de todas nada há sistemático? Eliminai-as ou modificai-as, nada tirareis ao criador das mais castas figuras do teatro, ao pai de Imogene,[8] de Miranda,[9] de Viola,[10] de Ofélia,[11] eternas figuras, sobre as quais hão de repousar eternamente os olhos dos homens. Demais, seria mal cabido invocar o padrão do romantismo para defender os excessos do realismo.

Gil Vicente usa locuções que ninguém hoje escreveria, e menos ainda faria repetir no teatro; e não obstante as comédias desse grande en-

---

se adornar com perfumes, vestidos transparentes, excitar os desejos de seus maridos, evitando, porém, todo contato sexual com eles. No entender de Lisístrata, caso perseverassem nessa "greve amorosa", seus maridos seriam constrangidos a assinarem a paz.

6 Pouco se sabe sobre a vida do teatrólogo português Gil Vicente. Parece ter nascido por volta de 1465, tendo encenado sua primeira peça em 1502. Foi, segundo alguns, organizador de festas na Corte de D. Manuel, como a realizada por ocasião da chegada à Lisboa da terceira esposa do rei. Alguns de seus autos foram publicados ainda em vida do escritor, como o *Auto da barca do inferno*, a *Farsa de Inês Pereira*, o *Dom Duardos* e o *Pranto da Maria Parda*. Seu último trabalho foi representado em 1536. Sobre Gil Vicente, ver Saraiva & Lopes, 1976, p.193-228.

7 Luís de Camões, poeta e teatrólogo português, nascido provavelmente em Lisboa em 1524 ou 1525 e falecido em 1579 ou 1580, na mesma cidade. O épico *Os lusíadas* foi originariamente publicado em 1572. Foi também autor das comédias teatrais *Anfitriões*, *El-Rei Seleuco* e *Filodemo*.

8 Imogênia (Imogen), personagem da tragédia *Cimbelino, rei da Britânia*, de William Shakespeare (Stratford-upon-Avon, 1564 – Stratford-upon-Avon, 1616). Encenada pela primeira vez provavelmente em 1600 e publicada, em primeira edição, na coleção-fólio de 1623. Estranha a alusão de Machado-Eleazar a uma peça tão pouco conhecida no conjunto da obra de Shakespeare.

9 Miranda, filha de Próspero, personagem da tragédia de Shakespeare em cinco atos *A tempestade*, que estreou em 1611 no teatro O Globo, em Londres.

10 Viola, personagem da comédia de Shakespeare *Noite de reis*. O título original, *Twelfth night: or what you will* define melhor a trama da peça, que se passa na décima segunda noite depois do Natal, em 6 de janeiro, Noite de Reis. Provavelmente estreada em 1600, foi publicada in-fólio em 1623.

11 Ofélia, personagem da tragédia de Shakespeare *Hamlet*, em cinco atos. O drama deve ter sido composto entre 1601 e 1602.

genho eram representadas na corte de D. Manuel[12] e D. João III.[13] Camões, em suas comédias, também deixou palavras hoje condenadas. Qualquer dos velhos cronistas portugueses emprega, por exemplo, o verbo próprio, quando trata do ato que hoje designamos com a expressão *dar à luz*; o verbo era então polido; tempo virá em que *dar à luz* seja substituído por outra expressão; e nenhum jornal, nenhum teatro a imprimirá ou declamará como fazemos hoje.

A razão disto, se não fosse óbvia, podíamos apadrinhá-la com Macaulay:[14] é que há termos delicados num século e grosseiros no século seguinte. Acrescentarei que noutros casos a razão pode ser simplesmente tolerância do gosto.

Que há, pois, comum entre exemplos dessa ordem e a escola de que tratamos? Em que pode um drama de Israel, uma comédia de Atenas, uma locução de Shakespeare ou de Gil Vicente justificar a obscenidade sistemática do realismo? Diferente coisa é a indecência relativa de uma locução, e a constância de um sistema que, usando aliás de relativa decência nas palavras, acumula e mescla toda a sorte de idéias e sensações lascivas; que, no desenho e colorido de uma mulher, por exemplo, vai direto às indicações sensuais.

Não peço, decerto, os estafados retratos do romantismo decadente; pelo contrário, alguma coisa há no realismo que pode ser colhido em proveito da imaginação e da arte. Mas sair de um excesso para cair em outro não é regenerar nada: é trocar o agente da corrupção.[15] Um dos

---

12 Dom Manuel I, o Venturoso, décimo quarto rei de Portugal, reinou de 1495 a 1521.

13 Dom João III, o Piedoso, décimo quinto rei de Portugal, filho de Dom Manuel I e de sua segunda esposa, D. Maria de Castela. Nasceu em Lisboa em 1502 e reinou de 1521 a 1557.

14 Thomas Babigton Macaulay (Leicestershire, 1800 – Londres, 1859). Publicista e político inglês ligado ao Partido Liberal. Escreveu *Ensaios críticos e históricos* (1843).

15 Euclides da Cunha (Cantagalo, 1866 – Rio de Janeiro, 1909), no discurso de posse que proferiu na Academia Brasileira de Letras, em dezembro de 1906, ecoou explicitamente esse ponto de vista de Machado de Assis. Segundo Euclides, o "qüinqüênio de 1875-1880 [tinha sido] o da nossa investidura um tanto temporã na filosofia contemporânea ..." E tudo no Brasil era feito aos saltos, rompendo-se "a cadeia tradicionalista" e "repulsando os melhores nomes" de nosso passado cultural, apesar

O *primo Basílio* na imprensa brasileira do século XIX

meus contendores persuade-se de que o livro podia ser expurgado de alguns traços mais grossos; persuasão que, no primeiro artigo, disse eu que era ilusório, e por quê. Há quem vá adiante e creia que, não obstante as partes condenadas, o livro tem um grande efeito moral. Essa persuasão não é menos ilusória que a primeira; a impressão moral de um livro não se faz por silogismo, e se assim fosse, já ficou dito também no outro artigo qual a conclusão deste. Se eu tivesse de julgar o livro pelo lado da influência moral, diria que, qualquer que seja o ensinamento, se algum tem, qualquer que seja a extensão da catástrofe, uma e outra coisa são inteiramente destruídas pela viva pintura dos fatos viciosos: essa pintura, esse aroma de alcova, essa descrição minuciosa, quase técnica, das relações adúlteras, eis o mal. A castidade inadvertida que ler o livro chegará à última página, sem fechá-lo, e tornará atrás para reler outras.

Mas não trato disso agora; não posso sequer tratar mais nada; foge-me o espaço. Resta-me concluir, e concluir aconselhando aos jovens talentos de ambas as terras da nossa língua, que não se deixem seduzir por uma doutrina caduca, embora no verdor dos anos. Este messianismo literário não tem a força da universalidade nem da vitalidade; traz consigo a decrepitude. Influi, decerto, em bom sentido e até certo ponto, não para substituir as doutrinas aceitas, mas corrigir o excesso de sua aplicação. Nada mais. Voltemos os olhos para a realidade, mas excluamos o realismo, assim não sacrificaremos a verdade estética.

Um dos meus contendores louva o livro do Sr. Eça de Queirós, por dizer a verdade, e atribui a algum hipócrita a máxima de que nem todas as verdades se dizem. Vejo que confunde a arte com a moral; vejo mais que se combate a si próprio. Se todas as verdades se dizem, por que excluir algumas?

---

do "protesto tranqüilo, laivado de elegante ironia, [de um] mestre, que nos preside e guia, [e que] apontou então, sorrindo, os perigos de uma avançada sem bandeiras, à semelhança de uma fuga". ("Discurso de recepção", in: Cunha, 1995, p.235). Recorde-se que o presidente da sessão da ABL, quando da posse de Euclides da Cunha naquela instituição, era Machado de Assis. Pode-se, pois, concluir que o debate sobre a natureza e a conveniência da mudança cultural travado no Brasil nos anos 70 do oitocentos, ou manteve-se vivo nesse período de mais de trinta anos ou, então, foi relembrado e reatualizado pelas palavras de Euclides da Cunha.

Ora, o realismo dos Srs. Zola e Eça de Queirós, apesar de tudo, ainda não esgotou todos os aspectos da realidade. Há atos íntimos e ínfimos, vícios ocultos, secreções sociais que não podem ser preteridas nessa exposição de todas as coisas. Se são naturais, para que escondê-los? Ocorre-me que a Voltaire,[16] cuja eterna mofa é a consolação do bom senso (quando não transcende o humano limite), a Voltaire se atribui uma resposta, da qual apenas citarei metade: *Très naturel aussi, mais je porte des culottes*.[17] Quanto ao Sr. Eça de Queirós e aos seus amigos deste lado do Atlântico, repetirei que o autor do *Primo Basílio* tem em mim um admirador de seus talentos, adversário de suas doutrinas, desejoso de o ver aplicar, por modo diferente, as fortes qualidades que possui, que, se admiro também muitos dotes do seu estilo, faço restrições à linguagem; que o seu dom de observação, aliás pujante, é complacente em demasia; sobretudo, é exterior, é superficial. O fervor dos amigos pode estranhar este modo de sentir e a franqueza de o dizer. Mas então o que seria a crítica?

Eleazar[18]

---

16 François-Marie Arouet (Paris, 1694 – Ferney, 1778), conhecido pelo pseudônimo de Voltaire, foi autor, entre outras obras, de *Cartas filosóficas* (1734) e *Cândido* (1759), além de textos históricos, como *O século de Luís XIV* (1751).

17 "Apesar de tanta naturalidade, eu uso calções."

18 O Eleazar machadiano aconselhava, preocupava-se com a formação dos "jovens talentos de ambas as terras", conforme se lê nas páginas aqui reproduzidas. Tratava-se, portanto, do velho Eleazar que se negou, na história bíblica, alimentar-se de carnes impuras.

13
Folhetim Cartas Egípcias
[Rabdul Achir, 29 de 1294]

Uma das razões de um decreto: ainda Eleazar

Assinado por Amenófis Efendi
Gazeta de Notícias, ano IV, n.120
sexta-feira, 3 de maio de 1878

[Gomensoro (Amenófis Efendi) foi o único a responder explicitamente ao artigo de Machado-Eleazar de 30 de abril, embora seu folhetim não lhe seja inteiramente dedicado. Abre-se com um preâmbulo sobre a recepção calorosa de *O primo Basílio* no Brasil, e somente nas duas últimas colunas retorna ao assunto inicial. O rodapé trata, em essência, de elogiar com ironia o comportamento do monarca brasileiro quando de sua viagem ao Egito e de criticar o decreto governamental de emissão de 60 mil contos de papel-moeda com a finalidade de cobrir despesas estatais.]

Escrevi-te pela primeira vez, há dias, dando-te conta de um folhetim crítico sobre *O primo Basílio*, visto esse romance de Eça de Queirós ser então ainda hoje a *coqueluche* dos habitantes desta terra. Dizendo-te isto compreenderás que todos os Almaviva compraram, coisa naturalíssima, esse Basílio, como também todos os Bartolo (há tantos por aqui!), apesar de jurarem em altas vozes ser esse um livro perigoso. A

José Leonardo do Nascimento

raiva dos Bartolo desafiando a curiosidade inata das Rosinas, algumas delas têm até empregado Fígaros, para haverem um Basílio, não com o fim de ensinar-lhes música, porém para satisfazer-lhes a vontade de saber *porque o Basílio é tão querido*.[1] Para o autor, a trovoada excitada nos Bartolo tem dado em resultado uma saraivada de ouro, porque todos os exemplares do seu romance foram imediatamente vendidos e, estou convencido, se desse romance forem tiradas mais seis edições, todas essas serão vendidas. Aos romances do chefe da escola tem acontecido o mesmo. Vês, dessa arte, que até nisso o Eça de Queirós é da escola!

Pretendia, na minha primeira carta, ocupar-me do assunto mais palpitante que aqui encontrei, logo chegando: a subida do partido liberal ao poder e fotografar-te alguns dos vizires.[2] O *Basílio*, porém, forçou-me a referir-te à critica do Eleazar, analisando-a. Agora que já tens conhecimento do romancista e do seu crítico, referindo-te alguns dos atos de

---

1 Amenófis Efendi utilizou, no início desse folhetim, a linguagem teatral, emprestando, para isso, os personagens da comédia em quatro atos *O barbeiro de Sevilha*, de Pierre-Augustin Caron de Beaumarchais (Paris, 1732 – Paris, 1799). A história é muito conhecida: o conde Almaviva, nobre e jovem, chega incógnito a Sevilha, à procura da bela e sedutora Rosina, a quem ama e pretende esposar. Encontra na cidade, casualmente, um seu antigo criado de câmara, Fígaro, que promete ajudá-lo na empreitada de conquistar Rosina. Fígaro fornece ao conde informações detalhadas sobre o doutor Bartolo, que mantém a jovem encerrada, sem nenhuma liberdade, em sua casa. O velho Bartolo, tutor de Rosina, apaixonara-se por ela e deseja esposá-la. As peripécias sucedem-se até o desenlace, com a aproximação de Rosina e Almaviva. O recurso empregado por Efendi demonstra bem a importância do teatro na cultura brasileira do final do século XIX. O folhetinista ironiza o comportamento dos Bartolo, confrontados com um novo e poderoso rival, o primo Basílio. Segundo Ubiratan Machado (2003, p.67), *O barbeiro de Sevilha* foi traduzido por Machado de Assis e encenado no Teatro Ginásio em 7 de setembro de 1866. Ainda segundo esse autor, a tradução machadiana continua perdida.

2 A função de vizir surgiu no califado dos Abássidas, a partir de 750, quando o centro do Império árabe deslocou-se para Bagdá, no Iraque. A cidade foi edificada na margem ocidental do rio Tigre, próximo a um canal navegável que o unia ao Eufrates. Com o deslocamento para o Oriente, o Califado, sob a influência dos persas, remodelou a administração, criando o cargo de vizir, espécie de primeiro-ministro que dispunha de considerável autoridade à frente dos vários ministérios (cf. Alves, 1997, p.94-5). No texto aqui reproduzido, Amenófis Efendi referia-se, naturalmente, aos vizires do Partido Liberal, aos ministros recém-empossados em 1878.

O primo Basílio na imprensa brasileira do século XIX

alguns dos novos ministros, cumpro uma das minhas promessas: referir-te o que me chamar aqui a atenção.

[O folhetinista aludiu, em seguida e detalhadamente, às razões da emissão estatal de papel-moeda, decretada pelo Ministro da Fazenda do gabinete liberal, Silveira Martins. Nas palavras de Efendi, a medida ecoaria negativamente no exterior, criando obstáculos para a vinda de colonos europeus para o Brasil.]

Quisera, a propósito disso, lembrar-te o que sucedeu em nosso país há 2.099 anos, reinando Ptolomeu Filopator,[3] porém o folhetim do *Cruzeiro* de hoje força-me a responder, se bem que rapidamente, a Eleazar Efendi.[4] Concluía a minha carta de hoje quando trouxeram-me traduzido o folhetim, tratando pela segunda vez da *Literatura Realista*, no qual seu ilustrado autor ocupava-se da minha primeira carta, se bem que *en passant*, para dar-me conselhos e jurar que eu não o compreendera. A minha primeira pergunta depois de haver lido esse folhetim foi: estais certo ser este folhetim do mesmo autor do primeiro? Asseguraram-me que sim. O segundo folhetim é incontestavelmente de força superior, de possante argumentação; o primeiro pareceu-me de um ingênuo e, por isso, muitas vezes a minha argumentação, *posso dar essa certeza a Eleazar*, foi aduzida com o sorriso de mofa nos lábios. Então, Eleazar diz no seu primeiro folhetim: "suponhamos que tais cartas não eram descobertas, ou que Juliana não tinha a malícia de as procurar, ou enfim que não havia semelhante fâmula em casa, nem outra da mesma espécie. Estava acabado o romance, etc., etc.".

E não queria que, ao responder-lhe, eu sorrisse e assim argumentasse!!!... Como seria possível entendê-lo por outro modo que o fiz? Há, porventura, nos escritos literários como nas leis: letra da lei e espírito da

---

3 Ptolomeu: nome de quinze macedônios que reinaram no Egito de 323 a.C., ano da morte de Alexandre Magno, até a conquista romana e a morte de Cleópatra, em 31 a.C. Ptolomeu IV, Filopator ("o que ama seu pai"), governou de 238 a 205 a.C.

4 *Efendi*: palavra árabe que significa "senhor"; logo, "senhor Eleazar".

lei? Para que reler o seu primeiro folhetim? Bastava pedir-me (e isso não era preciso) que lesse o seu folhetim de hoje, para jurarmos que esse sim é do excelente literato brasileiro.

A propósito de Eleazar censurar o *om*[5] do romance português é que perguntei-lhe como considerava ele o seu *SAGRADO Cântico dos cânticos* e citei alguns trechos da poesia de Salomão. Escolhendo de preferência um livro que é santo para o crítico, de preferência a algumas páginas de Marlowe,[6] Shakespeare, Camões, Gil Vicente, Calderón,[7] Lope de Vega,[8] Boccaccio,[9] Brantome,[10] Goethe e muitos outros, tive em mente reproduzir alguma coisa de um livro sagrado para Eleazar e, por conseqüência, muito venerado. *Fiz mal*, porque aquele que só tem a religião da ciência, religião cujas bases foram sentadas há mais de dois mil anos por Aristóteles,[11] ao lembrar-se da Sulamita,[12] só deve ler o *Cântico dos cânticos* como um livro ou somente lê-lo literariamente. Quer em um, *quer em outro caso, o sistema nervoso que não exista!!...*

---

5 Efendi utiliza com freqüência termos e noções próprios da cultura oriental. *Om* é uma sílaba sagrada empregada em ritos budistas e hinduístas. Segundo o *Dicionário Houaiss...*, o *om* é "o maior dos mantras do hinduísmo, usado na contemplação da realidade última".

6 Christopher Marlowe (Canterbury, 1564 – Londres, 1593). Autor dramático inglês, contemporâneo de Shakespeare.

7 Pedro Calderón de la Barca (Madri, 1600 – Madri, 1681). Dramaturgo oficial da Corte de Felipe IV da Espanha. Escreveu *El gran teatro del mundo* (1645), *La vida es sueño* (1633).

8 Félix Lope de Vega Carpio (Madri, 1562 – Madri, 1635). Escritor e dramaturgo espanhol. Escreveu *La estrella de Sevilla* (1617), *El perro del hortelano* (1618).

9 Giovanni Boccaccio (Florença, 1313 – Certaldo, 1375). De 1349 a 1351, em Florença, escreveu o *Decameron*.

10 Pierre de Boudeille, senhor e abade de Brantome (Périgor, 1540 – 1614), autor de *As damas galantes* e *Discursos*.

11 Aristóteles (Estagira, 384 a.C. – Cálcis, 322 a.C.).

12 Numa nota de pé de página da *Bíblia de Jerusalém* (2000, nota q., p.1.195), o comentador escreve: "O nome [Sulamita] aparece somente aqui [*Cântico*, 7, 1] e fica sem explicação. Foi proposto ver nele uma alusão à Sunamita que aquecia Davi e da qual 1Rs, 1, 2-4 exalta a beleza, ou uma forma feminina derivada do nome de Salomão, 'aquela que pertence a Salomão', representando o amado".

Devo aconselhar (permite?) a Eleazar que, ao ler a célebre ode de Safo,[13] *EIS EROMENEM*,[14] receba o livro da poetisa lesbiana como *místico e superior* (os habitantes de Lisboa a consideraram uma deusa), *ou só o receba no sentido literário ou então nem é poesia, nem de Safo: é de autor anônimo.*

Fazendo essas considerações, receio que a pessoa encarregada de me traduzir o que se escreve neste país não o tenha feito bem, *e que não tivesse lido e entendido Eleazar objetando.*

Entretanto, agradeço cordialmente a Eleazar *esse e outros conselhos* que me dá; pagá-los-ei brevemente quando der-te conta dos romances brasileiros escritos há poucos meses, romances que começo a *reler com pausa.* Sabe de antemão que o autor de um desses romances é o literato mais mimoso deste país.[15]

Amenófis Efendi

---

13 Safo, escritora nascida provavelmente em Mitilene, em Lesbos. Viveu por volta de 630 a 570 a.C. Uma das maiores poetisas da Antigüidade, escreveu epitalâmios, hinos e canções. Cantou o amor de forma às vezes melancólica, às vezes doce e alegre. A erótica de Safo era variada, ora o amor era pintado como algo capaz de vivificar, ora como inesperado, fugido e doloroso. Seus poemas foram divididos pelos sábios alexandrinos em nove livros, segundo os metros com que foram compostos.

14 Seguindo a tradução do erudito professor de história, conhecedor do alfabeto grego e prestativo amigo Pedro Bonoto, da Universidade Estadual do Paraná, a palavra *eis*, de sentido polissêmico, pode significar tanto o numeral "um", quanto "a, para, contra, em favor de..., em louvor de...". *Eromenem* provém de "Eros", amor; *eromené* significa "amante". Assim, o título do poema referido por Amenófis Efendi seria, em português, "Em louvor do amante", "Em honra do amante", "Em favor do amante"...

15 Amenófis refere-se ao romance *Iaiá Garcia*, publicado em folhetim nas páginas de *O Cruzeiro* de janeiro a março de 1878 e, em seguida, no mesmo ano, em livro.

14
Letras e Artes
Escola Realista

O Primo Basílio por Eça de Queirós

Ensaio assinado por Afonso Celso Júnior
A Província de São Paulo, ano IV, n.961, p.1
domingo, 5 de maio de 1878

A Eça de Queirós cabem glórias de iniciador: o seu último livro firmou solidamente um novo marco altaneiro na senda literária de Portugal.

A crítica ilustrada havia laureado, de há muito, o nome do autor do *Primo Basílio*; ovantes[1] apregoavam-lhe as tubas da popularidade, e os seus escritos, avidamente esperados, sofregamente lidos, eram e são dos poucos que logram galvanizar o interesse do público.

É que neles encontram-se, a par da fotografia exata, da reprodução fiel do nosso meio social, observações de subido quilate, tendências literárias de largo alcance, rebelião decidida contra os preconceitos caducos e, o que mais é, ensinamentos profícuos, lições de exímia valia.

O aparecimento do *Crime do padre Amaro* foi acontecimento de nota.

Revelou entre nós quem manejasse o escalpelo realista com perícia igual ou superior a dos modernos escritores em outros idiomas, e mostrou que entendimentos possantes já se iam convencendo de que os anêmicos

---

1 *Ovantes*: triunfante, vitorioso, soberbo ou orgulhoso pela vitória (cf. Caldas Aulete, 1970, v.IV).

sentimentalismos produzem verdadeiras dispepsias do espírito e físicas de inspirações. Por outro lado, patenteou sem rebuço, sem complacência, nossas fraquezas e misérias, desnudando com a mão de mestre a causa das enfermidades.

No *Primo Basílio* todas essas qualidades encarecem. O entrecho é mais atraente e convidativo. O desenho dos caracteres apresenta mais vigor. Nos tons há mais firmeza, decisão e segurança. O estilo, enfim, mais caprichosamente bordado alia louçanias de moças a cinzeladuras de artista.

Reconhece-se a ação benéfica do estudo, amestrando o pulso do escritor. Sente-se que a experiência e o trabalho desbastaram-lhe a pouco e pouco as asperezas, ensinaram-lhe minúcias, deram-lhe a justa medida, o tamanho exato dos objetos e inspiraram-lhe aperfeiçoamentos de quadros que impressionam, de telas deslumbrantes. Não é só isso.

Formulada a hipótese, Eça de Queirós tira, sem o desvio de uma linha, conclusões lógicas, necessárias, verdadeiras, das premissas estabelecidas. Possui em alto grau a faculdade da síntese. Se o estudo das paixões é interessante, não lhe é somenos o dos fenômenos que se transformam no vasto cenário de nossas ações cotidianas. Ora, o escritor que consorciar a magnificência de adereços, a excelência da interpretação e a habilidade do enredo, adquire jus aos encômios mais calorosos.

Isso acontece com Eça de Queirós.

Como os romancistas adversos à sua escola, ele examina em todos os seus trâmites a ação física, passando após as fases da sua manifestação.

Aplica, em seguida, sua observação pujante aos fatos, às deduções determinadas por ele, apresentando tudo sob uma forma nova, verossímil, real, coerente com a sua maneira de ser, consentânea com os preceitos racionais.

Daí o seu grande mérito. Esquiva-se de emaranhar-se em divagações sentimentais, em amplas considerações hiperbolicamente fantásticas. Não supõe, aponta. Não devaneia, mostra. Só cria situações quando lhes as sugere o bom senso. Tem horror a mentiras. Se há hediondez, ostenta-a tal qual é, sem enganar, com franqueza. É um Epaminondas[2]

---

2 Epaminondas, general e político tebano, nascido por volta de 418 a.C. Assegurou a hegemonia de Tebas sobre as cidades gregas, vencendo os espartanos em Leuctres. Foi mortalmente ferido na Batalha de Mantinéia, em 362, findando aí, praticamente, a hegemonia de Tebas na Grécia.

das letras. Circula conseguintemente por todo o seu livro uma aragem vivificante, impregnada de aromas fortes, que, embora ríspida e rude às vezes, alenta energias enfermas, frescas, limpas, sadias.

Acoimam Eça de Queirós de imitador de Émile Zola. É Telêmaco, porém, que excede em não pouco o seu Mentor.[3] Tudo no romancista português é melhor: estilo, concepção, tendências, desenlaces e, sobretudo, a pronunciada originalidade afirmativa e inconcussa.

Zola gosta sobremaneira de carregar as tintas. Timbra em traços rudes, em acentuações grosseiras. Simpatiza com o ignóbil, nem trepida em embeber a pena no torpe. Não se lhe dá andar de braço com a imoralidade e salpicar-se de lodo; seu estilo é sujo, seus livros prenhes de exalações pestíferas. Esquadrinha as ruindades das coisas, compraz-se em nodoá-las. Visa, não raro, a causar mal estar ao estômago. É indiferente à repugnância.

Eça de Queirós, porém, conquanto com ligeira vocação sensual, um tanto propenso à sensação física, às materialidades, sabe ter-se mais cavalheiro. Satura os quadros de certos perfumes ideais, mitiga-os com tons crepusculares. Pressentem-se neles uns misticismos indecisos, uns leves toques de idealismos velados que, impressionando agradavelmente, dissimula o alpestre das cenas.

Se fala aos sentidos, lisonjeia-os; não os irrita. Atrai, não repele. É mais aristocrático, mais polido. Foi limado, é fino, envernizou-se.

Revolve podridões, mas munido de desinfetantes. Observa à risca a precaução dos preservativos. É médico, não enfermeiro. Preceitua sem manipular. Usa luva de pelica e lava as mãos depois das operações.

Atenua o efeito de uma cena de lama com uma página de flores. Pressinta-lhe o microscópio, por onde examina as coisas, um aro de ouro, e coa por ele um resplendor de irradiação doce. Assemelha-se nisso a

---

3 Mentor, na *Odisséia* de Homero (séc. VIII a.C.?), é o amigo mais velho de Telêmaco, filho de Ulisses, e que o acompanha na viagem que faz à procura do pai, às cidades de Pilos e de Esparta. Mentor é, de fato, um disfarce da deusa Atena, cujos conselhos seriam essenciais para a transformação do jovem e inexperiente príncipe de Ítaca em indivíduo adulto. Nas *Aventuras de Telêmaco* (1699) de François Fénelon (Périgord, 1651 – Cambrai, 1715), Mentor designa o velho amigo protetor, guia e mestre. Na relação Mentor–Telêmaco, fundamenta-se o tema pedagógico da *Odisséia* de Homero e do *Telêmaco* de Fénelon.

Daudet. No *Nababo*,[4] há capítulos de desbragado realismo. Não nos suscitam, no entanto, a repugnância de muitas passagens do *Assommoir*. Com Zola, Eça de Queirós aprendeu tão-somente a minúcia descritiva, a ciência do detalhe, a verdade do colorido, o escrúpulo consciencioso na observação e, mormente, a arte suprema pela qual os atos mais comezinhos da nossa vida vulgar deparam-se-nos cheios de encanto, de magia, atrativos. Soube furtar-se aos exageros. Evitou os desvios do seu guia e nos terrenos resvaladiços, se escorrega, recobra logo o aprumo, mantém o equilíbrio, não cai.

Demais o trabalhado estilo é véu de gás para as mais cruas rudezas. Lembra o patologista douto, que assinala aos discípulos as podridões do corpo estendido na mesa anatômica, aponta-as com o bisturi, mas com tal delicadeza de frase, eloqüente, com tanta magia, que, embevecidos a ouvi-lo, todos, longe de desfitarem os olhares, os cravam no corpo corrupto. Especializemos, porém.

Com três elementos principais, três caracteres predominantes, é tecido, no *Primo Basílio*, o fio da narrativa e as situações delineadas. Em todos, esteriotipa-se a nossa educação social, com traços genuínos, verdadeiros. São filhos legítimos do nosso estado moral. Conclusões de nossas premissas, resultados dos princípios adotados.

O primeiro é o sedutor: feito de ociosidade e má compreensão de deveres. Impele-o a efeminação de costumes e as frivolidades atraentes, as exterioridades doiradas enfunam-lhe as velas da audácia, impulsionando-o.

O segundo representa o espírito imbele que, à mingua de critério para discernir o falso do verdadeiro, deixa-se engodar por pedrarias imitativas, com cintilações postiças de fingimento calculado.

A corrente da perdição arrasta-o. Ansioso, busca o esteio moral a que se apegar. Não tem-no, ou se o encontra, de fraco e apodrecido, não

---

4 Romance de Alphonse Daudet (Nîmes, 1840 – Paris, 1897), autor de contos provençais, mas também romancista, dramaturgo e poeta. Em 1869, publicou *Cartas de meu moinho* e, em 1878, o romance *Nababo*, história de um aventureiro milionário que, voltando do Oriente, pensa adquirir em Paris estima e dignidade, mas encontra somente interesseiros e falsos amigos. O romance foi publicado no mesmo ano desse ensaio de Afonso Celso Júnior, fato que comprova a estreita relação da cultura brasileira do período com as últimas novidades literárias parisienses.

resiste aos empuxões e desaba funesto. Deriva, portanto, embora se debatendo. Depois, a insensibilidade chega com gradações necessárias.

O terceiro simboliza a revolta contra as injustiças sociais, alucinadas pelo sofrimento, mas erma de luz guiadora.

A confusão da vingança torpe com a reação legítima é aí o fruto inevitavelmente venenoso das sementes da justiça e do bem plantadas mal.

O rosário dos raciocínios desfiado com precipitação, sem tino, escorcha os dedos e sangra-os.

A educação boa não atalhou os desregramentos e, no primeiro ensejo, os maus instintos desenfreados atiram-se pela vereda que se lhes antolha, sedentos de represálias iníquas, sem refletir sobre os perigos da estrada, imprevidentes dos malefícios, com desvarios tontos, cegos.

No cadinho estreito das convenções, juntai, confundi essas substâncias heterogêneas e o resultado será infalivelmente tremendo.

Basílio é um tipo comum, em nada incongruente.

Só a luz do princípio absoluto do bem é que as suas teorias de sedução e as infâmias vezeiras repugnam com a sua felicidade no comércio e o seu bom conceito na sociedade.

Aqui, porém, são não raro requisitos de êxitos afortunados os seus predicados torpes.

Quanto à seduzida, o seu papel existe independente, goza de autonomia.

Não é uma ficção: longe de ser um boneco movido a cordel por outros, vive de vida própria, tem caráter. Um caráter e, conseqüentemente, a íntegra de seus corolários não passa do produto de um sistema de princípios estereotipados, não importa se errôneos, se salutares.

Luísa é, pois, uma personalidade. Seduzível, arrastável, a fraqueza reside na essência de sua vontade, está em seu fundo, constitui-a. Não conhece os fortificantes tônicos do estudo e do trabalho; impressiona-se, arrastam-na, cede. Da maleabilidade dos princípios, não se pode deduzir a sua não existência, porém.

O caráter da criada é completo, de acentuação vivaz. Nele amalgamam-se crendices míopes com apreciações tacanhas. A superstição espoja-se no terreno lodoso dos preconceitos. Ilumina-lhe o cérebro o luar lívido dos direitos boçalmente entendidos. Atravessam-lhe a noite

O primo Basílio na imprensa brasileira do século XIX

do servilismo as labaredas intermitentes que a dignidade abafada pelas leis sociais despede a trechos fulva, minaz.

Há, pois, nas figuras da obra de Eça de Queirós, verdade, exatidão. A conseqüência coerente não falha.

Ele nem de leve devaneia, fotografa sempre, acompanhando com fidelidade rara os seus modelos nas suas evoluções múltiplas.

Acusam, porém, o seu romance de encerrar imoralidades, indecências. Mas será isso culpa do autor? Ele copia a sociedade, sem a mínima discrepância, e vós, que o censurais, procurai primeiro estirparem-lhe as normas. Preferíeis que mentisse, que apresentasse ações impossíveis, preparando assim decepções, tanto mais duras quanto fossem lindas as quimeras? Não, a verdade antes de tudo. Vivemos no mundo, conhecemo-lo, pois, sem rodeios, nas suas particularidades íntimas. O fim nobre da arte é este: realçando a verdade, concorrer para a perfectibilidade.

Ilusória, deturpa o seu pensamento e mata o seu ideal quando mentirosa.

Caminhando por uma estrada escabrosa, qual escolheríeis: o guia descuidado que vos pintasse o percurso com enganadoras cores róseas, sonhando imagens jamais realizáveis, panoramas totalmente descabidos aí, ou aquele que, com franqueza rude, vos enumerasse os entulhos sujos, os lamaçais mefíticos, os pântanos?

A beleza da ilusão presente avulta o negrume do desengano futuro. A arte é elevada, santa: a mentira, embora dourada, conspurca-lhe o arminho.

Mas, que utilidade resulta do Primo Basílio, que ensinamento colhe-se nele, se o autor não preceitua, narra; não aponta o futuro, copia a realidade?

Uma bem triste lição, mas de resultados incalculáveis: que o nosso meio social está morfético; que a nossa educação, além de frivolamente anêmica, acha-se infectada de filtros letais, envenenada.

À maneira que se vão compulsando as páginas, uma convicção se nos vai arraigando no ânimo: que urge brandir, quanto antes, a enxada reacionária, abrindo amplos sulcos às sementeiras novas.

Basílio, Juliana e Luísa e, como estes, os mais tipos do romance, são produtos de uma sociedade anã, com pretensões de gigante, mal enveredada, pouco instruída, tola.

Se tivessem vedado a Luísa, na meninice, convivências perigosas; se incutissem no espírito de Basílio os ideais verdadeiros, baseados numa moral sã, não haveria o adultério. Luísa não cairia se, em vez de ler a *Dama das Camélias* e murmurar cançonetas de frouxa melodia lasciva, percorresse livros de ciências e, sem se inebriar, só desse ouvido às harmonias dignas. Amaria mais o marido e portanto teria forças para ser-lhe fiel, se o conhecesse melhor.

Supondo que tinha com ele as íntimas afinidades do espírito, que comparticipava de suas elucubrações intelectuais, que a convivência física os unia, os consubstanciava, a queda era impossível, nada a abalaria.

A mulher, entre nós, não é a amiga, a secretária, a cônjuge do marido: é apenas sua criada grave.

Só tem de comum com ele a parte animal. Colaboram em idênticas condições, com igual participação, somente nos atos físicos. A manifestação elevada do ser, que é a sua essência, o alcance das faculdades, as elucubrações anímicas que revelam a procedência divina do homem, a esposa mal pode descobrir no esposo. Divisa-as de longe. A miopia de sua ignorância não lhe permite ver mais.

Como, pois, exigir em laços tão mal ligados, débeis, frouxos, a energia necessária para resistir aos puxões violentamente avultados do crime?

Mole de si, machucante [sic], o nó rompe-se com aquiescência plena, ao primeiro arranco.

Juliana, enfim, não teria atormentado Luísa, não lhe transformara o lar em inferno, não morrera de raiva, se porventura com a luz de princípios sãos lhe houvessem banido da alma os maus instintos, as tendências de abutre, as trevas.

Sua consciência não apodreceria, desde que ela a conservasse lavada com asseio. A perversidade não é fatal; corrige-se. E quando o fosse, a educação é vacina profícua contra as bexigas morais. De resto, estas nascem do contágio; é evitá-lo.

Em suma, *O primo Basílio* faz raciocinar. Nas exclamações alternativas de alegria, de susto, de raiva, de nojo mesmo, que nos arranca, vai envolta a seguinte conclusão: para atalhar de golpe todas as atuais torpezas sociais, cumpre assinalar à esfera de nossa vida um eixo rotatório, a educação, cujos dois pólos sejam a ciência e a crença purgada de superstições papistas.

O primo Basílio na imprensa brasileira do século XIX

Eça de Queirós foi um revelador. Com a possante lente de microscópio da minudência patenteou as podridões inacabadas, os vermes latentes de nosso organismo. Fez mais: com precisão admirável, removeu com o bisturi o foco venenoso. Vinde agora vós, socialistas, moralistas, com o cautério para os antídotos.

Os que acusam o autor de O primo Basílio de implacável, obsceno, destituído de melindres, de rebuços, sem atenuações, rude, deslembram que para alcançar a boa-venturança é mister não só indicar as virtudes como os erros.

No livro de Deus, a Bíblia, se refulgem serenas as estrelas de constelação do Decálogo,[5] descobrem-se horrendas, na sua enumeração esmiuçada, as torpezas do Eclesiastes.[6]

Seria imprestável o telescópio que, encaixando cada um dos asterismos de per se, não lhes deixasse perceber em seguida os componentes, as sombras, os eclipses, e não assinalasse distintamente todas as manchas do sol.

Afonso Celso Júnior[7]

---

5 Designação dos Dez Mandamentos que, segundo Êxodo, 20, foram endereçados diretamente por Deus ao conjunto do povo hebreu. O Decálogo constituiu-se na base moral da legislação de Israel, tanto quanto da moralidade judia e cristã.

6 Eclesiastes: livro do Antigo Testamento atribuído a Salomão, mas de autoria duvidosa. Classificado como um dos livros sapienciais da Bíblia, trata, de maneira recorrente, da vaidade das coisas humanas. Deve ter sido composto por volta do século III a.C., período em que a Palestina encontrava-se submetida aos Ptolomeus (cf. Bíblia de Jerusalém, p.1.165-6).

7 Afonso Celso de Assis Figueiredo Júnior foi advogado, jornalista, poeta, romancista, professor, reitor da Universidade do Rio de Janeiro e presidente perpétuo do Instituto Histórico e Geográfico Brasileiro. Diplomou-se em direito em São Paulo. Em poesia, transitou do romantismo para o parnasianismo. Machado de Assis analisou dois de seus livros no ensaio a "A nova geração", publicado na Revista Brasileira. Publicou o volume de poesias Telas sonantes em 1879, porém o seu livro mais famoso foi um conjunto de ensaios intitulado Porque me ufano de meu país (1900).

15
Resenha teatral

Resenha assinada por A. Dias
Revista Ilustrada, ano 3, n 111, p.6-7
sábado, 11 de maio de 1878

Os teatros prometem-nos duas grandes novidades: *Lazaristas*[1] e o *Primo Basílio*.
Caiu em exercícios findos a proibição do Sr. João Cardoso,[2] e vamos ter brevemente a peça do Sr. Enes em cena.

---

1 *Os lazaristas*, peça do autor português Antônio José Enes (Lisboa, 1848 – Queluz, 1907). A peça, de conteúdo antijesuítico, foi encenada pela primeira vez em Portugal em 1875 e montada no Brasil, pelo empresário e ator Furtado Coelho, em 1878. Antônio José Enes, jornalista, romancista, historiador e dramaturgo, foi deputado e ministro de Estado. Entre 1875 e 1881, compôs dramas ou comédias – dramas tais como: *Os lazaristas*, *Eugênia Milton*, *Os enjeitados*, *O saltimbanco*, *A emigração*, *Um divórcio*, *O luxo*.

2 João Cardoso de Menezes e Sousa (Santos, 1827 – Rio de Janeiro, 1915). Ingressou na faculdade de direito de São Paulo, formando-se em 1848. Escreveu, nessa época, os poemas do livro *A harpa gemedora*. Em Taubaté, no interior de São Paulo, foi professor de história e geografia. No Rio de Janeiro, estabeleceu banca de advocacia, tornou-se funcionário público como Procurador Fiscal do Tesouro Nacional. Em 1873, elegeu-se deputado pela Província de Goiás, cumprindo o mandato até 1876. Em 1878, era o presidente do Conservatório Dramático e, portanto, o responsável pela proibição da encenação da peça de José Enes, *Os lazaristas*. Em 1884, foi agraciado pelo Imperador com o título de barão de Paranapiacaba.

E em cena por muito tempo, pois todo o Rio de Janeiro há de querer ver representar o drama que motivou tanta cutilada e tanto aparato bélico.³

Pois brevemente vê-lo-á, creio mesmo que hoje, se não falham os planos do Sr. Furtado.⁴

O *Primo Basílio* tem para atrair, além do nome, o mistério em que se envolve o seu autor... ou autora.

---

3 Em matéria da mesma *Revista Ilustrada*, de 11 de maio, assinada por A. Gil (p.2), a explicação apresentada para a liberação dos *Lazaristas* era de ordem política. No entender do colunista, a mudança política dos "conservadores" para os "liberais" provocou, naturalmente, a substituição do antigo Ministro da Justiça. Pois, o novo ministro, no dizer do artigo, "está doido para demitir o Sr. João Cardoso e só espera um pé. Ora, o Sr. João Cardoso sabe disso, e para não dar o pé, curva-se submisso e beija as mãos de S. Ex., licenciando os *Lazaristas* ...". A peça estava proibida havia três anos. Segundo as palavras do jornalista, o ministro "tem ainda um meio de demiti-lo, que é acabar com todo o Conservatório Dramático, esse parasita inqualificável das empresas teatrais. Não há razão alguma para existir o Conservatório, a não ser estabelecer entradas gratuitas para cinco indivíduos que nada fazem pelos teatros". Em 1878, o novo Ministro da Justiça era o antigo republicano Lafaiete Rodrigues Pereira, o conselheiro Lafaiete (Queluz, 1834 – Rio de Janeiro, 1917). Segundo Lúcia Miguel Pereira (1955, p.121), Machado de Assis foi membro do Conservatório Dramático, no momento de sua criação, em 1871, quando o seu presidente era José de Alencar.

4 Referência a Luís Cândido Furtado Coelho (Lisboa, 1831 – Rio de Janeiro, 1900). De família de generais e altos burocratas do Estado português, Furtado Coelho veio para o Brasil para se dedicar à atividade comercial. Em Portugal, já havia escrito o volume de poemas *Sorrisos e prantos* e o drama teatral *O agito*, representado no teatro D. Maria II em 1855. Chegou ao Rio de Janeiro em 1856, tornando-se neste mesmo ano "ensaiador" do Teatro Ginásio Dramático. Trabalhou como ator em várias cidades brasileiras, como Porto Alegre, Pelotas, Rio Grande, São Paulo, Recife e São Luís. Foi, além de ator, músico e empresário teatral. Amante da atriz portuguesa Eugênia Câmara, foi marido da também atriz portuguesa Lucinda Simões. Lúcia Miguel Pereira (1955, p.97) escreveu que no teatro "Ginásio ... Furtado Coelho, louro e fino como um fidalgo, lançava modas e exibia a mulher, a admirável Lucinda". Procópio Ferreira (1939, nota 41, p.102) escreveu que Furtado Coelho morreu, não no Rio de Janeiro, mas em Pedrouças, perto de Lisboa, em 1900. Sobre a biografia de Furtado Coelho, ver Faria (1993, p.129-33).

O próprio Silva Pereira,[5] que vai fazer de *Primo Basílio*, não conhece o nome do autor da peça.
Tudo quanto ele sabe é que vai dá-la em seu benefício na Fênix e na semana próxima.
Mas como obteve ele a comédia?
Lá isso agora eu posso contar.

Eram duas horas da madrugada quando lhe bateram à porta. Por exceção já ele estava deitado.
Outro não abriria a porta àquela hora; mas ele, o Silva Pereira, tem lá medo de abrir a porta!
Embrulhou-se na colcha, desceu a escada e perguntou:
– Quem é?
– Uma pessoa quer falar ao Sr. Silva Pereira.
Esta resposta, em voz de baixo, contrariou-o um pouco; mas já ele estava em baixo, e abriu.

Um velho criado, de chapéu na mão, fez-lhe sinal que se aproximasse do *coupé* que estava parado à porta.
O Silva Pereira, apesar da *toilette* em que se achava, já não podia hesitar, dirigiu-se à portinhola do carro.
Estenderam-lhe então um pequeno embrulho, dizendo:
– *Para o seu benefício.*[6]

---

5 O ator Silva Pereira representou Basílio num *a-propósito* escrito por Ferreira de Araújo, que assinou a adaptação de maneira inusitada: "da autoria de uma hábil pena". A peça foi reduzida a apenas um ato, considerando que o gênero *a-propósito* caracterizava-se pela brevidade. A representação ocorreu no Teatro Fênix Dramática, em 27 de maio de 1878, em *benefício* do ator Silva Pereira (cf. Faro, 1977, p.150-3). Faltam informações precisas sobre Silva Pereira. Pesquisando-se na bibliografia sobre o teatro brasileiro do final do século XIX, constata-se sua participação em alguns espetáculos como *As mexicanas*, ao lado de Apolônia Pinto. Os críticos da época ressaltavam a veia cômica de Silva Pereira.

6 No *benefício*, a bilheteria do espetáculo revertia em favor de alguém, e não da companhia que o havia patrocinado e montado.

O criado já estava na boléia; e o carro partiu, puxado por dois possantes cavalos.

Depois de alguns minutos de estupefação, ele decidiu-se a considerar o embrulho.

Desatou um laço de fita, desembrulhou e leu:

Primo Basílio, comédia em um ato por...[7]

Segundo ele afirma, a mão que lhe entregou a comédia e a voz, que lhe disse: *Para seu benefício*, devem pertencer a uma elegante senhora.

– A mão era bem calçada, e a voz melodiosa, de matar a gente.

E eis tudo quanto ele sabe a respeito da comédia com que vai fazer benefício na Fênix.

Eu perco-me em conjecturas, ele perde-se em conjecturas e o leitor naturalmente quererá também perder-se em conjecturas, portanto...

Ponto.

A. Dias[8]

---

7 No *benefício* do Silva Pereira, o conselheiro Acácio foi rebatizado com o nome de comendador Baptista (cf. João Pedro de Andrade, "Eça e o teatro", in: Pereira & Reys, 1945, p.865-6.)

8 Autor não identificado.

16
Carta de Eça de Queirós endereçada a Machado de Assis[1]

Datada de 29 de junho de 1878, de Newcastle-upon-Tyne, Inglaterra, acusava a leitura da crítica feita por Machado de Assis em 16 de abril de 1878.

Uma correspondência do Rio de Janeiro para A *Atualidade* (jornal do Porto) revela ser o Sr. Machado de Assis, nome estimado entre nós, o autor do belo artigo "O *Primo Basílio* e o realismo", publicado no *Cruzeiro* de 16 de abril, assinado com o pseudônimo de "Eleazar". Segundo essa correspondência há ainda sobre o romance mais dois folhetins de V. S.ª nos números do dia 16 e 30 de abril. Creio que outros escritores brasileiros me fizeram a honra de criticar o *Primo Basílio* – mas eu apenas conheço o folhetim de V. S.ª do dia 16, que foi transcrito em mais de um jornal português.[2] O meu editor, o Sr. Chardron,[3] encarregou-se de

---

1 Nota-se, pela leitura da carta, que Eça responde à crítica machadiana de 16 de abril e desconhece tanto os textos de S. Saraiva e de Amenófis Efendi, favoráveis ao seu livro, quanto a tréplica de 30 de abril assinada por Machado de Assis. Imagina erroneamente a existência em O *Cruzeiro* de mais um texto de crítica de Machado à sua obra, também datado de 16 de abril.
2 Informação valiosa, pois demonstra que, da mesma forma que os autores portugueses publicavam na imprensa brasileira, órgãos da imprensa portuguesa abriam-se à colaboração de escritores brasileiros.
3 Trata-se de Ernesto Chardron, cuja livraria e editora estavam sediadas na Rua das Carmelitas, na cidade do Porto, desde 1868.

coligir essas apreciações, de que eu tenho uma curiosidade quase ansio-sa. Enquanto as não conheço, não posso naturalmente falar delas – mas não quis estar mais tempo sem agradecer a V. S.ª o seu excelente artigo do dia 16. Apesar de me ser adverso, quase revesso, e de ser inspirado por uma hostilidade quase partidária à Escola Realista – esse artigo, pela sua elevação e pelo talento com que está feito, honra o meu livro, quase lhe aumenta a autoridade. Quando conhecer os outros artigos de V. S.ª poderei permitir-me discutir as suas opiniões sobre este – não em minha defesa pessoal (eu nada valho), não em defesa dos graves defeitos dos meus romances, mas em defesa da Escola que eles representam e que eu considero como um elevado fator do progresso moral na sociedade mo-derna. Quero também por esta carta rogar a V. S.ª queira em meu nome oferecer o meu reconhecimento aos seus colegas de jornal pela honrosa aceitação que lhes mereceu *O primo Basílio*. Um total acolhimento por parte de uma literatura tão original e tão progressiva como a do Brasil – é para mim uma honra inestimável – e para o Realismo, no fim de tudo, uma confirmação esplêndida de influência e vitalidade.

Espero ter em breve oportunidade de conversar com V. S.ª – através do oceano – sobre estas elevadas questões de Arte, rogo-lhe queira aceitar a expressão do meu grande respeito pelo seu belo talento.

Addum au Consulat de Portugal.[4]

Eça de Queirós[5]

---

4 Eça de Queirós permaneceu quatro anos em Newcastle.
5 Essa carta do romancista português foi citada por Alberto Machado da Rosa (1979, p.227-8).

17
Revista Dramática

O Primo Basílio, peça realista extraída do romance do mesmo título pelo Dr. A. Cardoso de Menezes[1]

Artigo assinado por S. Saraiva
Gazeta de Notícias, ano IV, n.184
sábado, 6 de julho de 1878

A extraordinária voga que entre nós teve o último livro de Eça de Queirós despertou naturalmente a louvável ambição de aumentar as glórias do notável escritor transplantando o seu *episódio doméstico* das páginas frias da brochura para os lumes do proscênio.

---

1 Antônio Frederico Cardoso de Menezes e Sousa (1849 – 1915). Teatrólogo, compositor musical, jornalista e funcionário público, diplomou-se em direito em 1871, iniciando o curso em São Paulo e completando-o no Recife. Foi afastado da faculdade de São Paulo porque compôs a "Marselhesa Acadêmica", música considerada subversiva pelos professores do Largo de São Francisco. Era filho de João Cardoso de Menezes e Sousa, futuro barão de Paranapiacaba, e censor, em 1878, do Conservatório Dramático. Antônio Frederico escreveu o drama *Uma aranha em palpos de aranha* (1874) e adaptou *O primo Basílio* para o teatro em 1878.

Nada mais natural do que, fascinado pela leitura do livro, deixar-se qualquer espírito prender por tantas belezas de observação e, arrastado pelo entusiasmo, chegar a convencer-se de que daquele livro se poderia fazer uma boa peça dramática.

Foi necessariamente nestas intenções, por isso que acima da suspeita de qualquer idéia especulativa está o seu caráter de artista e escritor, que o nosso amigo Cardoso de Menezes meteu ombros à pesada e árdua tarefa de dramatizar o *episódio* de Eça de Queirós.

Anunciada como foi a peça, isto é, como extraída do romance, é dever nosso examinar se sob este ponto de vista o drama está de acordo com o livro, não tanto pelo que respeita a incidentes, mais ou menos insignificantes, mas pelo que toca à índole, ao caráter e individualidade dos personagens arrancados ao livro e postos no jogo dramático do palco.

Ainda em pouco, em França, Dumas Filho extraiu do conhecido romance *José Balsamo*,[2] de Alexandre Dumas,[3] uma peça que morreu ao nascer.

Ninguém por certo atribuirá esse desastre à imperícia do autor ou à má qualidade do romance. O que esse desastre, que vem aumentar o número dos que se têm dado em casos idênticos, pode provar, é que o trabalho de extrair um drama de um livro é tão difícil e tão arriscado que nem mesmo aos talentos, provados no *métier*, é fácil a tarefa.

Não se admire, pois, o autor da peça que está na cena do Cassino se ouvir da nossa parte a opinião de que a sua obra não está na altura do seu talento, de que tem dado tão brilhantes provas em tantos outros trabalhos artísticos.

O livro de Eça de Queirós, *O primo Basílio*, é daqueles que não podem aparecer no teatro, senão com modificações tão radicais que afinal

---

2 O romance *José Balsamo* é o primeiro livro da série de cinco volumes intitulada *Memórias de um médico*, que Alexandre Dumas, pai, escreveu em colaboração com Auguste Maquet (1813-1888) e que foi publicada em folhetins de 1846 a 1848.

3 Alexandre Dumas, pai (Villers-Cottêrets, 1802 – Puys, 1870). Teatrólogo romântico, romancista e autor de novelas históricas.

o transformariam completamente. Extrair um drama de um romance é aproveitar a sua ação dramática, conservar a índole dos personagens que a desenvolvem e aplicar-lhe solução idêntica à do livro.

O autor da peça está, por uma coisa que se chama lealdade literária, obrigado a respeitar o ponto de vista do autor do livro de que se serviu para extrair a sua peça.

Ora, a ação dramática do livro de Eça de Queirós é quase nula. É preciso olhar que ele nem classificou a sua brochura como romance; chamou-o simplesmente – *episódio doméstico*.

Não é tão indiferente como pode parecer à primeira vista essa distinção da qualificação de um produto literário. Cada uma delas tem as suas regras, as suas exigências e os seus fins. Ora, se extrair uma peça de um romance é trabalho por demais difícil, o que não será extrair um drama de um simples episódio? Por ventura, as exigências de um livro são as mesmas do que as de um drama?

O que no livro pode deleitar o leitor e revelar a arte do autor, no teatro pode enfastiar o espectador que, na sua cadeira de platéia, tem exigências bem diversas do que quando lê o livro no seu gabinete.

Se essas observações, pelo seu caráter de genéricas, se podem aplicar a qualquer trabalho de extração de dramas, com grande vantagem elas têm cabimento a propósito do *Primo Basílio*.

Não tem este livro ação dramática para uma peça teatral. Aí está a peça do Cassino que parece ter sido feita de um propósito para o demonstrar. O fato de uma criada furtar umas cartas comprometedoras, que a Eça de Queirós deu um livro de seiscentas páginas, não dá naturalmente para uma peça, ainda que ela tenha nove quadros e cinco atos. Desde o primeiro desses quadros até o último, a ação da peça indica passo a passo que não há uma comoção, não há uma crise, não há enfim coisa alguma que interesse o espectador.

No livro, há a descrição dos personagens, há a descrição dos lugares em que se passam as diversas cenas do episódio, há, enfim, mais de trezentas páginas, descritivas das torturas por que passa Luísa, e que constituem o maior valor da obra, porque revelam profunda observação e grande conhecimento dos sentimentos humanos.

Na peça do Cassino, os quadros encadeiam-se sem lógica, sem fio que os justifiquem, revelando simplesmente uma coisa – o desejo de alongar-se uma peça. É assim que, quando sobe o pano para um quadro, a cena principal passada nele já foi prevista e quase descrita no antecedente.

É assim que o autor da peça faz para aparecer em uma ceia no Hotel Central, Basílio, que aposta em como há de conquistar a prima Luísa. Este quadro, de nenhum efeito, de nenhuma utilidade, perfeitamente injustificável, porque vicia a índole do livro, é um enxerto infeliz e de uma verdadeira originalidade.

Consiste esta em apresentar em cena um personagem falando francês. Ora, admitindo esse novo processo de fazer dramas, falando os personagens estrangeiros as línguas de sua nacionalidade, nós tomamos a liberdade de lembrar aos Srs. empresários a adoção de uma medida econômica para eles e de grande vantagem para o público: façam representar as peças, principalmente as francesas, na língua de Racine. Assim, não terão que pagar traduções e o público ficará conhecendo os verdadeiros originais. Terminado este quadro, já o público sabe que Basílio vai disposto a fazer a corte à Luísa. Um dramaturgo, que tivesse feito a aposta do quadro a que nos referimos, para dar o interesse a sua peça, o que faria?

Levantava naturalmente obstáculos à fácil execução do plano de Basílio. Mas no Cassino não é assim. Basílio fez uma aposta, que não consta do livro, e apresenta-se em casa de Luísa e conquista-a depois de um pequeno cavaco, sem a menor dificuldade, sem a menor hesitação.

No livro, grande número das páginas mais atraentes são aquelas em que Basílio desenvolve todas as suas táticas de sedutor para possuir a prima.

Mas como era impossível transplantar essas páginas para o palco, o que fez o autor da peça?

Fez de Basílio um César, e obrigou-o à conhecida frase: *veni, vidi et vici*,[4] de maneira que o caráter do principal personagem do livro é assim deturpado e alterado.

---

4 Júlio César (Roma, 101 a.C. – Roma, 44 a.C.). Político, orador, escritor e general romano, assassinado nos "idos de março" de 44 a.C. por alguns senadores romanos.

E assim se sucedem os quadros. A ação perfeitamente parada, umas cenas desligadas, apenas apontadas, as frases do livro sem efeito, outras cenas precipitadas, acavaladas umas sobre as outras, personagens a sair, personagens a entrar, cartas para fora, cartas para dentro e, enfim, uma perfeita anarquia dramática.

Uma amálgama de diálogos indiferentes à ação, um desastre, um imenso desastre literário que prova bem que não se podia tirar um drama do livro de Eça de Queirós, por mais hábil que fosse o dramaturgo.

Com essa frieza glacial chega a peça ao quadro do fim, que é esperado somente para se saber que a peça acabou.

Aí, no quadro final, o autor não se afastou do livro, fazendo realçar esta ou aquela cena, passando este ou aquele personagem de um plano para outro. Este último quadro é o golpe mais desapiedado, mais cruel que poderia sofrer o livro de Eça de Queirós.

Quando Jorge recebe de Paris uma carta de Basílio, em resposta a uma de Luísa, e que esta se acha bem enferma, Jorge depois de passar os olhos pela carta diz apenas: – Bonito, sim senhor.

E fica acabrunhado com a sua desgraça, até que um dia, em que vê Luísa mais animada, ainda com grande hesitação se aproxima dela e lhe apresenta a carta, pedindo uma explicação. Luísa, porém, que ainda está muito doente, tem uma síncope à vista da carta.

– Filha, não falemos mais nisso... Depois, depois... Agora só quero que vivas, que vivas para mim etc. ...

E assim que se passam as coisas no livro.

E essa passagem importantíssima é uma das mais perfeitas revelações do caráter de Jorge.

Vejamos, porém, como o autor do drama tratou essa passagem.

Faz reunir todos em um salão, provoca uma discussão acerca do adultério e, no calor do debate, chama Luísa e mostra-lhe a carta, depois de uma declaração sobre a sociedade e as mulheres infiéis.

A célebre mensagem enviada ao Senado por Júlio César – *Veni, vidi, vici* ("Vim, vi, venci") – refere-se ao anúncio de sua vitória, na Batalha de Zela, sobre Fárnaces II (97-47 a.C.), rei do Bósforo Cimeriano (63-47).

Luísa cai fulminada à vista da carta reveladora do seu crime, Jorge arroja para longe um punhal e exclama:

– Nem Deus perdoa a mulher adúltera!

E aí está como, de uma obra artística, com uma finalidade perfeitamente em harmonia com a idéia do autor, perfeitamente lógica, se faz um final vulgar de um drama trivial.

Parece-nos que é a isto que se pode chamar de uma deslealdade literária.

Com que direito se transforma assim o pensamento de um autor? Se a solução do livro não servia para drama, para que fazer o drama caluniando o livro?

Pois não está tão patente a idéia de Eça de Queirós quando faz Jorge aconselhar ao dramaturgo Ernestinho que mate a mulher adúltera? Não quererá ele mostrar a mais vulgar incongruência do caráter humano, que aconselha a estranhos preceitos de que não faz uso?

O final da peça do Cassino transforma, altera profundamente o caráter de Jorge, que é um homem razoável sem nenhuma pretensão a Otelo.

E depois o autor do drama não se contentou só com alterar o livro de Eça de Queirós, elevou o seu espírito mais alto, levantou os olhos da terra e não hesitou em levantar uma calúnia divina, pondo na boca de Jorge a seguinte chave de ouro:

– Nem Deus perdoa a mulher adúltera.

Que o autor altere o que disse o Sr. Eça de Queirós, vá, este é um mortal que lhe pode tomar contas, é, enfim, um ato de coragem; mas caluniar Deus é muito, é quase uma covardia.

Nem Deus perdoa a mulher adúltera! Mas o que fez Deus, em toda a sua vida, senão perdoar a mulher adúltera?

Para que chamar Deus a intervir como fiscal dos maridos que têm primos Basílios? Para que essa *ficelle* em uma obra artística, que prima pela ausência de lugares-comuns apesar da sua extrema naturalidade?

E é com mais este tremendo desacato que acaba a infeliz peça do Cassino.

Acerca do desempenho pouco temos a dizer.

A Sra. Apolônia[5] e o Sr. Furtado[6] interpretaram muito bem os seus papéis, revelando havê-los estudado com desvelado cuidado.

O Sr. Febo[7] deu boa interpretação ao médico Julião.

O Sr. Torres[8] foi um primo Basílio muito impugnável.

As Sras. Clélia, Eliza[9] e Maria Adelaide[10] estiveram regularmente.

O mesmo não podemos dizer do Sr. Gusmão,[11] que reproduziu o tipo do conselheiro Acácio, e muito menos do Sr. Martins,[12] que teve a

---

5 Apolônia Pinto (1854–1937). Importante atriz brasileira, filha da artista portuguesa Rosa Adelaide Marchezy Pinto, nasceu entre o segundo e o terceiro ato da peça *O tributo das cem donzelas*, de J. da Silva Mendes Júnior, no camarim número 1 do Teatro São Luís. Com 16 anos, estreou no Rio de Janeiro, ao lado de Furtado Coelho, representando a *Morgadinha do Val Flor*, de Pinheiro Chagas. Contracenou com os maiores atores da época, como Francisco Correia Vasques, e representou personagens da importância da Margarida do *Fausto* e da Antígona da peça de mesmo nome (tradução de Carlos Maul). Furtado Coelho tinha sempre Apolônia no seu elenco. Em 1878, trabalhou em *Os lazaristas*, de José Enes, e *O primo Basílio*, adaptação do romance feita por João Cardoso de Menezes. Apolônia fez o papel de Luísa e, apesar do fracasso da encenação, foi elogiada pela crítica. A atriz foi celebrada por poetas e grandes sonetistas do final do século XIX, como Alberto de Oliveira, Adelino Fontoura, Afonso Celso, Luís de Albuquerque. Neta, por parte de mãe, de Nicola, proprietário do célebre Café do Rocio, em Lisboa, Apolônia trazia sempre no pescoço um adereço que havia pertencido ao poeta Bocage (Manuel Maria de Barbosa l'Hedois Du Bocage; Setúbal, 1765 – Lisboa, 1805), presente duma descendente do poeta à filha de Nicola. No século XX, trabalhou com Oduvaldo Vianna (São Paulo, 1892 – Rio de Janeiro, 1972). Morreu no Rio de Janeiro, no Retiro dos Artistas. Sobre Apolônia, ver Jansen, 1953.

6 Furtado Coelho fez o papel de Jorge, marido de Luísa.

7 O caráter demasiadamente informal da referência de Saraiva dificulta a precisa identificação do ator.

8 Pela mesma razão acima apresentada, fica difícil saber a que ator o folhetinista se refere.

9 Os nomes completos das atrizes seriam essenciais para a sua identificação.

10 A Adelaide aqui referida seria a mesma Adelaide Amaral nascida em Ponta Delgada, Açores, Portugal, em 1834, e falecida no Rio de Janeiro, em 1889? A passagem de Adelaide Amaral por Pernambuco, em 1865, suscitou uma célebre rivalidade com Eugênia Infante da Câmara (Lisboa, 1837 – Rio de Janeiro, 1879), disputa da qual participaram ativamente Tobias Barreto, do lado de Adelaide, e Castro Alves, favorável a Eugênia Câmara.

11 Não foi possível a identificação do ator.

12 O ator Martins representou o "bom" Sebastião de *O primo Basílio*. Há escassa bibliografia sobre os atores brasileiros do século XIX. João Roberto Faria (1993, p.83)

rara habilidade de fazer um personagem inteiramente ao avesso do que está descrito no livro.

Talvez fosse conveniente que, em casos de peças extraídas, os Srs. atores as dessem menos no seu gênio criador e atendessem mais às percepções dos autores das obras que deram origem às peças que representam.

S. Saraiva[13]

---

escreveu que Martins fez o personagem Gastão des Rieux de *A dama das Camélias*, de Dumas Filho, em 1856 no Teatro Ginásio Dramático do Rio de Janeiro.

13 S. Saraiva, como já foi observado, foi o pseudônimo com que Henrique Chaves assinou a resposta à crítica formulada por Machado de Assis a *O primo Basílio*. Nota-se, pela qualidade da crítica à adaptação da obra para o teatro, que Chaves-Saraiva era um refinado conhecedor e freqüentador assíduo dos teatros cariocas. No mesmo ano de 1878, encenou-se no Rio de Janeiro uma comédia sua intitulada *Sou o que... não sou*. Em 1910, morreu Henrique Chaves numa das dependências do Teatro Lírico, onde residia.

18
Sobre teatros

Matéria assinada por Toby
Revista Ilustrada, ano 3, n.119, p.6
7 de julho de 1878

No Cassino representou-se afinal *O primo Basílio*, o afamado, o esperado *Primo Basílio* do Sr. Cardoso de Menezes, que este afirma ser extraído do romance do Sr. Eça de Queirós, do mesmo título.

É uma peça de muitos atos, de mais atos do que ação, defeituosa debaixo de mais de um ponto de vista, mal arranjada, mal dividida, um mostrengo, enfim.

Todo mundo saiu do teatro confessando que a tal peça realista excedeu em muito a expectativa, e assim foi, pois que de fato esperava-se ver uma coisa ruim, e não aconteceu isso; o que se viu foi uma coisa – péssima.

O autor ora segue à risca o romance, transcrevendo dele algumas situações, diálogos, frases, páginas inteiras; ora afastando-se dele para criar novos personagens, situações, desfechos, que realmente nunca pensou o Sr. Eça se pudessem aplicar ao seu romance, dando-lhe outra direção, e significação muito diversa – o que, seja dito de passagem, foi bem feito para o Sr. Eça que não sabe fazer as coisas pelo direito, passando pelo desgosto de ver um outro emendar e corrigir os seus erros, as suas faltas e os seus desvarios de literato presumido.

É verdade que esse outro é o Sr. Cardoso de Menezes... o que é uma honra para o Sr. Eça.

Aquele segundo quadro, o papel de Marguerite,[1] a cena do *Paraíso*, as palavras de Jorge no último ato, e uma infinidade de coisas que, à última hora e em uma crônica que já vai longe, não podem ser notadas, foram outras tantas inovações, correções e emendas que o Sr. Cardoso julgou dever fazer ao livro – no que estava no seu direito.

A representação correu bastante fria no princípio, conseguindo afinal arrancar algumas palmas e uma chamada do autor à cena – justamente no ponto em que este se afastou inteiramente da idéia do Sr. Eça – outra prova de que o Sr. Eça é simplesmente... um tolo.

O desempenho foi regular: a Sra. Apolônia disse bem a parte de Luísa, e se a peça não se salvou não foi por falta de esforços seus; igualmente o Sr. Furtado disse com verdade algumas frases, embora, por vezes, se mostrasse pouco comedido ao dirigir-se a sua mulher, com uns gestos e maneiras tão arrebatados que fez de Jorge um caráter brutal; o tipo de Sebastião, feito pelo Sr. Martins, esteve longe de ser o que criou o Sr. Eça; e o Sr. Gusmão, sempre tão conscencioso e reto no cumprimento dos papéis que lhe são confiados, não foi desta vez muito feliz, sendo infelicíssimo na caracterização que apresentou.

A Sra. Clélia fez uma Juliana bem regular e parece-nos que não andou longe do tipo magistralmente descrito no romance.

O Sr. Torres... O Sr. Torres... pobre *Primo Basílio*! Desta vez, sim; está terrivelmente condenado!

O papel que coube a Sra. Lucinda[2] é um papel ingrato, infeliz, sem razão de ser, e aquela atriz, inteligente como é, executou-o à risca, não

---

1 Marguerite foi, pelo que parece, uma personagem criada por Cardoso de Menezes, como uma amante francesa de Basílio.
2 Lucinda Simões (1850-1928). Importante atriz nos palcos brasileiros da época. Décio de Almeida Prado (1999, p.79), analisando a ascensão do teatro realista no Brasil, escreveu: "Portugal participou com destaque deste movimento de renovação, seja de textos, seja de modos de representar. Jovens artistas de procedência lisboeta, com alguma vocação literária e bastante apetite amoroso, ou iniciaram a sua carreira de palco no Brasil, a exemplo de Luís Cândido Furtado Coelho (1831-1900), ou tiveram aqui prosseguida a sua trajetória, caso de Eugênia Infante da Câmara (1837-

permitindo que o público o compreendesse, nem entendesse uma só palavra do que ela pronunciou em cena.

Dizem-nos que era tudo francês o que ela falava; pode bem ser que assim fosse. Também a Sra. Cavalier[3] falou, e muito, em francês – nova prática introduzida no teatro português, falando cada personagem na sua língua natal, para ser entendido... pelos seus patrícios, provavelmente.

Um indivíduo que assistiu à primeira representação do *Primo Basílio*, vendo tanto francês misturado com português, uma *cocotte* e o ator Martins em cena, perguntou-me ingenuamente:

– Isto é que é o *Nhô-Quim?*[4] – É a sua segunda edição, respondeu o meu vizinho da direita, sentenciosamente.

E acabou-se.

Toby[5]

1879), menos conhecida entre nós por seus versos do que por ter sido amante de Castro Alves". Lucinda Simões teve importante papel nesta renovação da cena brasileira. Apolônia Pinto e Lucinda Simões atuaram, em várias oportunidades, juntas e as relações entre elas foram sempre cordiais, desmentindo, segundo José Jansen, "a injusta fama de orgulhosa que atribuíam a Lucinda" (Jansen, 1953, p.65). O Teatro Lucinda, construído por seu marido Furtado Coelho, estava em plena atividade no início do século passado: "Apesar de todos os pesares ainda não foram demolidos os nossos teatros. ... O Lucinda é situado na estreita Rua do Espírito Santo n. 24 e foi fundado por Furtado Coelho. É campestre, tem 13 camarotes, 306 cadeiras, 96 lugares nas galerias nobres e 200 nas gerais" (Marinho, 1904, p.94). A fama de Lucinda reverberou, também, no além-mar – uma rua da cidade de Lisboa tem o seu nome.

3 Trata-se de alguma atriz francesa?

4 *Nhô Quim*, título de uma peça que estreou em São Paulo em 1877, de autoria do Dr. Theodoro J. H. Langaard. Na trama, um roceiro é atraído pela *cocotte mademoiselle X*, que quer o seu dinheiro. (Agradeço esta informação a minha colega e amiga, professora de teatro da Universidade Estadual Paulista, Berenice Raulino.)

5 Segundo Arnaldo Faro (1977, p.159), Raimundo Magalhães Júnior, no livro *O Império em chinelos*, associou o pseudônimo Toby a Fontoura Xavier (Cachoeira do Sul, 1856 – Lisboa, 1922), poeta, jornalista e diplomata. Machado de Assis escreveu sobre a sua poesia em "A nova geração" (cf. Machado de Assis, 1957, v.29), definindo-o como "um dos mais vívidos talentos da geração nova" e político republicano e revolucionário. Machado denominou de "opúsculo" a sátira política em versos publicada por Fontoura Xavier em 1877, *O régio saltimbanco*. O autor publicou ainda o volume de versos *Opala*, em 1884.

19
Notas Semanais
[Comentário sobre a adaptação de O primo Basílio para o teatro]

Artigo assinado por Eleazar
O Cruzeiro, ano I, n.185
domingo, 7 de julho de 1878

[Machado tratava de assuntos diversos, atuais e cotidianos em seus folhetins. A variedade temática era formalmente arranjada em tópicos numerados com algarismos romanos. Neste rodapé de 7 de julho, um tema geral alinhavava os múltiplos assuntos. Eleazar comentava, com humor, o Relatório de um diretor de escola normal de uma Província brasileira. Como, segundo o articulista, o "distinto funcionário [temperou] o estilo oficial com algumas especiarias literárias", o folhetim deu a cada um dos exemplos retirados do Relatório o "nome de um prato fino e especial". Os trechos receberam, portanto, títulos bizarros como "Línguas de rouxinol", "Coxinhas de rola", "Peito de perdiz à milanesa", "Faisão" etc. Pois em meio desse humor gastronômico, dessa relação entre o estilo empolado com iguarias refinadas, Eleazar, no tópico VI, aludiu ao drama representado no teatro do Cassino, O primo Basílio. Como a crítica machadiana começou e avançou cautelosamente – "Parece que O primo Basílio, transportado para o teatro, não correspondeu etc., etc." – julga-se que Eleazar escreveu sobre a peça sem tê-la assistido.[1] Hei-

---

1 Assim, por exemplo, entendeu Heitor Lyra (1965, nota 16, p.181): "O fato de dizer 'parece' faz supor que Machado de Assis não assistiu ao desempenho do drama, deixando-se levar unicamente pelo que ouviu daqueles que o viram representado".

tor Lyra esclareceu, de maneira pertinente, que a comparação feita por Machado, da adaptação para o teatro de *O primo Basílio* com os dramas de autoria de Balzac, não estava plenamente justificada porque no caso das peças francesas "não se tratava ... de transposição de romances para o teatro ... mas de peças escritas especialmente para serem representadas"[2]].

VI

Parece que o *Primo Basílio*, transportado ao teatro, não correspondeu ao que legitimamente se esperava do sucesso do livro e do talento do Sr. Dr. Cardoso de Menezes. Era visto: em primeiro lugar, porque em geral as obras geradas originalmente sob uma forma dificilmente toleram outra; depois, porque as qualidades do livro do Sr. Eça de Queirós e do talento deste, aliás fortes, são as mais avessas ao teatro. O robusto Balzac, com quem se há comparado o Sr. Eça de Queirós, fez má figura no teatro,[3] onde apenas se salvará o *Mercadet*;[4] ninguém que conheça mediocremente a história literária do nosso tempo ignora o monumental desastre de *Quinola*.[5]

Se o mau êxito cênico do *Primo Basílio* nada prova contra o livro e o autor do drama, é positivo também que nada prova contra a escola realista e seus sectários. Não há motivo para tristezas nem desapontamentos; a obra original fica isenta do efeito teatral; e os realistas podem continuar na doce convicção de que a última palavra da estética é suprimi-la. Outra convicção, igualmente doce, é que todo o movimento literário

---

2 Ibidem.

3 Balzac, de fato, procurou realizar uma carreira de dramaturgo, mais lucrativa que a de romancista. Em 1840, por exemplo, extraiu do *Père Goriot* uma peça em cinco atos, *Vautrin*, que foi estreada no dia 14 de março no teatro da Porte Saint-Martin, em Paris, mas que, dois dias depois, foi proibida pela polícia, que viu nela uma sátira ao rei Luís Filipe de Orléans.

4 Comédia de Balzac encenada em Paris, em 1849, um ano antes de sua morte. O personagem que dá nome à peça, Mercadet, representa um agiota sem escrúpulo e arrivista.

5 *Os recursos de Quinola*, peça de Balzac encenada no teatro do Odéon, em Paris, em 1842.

O primo Basílio na imprensa brasileira do século XIX

do mundo está contido nos nossos livros; daí resulta a forte persuasão em que se acham de que o realismo triunfa no universo inteiro, e que toda a gente jura por Zola e Baudelaire. Este último nome é um dos feitiços da nova e nossa igreja; e, entretanto, sem desconhecer o belo talento de poeta, ninguém em França o colocou ao pé dos grandes poetas; e toda a gente continua a deliciar-se nas estrofes de Musset, e a preferir *L'espoir en Dieu*[6] à *"Charogne"*.[7]

Caprichos de gente velha.

Eleazar[8]

---

6 Poema de Alfred de Musset (Paris, 1810 – Paris, 1857). Escritor romântico francês. Escreveu os livros de poesia *Contos de Espanha e da Itália, Mardoche, As noites*. Foi também autor dramático, tendo entre obras desse gênero o drama romântico *Lorenzaccio*.

7 *"Une charogne"* ("Uma carcaça"), um dos poemas de *As flores do mal*. A referência a este poema demonstra que Machado-Eleazar entendia, neste momento, o realismo como a descrição minuciosa da decomposição de formas orgânicas. No ensaio "A nova geração" (in: Machado de Assis, 1957, v.29, p.184), o crítico distinguirá a poética de Baudelaire da escola realista: "... os termos Baudelaire e realismo não se correspondem ... inteiramente ... Ao próprio Baudelaire repugnava a classificação de realista – *cette grossière épithète* [é um epíteto grosseiro], escreveu ele em uma nota".

8 O fecho do curto tópico de Machado de Assis alusivo à representação teatral de *O primo Basílio* ("caprichos de gente velha") definiu com precisão a que Eleazar bíblico ele se referia ao escolher seu pseudônimo: o personagem de noventa anos. Uma vez determinado o personagem que lhe emprestou o nome, Machado de Assis agiu de maneira extraordinariamente coerente com a biografia do seu eleito. Demonstrou ter consciência de seu papel de educador de jovens, procurou, segundo suas palavras, não falsear em nenhum momento a verdade, nem transigir com a sinceridade de seus propósitos, além de exprimir, confessadamente, opiniões, hábitos e manias de "gente velha". É certo que considerava um desses hábitos ou manias o compromisso expresso com a verdade, mesmo que em prejuízo de seu favorecimento pessoal, seguindo os passos do Eleazar bíblico. É espantoso como Machado de Assis é sempre senhor de seu texto, nada escapando a seus propósitos iniciais, controlando sua escrita com minúcia racional e rigorosa, o que também pode ser constatado no exame de sua produção ficcional. Assim, já na escolha de seu pseudônimo, todo um programa de intenções críticas se definia.

20
Folhetim Cartas Egípcias
[Regeb de 1294]

O primo Basílio, peça extraída do romance português de Eça de Queirós

Assinado por Amenófis Efendi
Gazeta de Notícias, ano IV, n.190
sexta-feira, 12 de julho de 1878

Há dias um amigo de Safer mandou-me um quadro original do célebre *Já...*,[1] para que o examinasse com cuidado. Em caminho, o portador deixou-o cair e as pedras pontiagudas da rua estragaram o formoso quadro.

O carregador devia ser argüido, seria preciso argüir as pedras da rua, porquanto, pobres delas, foram inconscientemente causas secundárias do desastre.

Ah! Lembro-me haveres pedido suculenta narrativa do que vejo, do que ouço nesta cidade. – Se compreendesses como preferiria o silêncio à satisfação desse compromisso, restituir-me-ia a palavra dada.

---

1 O autor refere-se a um artista plástico cujo nome não pode ser identificado, devido ao péssimo estado de conservação do jornal. O texto original está, de fato, demasiadamente rasurado. Mesmo o microfilme da página da *Gazeta de Notícias* (GN) não está nítido. Além disso, o folhetim parece ter sido escrito com pressa e muito descuido.

O *primo Basílio* na imprensa brasileira do século XIX

De feito, deves ter pena de mim, principalmente, tendo certeza que, muitas vezes ao escrever-te, agora, por exemplo, põe-me à mente o que diz o Ugolino de Dante:[2]

> *Tu rucci qu'io rimovecci*
> *Disperato dolor che il còr mi prème,*
> *Già pur pensando, pria ch'io ne favelli.*
> ...
>
> *Parlare e lagrimar vedrai insième.*[3]

Disse-te que uns senhores convidaram-me, quando descrevia-te a festa em casa do comendador, para assistir a primeira representação de uma peça, extraída do último romance do distinto literato português, Eça de Queirós (assim rezava o anúncio), e que eu ia. – Antes de dirigir-me ao teatro, folheando um dicionário português, que me induziram logo chegado a comprar, li o seguinte: *Peça.* (s.f.) parte de um todo, etc., composição poética, etc., sonata de música, representação [figurada] da ação.

Com a explicação que acabava de ler na memória, dirigi-me ao *coliseu*,[4] cuja impressão, ao entrar na sala, foi, como a dos nossos mausoléus, glacial e despida e, em seguida, encaminhei-me para o compartimento, onde já se achavam os que me convidaram.

Há parágrafos truncados e confusos. Em benefício da clareza, foram feitas algumas intervenções no texto, acrescentando-se palavras entre colchetes.

2 Dante Alighieri (Florença, 1265 – Ravena, 1321). Consideram os especialistas em *A divina comédia* que a composição teve início em 1307, aproximadamente, e que a última parte, "*Paradiso*", foi obra dos últimos anos do poeta. Dante escreveu, também, *Vida nova*, livro que melhor define os caracteres do *stil nuovo* quanto aos conceitos de amor e de arte, e *Monarquia*, tratado que expõe a doutrina política do autor.

3 Canto XXXIII do "Inferno" de *A divina comédia* (Alighieri, 1976, p.306): "Pretendes que eu renove, disse inteira, / a dor que inda me punge o peito e a mente, / e da loucura me impeliu à beira. / ... / direi, chorando embora, juntamente".

4 A representação da peça transcorreu-se no teatro do Cassino, mas Amenófis, dirigindo-se a um conterrâneo egípcio, preferiu, provavelmente, aludir ao Coliseu, ruína romana supostamente conhecida pelo interlocutor.

Inicia-se a peça por uma cena, tendo por fim, a propósito do drama, que uma visita está escrevendo, o dono da casa revelar, prevenir, pode-se dizer, os ouvintes, que o marido do drama não deve perdoar a mulher adúltera, sim matá-la.

Bem! disse comigo – temos melodrama. O *tué-la*[5] de Dumas Filho vai ser desenvolvido. Porém, como anunciam ser a peça extraída do romance de Eça de Queirós? Não importa! Aguardemos o desenvolvimento.

As visitas vão tomar chá e o marido pede ao seu íntimo amigo Sebastião, o personagem mais simpático do romance, que, tendo de partir para o Alentejo, vele sua mulher como um amigo, um pai.

Nos tempos idos costumavam os gregos, mais do que estes os romanos, finalizar o espetáculo, que começara com uma tragédia, por uma farsa. Em França também havia esse costume, chamando-se então a farsa, *sotie*.[6]

Aqui, presentemente, ela é intercalada, presumia-[se], ao drama, à tragédia e, por isso, assisti entre o primeiro e o terceiro quadro uma farsa. Safer, porém, jurou-me por Alá, que isso que eu ouvira também pertencia à peça e que a atriz desempenhadora do papel da *cocotte* era a primeira e a mais distinta das companhias dramáticas deste país.[7]

Ao que vinha então na peça uma cena que no romance é bem traçada, perfeitamente fotografada do natural, quando na composição dramática é ridícula, irrisória? Para Basílio, recém-chegado do Brasil, participar que vai conquistar a prima, fazendo desta arte parada de cinismo, a que a elegante francesinha atenção nenhuma presta, pois o seu *babiller*[8] é ininterrupto, fazendo, entretanto, ouvir de quando em quando, algumas frases corretamente pronunciadas em língua, da qual:

---

5 Não há informação sobre a representação desta peça de Dumas Filho no Brasil. Gomensoro deve tê-la assistido durante a sua permanência em Paris.

6 *Sotie*: farsa, de caráter satírico, representada por atores vestidos de bufões, representando diferentes personagens de um imaginado "povo tolo", alegoria da sociedade da época (cf. dicionário *Le Petit Robert*, 1986).

7 Amenófis Efendi refere-se, nessa passagem, a Lucinda Simões.

8 *Babiller*: falar muito, de uma maneira fútil e infantil (cf. dicionário *Le Petit Robert*, 1986).

Les femmes sur la lèvre [ne garden] ni um sourire.[9]

Mas, para isso, não era mister descer, em ir representar tão insignificante papel, pois a Margarida, do *Romance de um moço pobre*,[10] a baronesa d'Ange[11] e a princesa George[12] são desempenhadas tão bem, que a atriz, no espírito daqueles que ouvem-na, conserva em seus lábios um sorriso triunfador, disse-me Safer.[13]

Na noite seguinte a da primeira representação, a peça já foi representada sem esta cena. Ainda bem!

Com a terceira cena começa a tornar-se elétrica a ação, ou antes, a inação da peça. Basílio vem visitar pela primeira vez a prima e, com duas ou três frases banalíssimas, precipita-a no opróbrio, na vergonha.

Pas plus difficile que ça, concluiu o ilustrado senhor que estava a minha direita.

As imposições da criada começam e, logo depois, [inicia] o quadro cujo cenário é o do *Paraíso* do romance.

Disgusting! – exclamou um senhor inglês que fumava um charuto na platéia, porque aí se fuma!

Havia necessidade palpitante, absoluta, de ostentar o cenário no qual no romance, passam-se as ações, talvez reais, mas repulsivas no palco? [Havia necessidade], para reduplicar o martirológio de Luísa, [de obrigá-la a ouvir] no próprio sítio em que o primo prostituíra-lhe desvergonhadamente o corpo, as palavras torpes de Basílio, fazendo questão de cem

---

9 "As mulheres não guardam sequer um sorriso nos lábios."

10 *O romance dum jovem pobre*, de autoria do escritor francês Octave Feuillet (Saint-Lô-d'Ourville, 1821 – Paris, 1890), foi publicado em 1858. Amenófis alude a uma de suas personagens, Margarida. Nas palavras de João Roberto Faria (1993, p.99), representada "pela primeira vez a 20 de dezembro de 1859, cerca de um ano depois da estréia francesa, a peça ... foi montada com capricho, segundo a crônica da época".

11 Referência a Suzanne d'Ange, heroína do drama de Dumas Filho, *Le demi-monde*, que foi traduzido para a cena brasileira como *O mundo equívoco*, pelo poeta Augusto Emílio Zaluar (Lisboa, 1825 – Rio de Janeiro, 1882). Cf. Faria, op. cit., p.83-4.

12 *A princesa George*, drama de Dumas Filho representado no Teatro Ginásio Dramático de Paris.

13 Parece que o autor está se referindo a interpretações recentes da atriz Lucinda Simões, representando personagens de outras peças, cujos trejeitos são transplantados para as cenas de *O primo Basílio*.

ou duzentos mil réis? No romance isso pode ser admitido, como o é na escola realista, em cena, é abjeto.

Porém, já começou o melodrama. – Juliana é o tirano, Luísa a vítima, *Cristo* será o vingador! Basílio o algoz voluntário, o infame cínico, diz *que o paquete para Paris vai partir*, e parte, deixando após si a sua vítima com a alma (na peça Luísa tem-na e não pequena) de contínuo em pranto, pelas torturas impostas pela criada. – Jorge, que no Alentejo conquista caseiras, coisa que é sabida por Luísa, volta, e os seus ares são pouco afáveis, provavelmente já está com a pulga na orelha, como aqui se diz.

Há a cena da carta escrita por Luísa a Basílio, que já está em Paris, e atirada irrefletidamente na cestinha para escondê-la da apaixonada do Conselheiro, e guardada por Juliana, a criada-tirano, que se apressara a limpar a cestinha para guardar a carta. A cena é bem desempenhada pela atriz que interpreta o papel de Luísa. – Aumenta de força a pilha elétrica (a ação). Juliana insulta a ama, sai da casa; em seguida manda pedir para voltar e volta. Os atores entram e saem quase como nas comédias inglesas antes de Shakespeare, isto é, apareciam sem razão de ser, no momento indispensável, quando o poeta carecia deles em cena, sem outro motivo plausível.

Jorge faz pressentir, ir em *crescendo* a picada da orelha pela pulga. Sebastião é chamado [por Luísa], em três palavras, (ele que consta nada saber, pois do contrário teria aconselhado a mulher do amigo), compreende tudo e jura salvar a desventurada. Em São Carlos, canta-se o *Fausto*, ele sai, vai comprar bilhetes, volta, vai mandar o carro, tudo isso eletricamente, e virá ajustar contas com a criada. Já partiram para o teatro todos, Sebastião aparece com o policial disfarçado, chama Juliana, pede-lhe as cartas, ou a grilheta da cadeia lhe é oferecida. A criada entrega-as, dá um grito, e cai. – Um médico! Diz Sebastião ao policial. O doutor Julião está à espera disso, pois aparece imediatamente. – *Não é nada* – diz ele – *esticou a canela.* – Admiras-te da expressão?[14] E esse senhor diz

---

14 No romance de Eça, Julião, ao constatar a morte de Juliana, pronuncia as seguintes palavras: "Está morta com todas as regras. É necessário tirá-la daqui". A expressão acrescentada pelo dramaturgo à história não destoa, porém, do comportamento do médico descrito pelo romance, que se refere à morta como "estafermo" e "feia besta" (ver o capítulo XIII de *O primo Basílio*).

O primo Basílio na imprensa brasileira do século XIX

ter concorrido para o professorado! – Voltam todos de São Carlos, pois Luísa está indisposta. – Já tardava, dirás tu.

Eis-nos chegados ao último quadro; todas as pessoas do primeiro estão em casa de Jorge para festejarem o restabelecimento de Luísa, que estivera gravemente enferma. Uma das visitas (o dramaturgo) explica uma gravura representando *Francesca de Rimini e Paolo Malatesta* surpreendidos pelo marido e irmão, que mata-os.[15] Jorge revela concentrada cólera e, quando todos vão para um passeio no jardim, ele mostra a Sebastião uma carta de Basílio chegada neste dia. O bondoso homem nada diz e entram todos. Jorge faz a mulher ler a carta, e a moça cai fulminada. O marido, que tirara do bolso um punhal, atira-o para longe de si e exclama: Se Deus não a matasse, matá-la-ia eu.

Finaliza a peça; ergo-me e vejo Safer, que dormia. Eu tomara o seu ressonar pela surdina da orquestra; por isso chamava melodrama a peça.

Vê agora que a composição teatral da peça está com os princípios do realismo romântico, de que é um magnífico exemplar o romance de Eça de Queirós: a execrabilidade natural das teses, que ampliam para a moralidade ou imoralidade dos seus heróis [a] completa indiferença – tais são as leis consideradas pelos realistas axiomas científicos.[16] A teoria dos meios aceita como dogma, como necessário, indispensável, o desenho com pormenores, dos móveis, trajes, temperamentos e idades. Virtude e vício irrestritos, produtos fisiológicos de dependências sangüíneas ou nervosas. O bem ou o mal pouco interessando, quando bem representadas as paixões, requisito importantíssimo. Exagero do mal, sua nudez, ainda que seja mister apresentá-lo isolado ou claramente iluminado.

O teatro é, deve ser, um castigador de costumes, dizia Horácio há dois mil anos. Passados os tempos, em fins do XIX século – o das luzes, como chamavam-no – de repreensor, o teatro tornar-se-á um corruptor, um depravador de costumes? Assim será quando, escudado nos princí-

---

15 Apesar da redação bastante confusa, Amenófis refere-se ao conhecido episódio do Canto V do "Inferno" de *A divina comédia*, de Dante Alighieri: Gianciotto Malatesta surpreende sua esposa e o irmão dele se beijando, e mata a ambos.

16 Período confuso, mal redigido, no qual faltam seguramente algumas palavras.

pios da escola realista extraídos de um romance, um dramaturgo oferecer ao público uma composição teatral que, demais, não terá a riqueza, a largueza, afluências de emoção, área para a história, para a poesia, lutando assim com as dificuldades originadas pela restrição do curto espaço de tempo em que lhe é dado estender-se.

A peça está tão-somente com um dos princípios do realismo, execrabilidade da tese: desvirtuação de uma moça por um cínico imbecil, que busca – nada mais – provar a seus contubernais cumprir o brinde da ceia, a sua irresistibilidade para com a prima, que, no romance, quase não tem alma, mas que o teatro empresta-lhe; quando num quarto no *Paraíso*, ignomia Basílio, calmo à desesperação da moça, mostrando ser o que é, um miserável; quando pede a Sebastião para salvá-la da desonra obtendo da criada as cartas; quando, ao ler a resposta de Basílio, que lhe dá o marido tragicamente, atenta, cai e morre, coisa para qual é indispensável haver sentimentos, que constringindo o coração, matem. Indiferença para com a moralidade ou imoralidade dos heróis, há uma só. Para com Basílio, fazendo-o partir já bem farto para Paris, a cidade alegre. Para com Luísa, não há indiferença, porquanto o seu suplício ultrapassa mil mortes; para com Jorge, nenhuma ainda, pois o seu martírio atrocíssimo impele-o a apunhalar, quando Deus encarrega-se de vingá-lo, matando a mulher adúltera. – O *tué-la* de Dumas Filho é praticado por Deus, esquecendo o extrator, que o célebre acadêmico francês também escrevia, há anos, o seguinte:

... et crois mois, tant que tu verras pleurer une femme, ne la méprise pas, car elle tient encore à Dieu par quelque chose, et, si elle n´a pas l´âme de la Vierge qui prie, ele a peut-être le repentir de la Madeleine qui souffre.[17]

A teoria dos meios, tida por dogma, não se dá acerca de Luísa, porquanto vemos pessoas honestas cercarem-na. Então, quais os meios? Os

---

17 "... não desprezes uma mulher que chora porque ela implora algo a Deus. Se ela não ostenta a alma da Virgem, que reza, possui talvez o arrependimento da Madalena que sofre."

exemplos viciosos? Paixões bem representadas, fazendo o bem ou o mal? Exagero do mal? – Este princípio, sim, existe com o suplício ininterrupto, imposto pela criada à ama, para quem a morte é uma libertação, e não um castigo e, a esse respeito, não posso compreender como o dramaturgo, afastando-se do romance, dá a mulher que errou o castigo considerado pelos filósofos um bem supremo: a morte instantânea.

Eça de Queirós, fazendo o marido perdoar Luísa, castiga-a horrivelmente; vivendo, perdurará no seu espírito a lembrança do crime. Não é isso atroz?

Porém, compreendo. Era mister um efeito, porque havia consciência da fraqueza da peça, tal qual o romance, cumpria armar a platéia.

O excelente artista, que representa o papel de Jorge, possui magníficas inflexões de voz, conhecendo o público, arma a platéia desde o primeiro quadro; no último o dramaturgo dá-lhe um punhal e meia dúzia de palavras de um Evangelho, bem falso. Não importa: irrompem os espectadores em aplausos. – E Basílio – pergunto eu ao dramaturgo que aplaude Deus castigando a mulher adúltera – causador do martírio de Luísa? – Está em Paris, diverte-se; contestam-me.

Então que Deus é esse? Por que não obriga o cínico a demorar-se em Lisboa, para ser castigado pelo ofendido? A não ser assim, a que vem Deus nas ações dos homens? Quem censurar, o tufão que desfolha a rosa, ou a rosa que, por fraca, deixou serem arrancadas as suas pétalas?

O ilustrado autor da peça, por haver estreado mal na carreira dramática, não deve lamentar-se, mas, inteligente como é, agradecer a lição: que dos romances realistas é impossível extrair dramas e, então, buscará gostosamente dar às letras pátrias dramas ou comédias originais, que ilustrem-no tanto quanto, como na arte, da qual é distintamente amador, como nas ciências, da qual é esmerado cultor, diz-me Safer.

Voltando à casa, o meu primeiro cuidado foi reabrir o dicionário, pensando haver me equivocado, quando procurei o que queria dizer peça. De feito, ninguém vai ao teatro para ver um canhão de artilharia, uma porção de panos ou trastes; não ouvira composição poética alguma, nem sonata de música.

Então – exclamei, depois de fechar o livro – no que vi e ouvi, a classificação de peça foi empregada no sentido figurado, que o dicionário aponta. Tal a razão de haver lembrado, começando a escrever-te esta carta, as palavras de Ugolino a Dante.

Continue a lembrar-te de mim.

Amenófis Efendi

21
Resenha teatral

Sem indicação de autoria
Revista Ilustrada, ano 3, n.121, p.3
domingo, 21 de julho de 1878

Por falar-se em *Primo Basílio*...
Quando me disseram que o romance de Sr. Eça de Queirós ia ser reduzido a drama, eu estremeci.

Lembrei-me logo daquela viagem pelo Alentejo, com um sol abrasador e num cavalo chotão, daquelas longas descrições do calor de rachar, que eu li cochilando, e pensei logo que havia de passar uma bela noite a dormir, por ocasião do primeiro espetáculo.

E foi o que aconteceu; dormi até a Sra. Apolônia morrer, coitada!

Eu sempre fui contra o sistema de fazer de duas boas coisas uma coisa ruim, e nunca boto água no vinho que bebo.

O Sr. Eça é um bom romancista; o Sr. Cardoso de Menezes um excelente pianista; somados os dois no teatro deram um *Primo Basílio* que parece mais uma *Sogra Basília* de tão amolador que é.

Bem sei que a culpa não é do Sr. Eça, que escreveu o romance; mas para que foi o Sr. Cardoso de Menezes tirar do livro o que lá não havia?

É um péssimo sistema dar ao alheio um destino que o seu legítimo dono não quis dar.

E se o Sr. Cardoso de Menezes queria fatalmente fazer do *Primo Basílio* alguma coisa, por que não o reduziu antes a valsas e polcas?[1] Aproveitava a celebridade do romance, e o sucesso seria talvez ao da polca *cri-cri* e outras composições que fazem parte do repertório do assobio que, na opinião do *Jornal*,[2] é quem dá o melhor cartelo.[3]

---

1 De acordo com Arnaldo Faro (1977, p.154), Cardoso de Menezes era, de fato, grande pianista e músico: "Compôs a música de peças que lograram grande sucesso, como *A pêra de Satanás*, *A cabeça que fala* e *A moura encantada*".

2 Referência ao *Jornal do Commercio* (JC).

3 O autor refere-se à "cartela", cartão que serve de base para alguns jogos.

22
[Estado atual das Belas-Artes. Machado de Assis e o realismo][1]

Assinado por A. Gil Enfermo e por J. S.
Revista Ilustrada, ano 4, n.187, p.2-3
20 de dezembro de 1879

[A primeira seção da *Revista Ilustrada* (RI), situada na página 2 do periódico, era denominada "Livro da Porta". Respondiam-se aí as cartas dos leitores. A matéria que sucedia ao "Livro da Porta", composta por pequenos parágrafos divididos por asteriscos, era, freqüentemente, assinada e datada, embora não fosse de hábito titulá-la. O artigo publicado abaixo aludia ao debate sobre a escola realista, que se intensificou com a primeira edição de *O primo Basílio* e que, em certa medida, foi retomado por Machado de Assis em "A nova geração" (*Revista Brasileira*, v.II, 1º de dezembro de 1879).]

Quem visitou este ano a exposição de belas-artes da nossa Academia, sentiu forçosamente a condolência irritante que nos causa a criança decrépita, a infância a desmembrar-se, corroída pela podridão hereditária; e se a compararmos às exposições anteriores, é ainda mais profundo o nosso desgosto, mais desconsoladora a esperança no futuro das artes no Brasil, que se prenuncia cada vez mais estreito, mais acanhado, mais

---

1 Título entre colchetes elaborado pelo autor deste volume.

mesquinho. Nem um só quadro revelando bom gosto, nenhuma só composição mostrando aproveitamento, nem um só trabalho de inspiração própria! O gosto corrompe-se, a inspiração desaparece, a técnica estraga-se, vicia-se, retrograda. Em presença de tão tristes resultados, o pesar é acabrunhador, pensa-se naturalmente nas causas que tão funestamente estão influindo nos destinos das belas-artes, entre nós. E não é muito difícil convergi-las, filiá-las à má direção dos alunos, à carência de quem lhes guie a inspiração, lhes aperfeiçoe o gosto, lhes ensine uma técnica mais perfeita, menos esterilizadora, menos erroneamente convencional, quem lhes dê enfim a verdadeira noção de arte; porque, incontestavelmente, há no Brasil vocações artísticas que se revelam na música, na poesia, nas letras; e as artes caminharam sempre paralelamente, progrediram sempre de concerto. Creio que isso chega a ser um axioma.

Enquanto, porém, a música tem cultores apaixonados, enquanto a poesia renega a convicção das escolas gastas, para seguir o novo impulso e cantar outro ideal; só a pintura, a arquitetura mostram-se completamente alheias ao movimento recente e, mais ainda, corrompem-se, abastardam-se, definham. A causa parece patente: é que não há uma Academia para a literatura, é que ninguém vai pedir inspiração ao Conservatório, é que não há um código sistemático, uma palavra oficial para a poesia; e só para os alunos de belas-artes existe um estalão presunçoso, um molde retórico, uma estética falseada pela incompetência, que só podem produzir o aleijão e o aborto.

Assim é que não muito raro temos notícia de se manifestarem, nas províncias, vocações artísticas para a pintura. São moços que vêm para a Corte, cheios de promessas e de esperanças, matriculam-se na Academia, e nunca mais se sabe deles.

Sem discutir o veredicto do júri, que decidiu no concurso aos prêmios, basta ver o assunto escolhido para esse concurso, S. *Pedro ouvindo cantar o galo*, para se ter uma idéia bastante precisa da incompetência, da falta absoluta de educação estética, da negação artística a mais completa dos nossos professores de belas-artes. Depois deste assunto, só outro sacro também: o Sr. ministro do Império fazendo-se Messias, empunhando um valente chicote para enxotar os vendilhões do templo da arte.

A imprensa tem reclamado o fechamento, a abolição da Academia de belas-artes. Atendendo a falta de um museu, onde os artistas pudessem ir estudar os bons modelos, à falta de cursos em que bebessem os princípios necessários, sem uma atmosfera artística, é certamente um erro pedir tanto; o mal não implica a falta do bem. Mas é necessária, indispensável uma reforma completa, uma substituição do pessoal docente; porque enquanto os alunos tiverem professores de pintura que não sabem desenho, professores de paisagem que não conhecem a natureza, professores de escultura que não têm noção de arte, professores de arquitetura, pedreiros aposentados, o ensino acadêmico será forçosamente nocivo, corruptor, fatal às artes.

Dizendo que as letras progridem no Brasil, não faço mais do que reconhecer uma verdade afirmada pelo Sr. Machado de Assis na *Revista Brasileira*, quando sustentou que há, entre nós, uma nova geração poética, viçosa e galharda, cheia de convicção e fervor, a qual, se não tem um fôlego constante, sente-se, todavia, animada de um espírito novo e já não se quer dar ao trabalho de prolongar um dia – o romantismo que verdadeiramente acabou. Confissão franca e louvável, prossegue o nosso crítico um belo estudo, em que analisa a idéia nova, a geração moderna com aquela habilidade e critério que todos lhe reconhecem, deixando, porém, às vezes, transparecer o literato, o homem de escola além do crítico.[2] É antes uma virtude do que um defeito, não se pode exigir a ingratidão.

Justifica a nova aspiração, ampara alguns poetas, reconhece-lhes nova tendência que se acentua em Fontoura Xavier, que se avigora dos

---

[2] Também S. Saraiva, no seu folhetim de 20 abril de 1878 da *Gazeta de Notícias* (GN), contrapondo-se à crítica machadiana de *O primo Basílio*, publicada quatro dias antes, em 16 de abril, considerou que a análise de Machado era demasiadamente carregada de *a-priori*, sendo ele confessadamente adversário da escola realista.

Devaneios às *Telas sonantes*;[3] mas acha-os injustos, quando chasqueiam da escola velha, contraditórios, quando se definem, e poucos de uma originalidade... Nesse ponto ele foi mais do que crítico e literato, foi diplomata também.

É talvez verdade tudo isso; mas esse romantismo que o nosso crítico advoga, essa escola, que deixa quanto basta para legitimá-la, merece também os mesmos reparos. O romantismo também teve epítetos para os clássicos *les momies, les vieilles perruques*[4] e também não se definiu tão claramente, como ao escritor lhe parece, nem se eximiu da influência do classicismo. Um crítico define-se *un non heureusement né pour exprimer des doctrines mal définies*[5]. Pregou-se, é verdade, a fusão do trágico com o cômico, a melancolia aliada ao espírito de análise, a paisagem introduzida na poesia, o grotesco, o pitoresco; mas os clássicos reclamam Safo moribunda, Platão[6] contemplando o céu e Aristófanes nobre e grotesco, sério e cômico, lírico e satírico, desprezando os preceitos de Aristóteles; e mesmo depois do prefácio de *Cromwell*[7] perguntaram na *Revue des Deux Mondes*:

---

3 Machado de Assis (1957, v.29), ao citar em "A nova geração" estes livros de Afonso Celso Júnior, pretendia demonstrar como os seus títulos já indicavam um deslocamento dos jovens poetas do romantismo (*Devaneios*) para o realismo (*Telas sonantes*).
4 "as múmias, as velhas perucas".
5 "felizmente, não nascido para se referir a doutrinas mal definidas".
6 Platão, de início discípulo de Sócrates, desenvolveu um sistema filosófico fortemente original e expresso na forma de diálogos. Em Atenas, ensinava filosofia nos jardins de Academos. Escreveu *Apologia de Sócrates*, *O banquete*, *A república*, *O sofista*, *Timeu*, *Crítias*, *As leis*.
7 O início do romantismo francês foi atribuído, por alguns críticos, ao livro de poemas de Lamartine, *As meditações* (1802). Em 1827, estreou na Comédie Française, *Cromwell*, drama em cinco atos de autoria de Victor Hugo. No mesmo ano, Hugo publicou o *Prefácio de Cromwell*, em que reclamava uma total reforma do teatro e uma liberdade que permitisse a arte de esposar o seu século. Após o *Prefácio*, Hugo destacou-se como teórico e chefe da "escola romântica". O *Prefácio* era entrevisto, pelos autores do século XIX brasileiro, como a consolidação do ideal da estética romântica. Machado de Assis (op. cit.), no texto "A nova geração", notou a ausência na "poesia nova", do final do século XIX, das claras definições e objetivos que caracterizavam o texto de

Mais qu'est ce que le romantisme?[8]

A nova escola, força é confessá-lo, como quer que se defina, ressente-se da precedente, como esta do classicismo; distingue-se dela pela aspiração, caracteriza-se pelas influências do progresso da ciência, da renovação empreendida pela crítica moderna, forceja por acentuar-se; mas sofre a influência da passada, é natural, nela educou-se. Nem por isso lhe devemos querer mal; e parece-me um tanto injusta a síntese em que o Sr. Machado de Assis esmaga tão cruelmente o realismo, condenando-o para sempre, como num *Menelas, helás*,[9] quando prediz "o realismo não presta para nada" – sem julgá-lo, sem defini-lo sequer.

Por um simples inventário, já se pode dizer, somar quanto rendeu o romantismo; mas parece-me perigoso, arriscado, prejulgar de uma escola que começa apenas, porque jamais faremos ao nosso crítico a injustiça de supô-lo encadear o realismo à lama, à imundície, à pústula, à gangrena; nem tão pouco o acreditarei tão imune à realidade a ponto de escrever:

... negros cabelos caindo em ondas perfumadas, a barba ondeando de brilhantina, mãos que rivalizam com o jaspe, unhas resplandecentes de alvura, trajar meticulosamente cuidado, asseio de hetaira,[10] emanações de Lubin, a elegância descambando para o pelintrismo ...

o cúmulo do chique enfim, eis o Sr. Otaviano Hudson.[11]

Hugo: "Qual é, entretanto, a teoria e o ideal da poesia nova? Esta pergunta é tanto mais cabida quanto que uma das preocupações da recente geração é achar uma definição e um título. Aí, porém, flutuam as opiniões, afirmam-se as divergências, domina a contradição e o vago; não há, enfim, um verdadeiro prefácio de *Cromwell*".

8 "Mas o que é o romantismo?"

9 *Helás* é na língua francesa uma interjeição com significado de lamento. A expressão *Menelas, helás* é de significado desconhecido e não se encontra dicionarizada.

10 *Hetaira* (s.f.): o mesmo que hetera, prostituta de luxo (cf. *Dicionário Houaiss*..., 2001).

11 Otaviano Hudson (Rio de Janeiro, 1837 – Rio de Janeiro, 1886). Poeta, jornalista, professor, autor do "Método Hudson" (1876) para as escolas primárias. Colaborou na *Gazeta de Notícias* (GN), no *Jornal do Commercio* (JC), na *Revista Brasileira* (RB). Publicou, em 1874, *Peregrinas* (poesias).

Porque "a realidade é boa", confessa o Sr. Machado de Assis; e nesse ponto, eu, simples amador, inclino-me diante do mestre laureado.

Por A. Gil Enfermo,[12] J. S.[13]

---

12 Gil era, seguramente, um dos pseudônimos mais empregados pelos escritores do século XIX no Brasil e em Portugal. Guerra Junqueiro utilizou Gil como pseudônimo em 1880. No Brasil, o escritor cearense Manuel de Oliveira Paiva também o empregava com freqüência. Luís de Andrade assinava, às vezes, as suas matérias como Gil Vaz. Seria, entretanto, mais provável que o autor da coluna da Ilustrada fosse Carlos Lenoir, conhecido desenhista e caricaturista de jornais e revistas e assíduo membro da boêmia carioca no início do século passado, como informa Brito Broca (1960, p.35): "Lima Barreto ... veio a tornar-se assíduo no café Papagaio, num grupo denominado 'Esplendor dos Amanuenses', que se reunia todas as tardes para discutir 'coisas graves e insolúveis', da qual faziam parte Bastos Tigre, Domingos Ribeiro Filho, Rafael Pinheiro, Amorim Júnior, Calixto, João Rangel e o caricaturista Carlos Lenoir, o Gil da revista mundana A Avenida".

13 A matéria traz uma dupla assinatura, o que produz mais confusão que esclarecimento sobre sua autoria.

23
"Nota" da segunda edição de
O Crime do Padre Amaro

Assinada por Eça de Queirós

[Eça de Queirós, na segunda edição em livro de O crime do padre Amaro, em 1880, retornou ao debate de 1878, refutando, com muita ironia, o vínculo proposto por Machado de Assis entre seu romance e La faute de l´abbé Mouret, de Émile Zola. Eça sugeriu que a ligação entre um e outro fora estabelecida por alguém que desconhecia o romance de Zola e que fora enganado pela proximidade ou semelhança dos títulos dos romances. Anos mais tarde, em 1885, José Pereira de Sampaio (Bruno), no ensaio "A geração nova", referiu-se explicitamente "ao distintíssimo escritor Machado de Assis", que, "graças aos títulos [dos romances e a] uma crassa ignorância do idioma francês [,] não distinguiu a nuance diferencial [entre os termos] La faute e O crime e confundiu o padre Amaro de Eça com o abade Mouret de Zola].[1]

O CRIME DO PADRE AMARO recebeu no Brasil e em Portugal alguma atenção crítica, quando foi publicado ulteriormente um volume intitulado O primo Basílio. E no Brasil e em Portugal escreveu-se (sem todavia se aduzir nenhuma prova efetiva) que O crime do padre Amaro era

---
1 Esse texto de Sampaio Bruno foi republicado em 1945 (in Lello, 1945, p.110).

uma imitação do romance do Sr. E. Zola – *La faute de l'abbé Mouret*; ou que este livro do autor do *Assommoir* e de outros magistrais estudos sociais sugerira a idéia, os personagens, a intenção do *Crime do padre Amaro*. Eu tenho algumas razões para crer que isto não é correto. *O crime do padre Amaro* foi escrito em 1871, lido a alguns amigos em 1872, e publicado em 1874. O livro do sr. Zola, *La faute de l'abbé Mouret* (que é o quinto volume da série "Rougon Macquart"), foi escrito e publicado em 1875.

Mas (ainda que isto pareça sobrenatural) eu considero esta razão apenas como subalterna e insuficiente. Eu podia, enfim, ter penetrado no cérebro, no pensamento do sr. Zola, e ter avistado, entre as formas ainda indecisas das suas criações futuras, a figura do abade Mouret – exatamente como o venerável Anquises[2] no vale dos Elíseos[3] podia ver, entre as sombras das raças vindouras flutuando na névoa luminosa do Letes[4] aquele que um dia devia ser Marcelus.[5] Tais coisas são possíveis. Nem o homem prudente as deve considerar mais extraordinárias que o carro de fogo que arrebatou Elias[6] aos céus – e outros prodígios provados.

---

2 Referência a uma célebre passagem do poema épico *Eneida*, de Virgílio, Publius Vergilius Maro (Mântua, 70 a.C. – Nápoles, 19 a.C.), em que o herói, Enéias, descendo ao mundo subterrâneo, guiado pela sibila de Cumes, encontra no Elísio, a "morada dos bem-aventurados, o seu pai Anquises". O tema desse "reencontro" constituiu a matéria do Livro VI do poema. Naquele espaço benfazejo, envoltos por uma suave "luz purpúrea", Anquises apresentou ao filho os que seriam seus descendentes na Itália e originariam a futura "raça dos romanos".

3 O Elísio opunha-se, no mundo dos mortos, ao Tártaro – a residência dos que, incorretos e "maus" durante sua existência, eram punidos no além-túmulo.

4 Anquises explicou a Enéias que as almas, antes de retornarem à terra, bebem das águas do rio Lete "para que, esquecidas do passado, ... comecem a querer voltar a um corpo" (Virgílio, s/d, p.108). O Lete era, portanto, entendido como a fonte do esquecimento e, como tal, irmão da morte e do sonho.

5 Alusão a Cláudio Marcelo (42 a.C.–23 a.C.), sobrinho de Augusto (63 a.C.–14 d.C.), o primeiro imperador de Roma, e designado seu herdeiro. O desgosto provocado pela morte prematura de Cláudio Marcelo é cantado no Livro VI da *Eneida*. Em sua homenagem, Augusto determinou a construção, em Roma, do Teatro de Marcelo.

6 Nos Evangelhos sinóticos, Elias aparece aos olhos de três discípulos de Cristo na Transfiguração de Jesus no monte Tabor. Eça referia-se, entretanto, ao segundo Livro dos Reis, em que se narra a subida de Elias ao céu num "carro de fogo" puxado por "cavalos de fogo" (2Rs, 2, 11).

O que, segundo penso, mostra melhor que a acusação carece de exatidão é a simples comparação dos dois romances. *La faute de l'abbé Mouret* é, no seu episódio central, o quadro alegórico da iniciação do primeiro homem e da primeira mulher no amor. O abade Mouret (Sérgio), tendo sido atacado duma febre cerebral, trazida principalmente pela sua exaltação mística no culto da Virgem, na solidão dum vale abrasado da Provença (primeira parte do livro), é levado para convalescer ao *Paradou*, antigo parque do século XVII a que o abandono refez uma virgindade de selvagem, e que é a representação alegórica do Paraíso. Aí, tendo perdido na febre a consciência de si mesmo a ponto de se esquecer do seu sacerdócio e da existência da aldeia, e a consciência do universo a ponto de ter medo do sol e das árvores do *Paradou* como de monstros estranhos – erra, durante meses, pelas profundidades do bosque inculto, com Albina que é o gênio, a Eva desse lugar de legenda; Albina e Sérgio, seminus como no Paraíso, procuram sem cessar, por um instinto que os impele, uma árvore misteriosa, da rama da qual cai a influência afrodisíaca da matéria procriadora; sob este símbolo da árvore da ciência se possuem, depois de dias angustiosos em que tentam descobrir, na sua inocência paradisíaca, o meio físico de realizar o amor; depois, numa mútua vergonha súbita, notando a sua nudez, cobrem-se de folhagens; e daí os expulsa, os arranca o padre Archangias, que é a personificação teocrática do antigo Arcanjo. Na última parte do livro o abade Mouret recupera a consciência de si mesmo, subtrai-se à influência dissolvente de adoração da Virgem, obtém por um esforço da oração e um privilégio da graça a extinção da sua virilidade, e torna-se um asceta sem nada de humano, uma sombra caída aos pés da cruz; e, é sem que lhe mude a cor ao rosto que asperge e responsa o esquife de Albina, que se asfixiou no *Paradou* sob um montão de flores de perfumes fortes.

Os críticos inteligentes que acusaram *O crime do padre Amaro* de ser apenas uma imitação da *Faute de l'abbé Mouret* não tinham infelizmente lido o romance maravilhoso do sr. Zola que foi talvez a origem de toda a sua glória. A semelhança casual dos dois títulos induziu-os em erro.

Com conhecimento dos dois livros, só uma obtusidade córnea ou má fé cínica poderia assemelhar esta bela alegoria idílica, a que está misturado o patético drama duma alma mística, ao *Crime do padre Amaro* que, como podem ver neste novo trabalho, é apenas, no fundo, uma intriga de clérigos e de beatas tramada e murmurada à sombra duma velha Sé de província portuguesa.

Aproveito este momento para agradecer à Crítica do Brasil e de Portugal a atenção que ela tem dado aos meus trabalhos.

Bristol, 1 de Janeiro de 1880.

Eça de Queirós[7]

---

7 Eça de Queirós permaneceu no consulado de Bristol por nove anos.

24
[Eça de Queirós]

Assinada por Machado de Assis
Primeira página da *Gazeta de Notícias*, ano XXVI, n.236
sexta-feira, 24 de agosto de 1900

[A primeira página da *Gazeta de Notícias* (GN) de 24 de agosto de 1900 foi inteiramente dedicada a Eça de Queirós, falecido em 16 do mesmo mês. Constam dessa primeira folha algumas ilustrações de Julião Machado,[1] retratando Eça e alguns personagens de *O primo Basílio*; três poemas dedicados

---

1 Julião Machado, célebre caricaturista e ilustrador de textos jornalísticos. Faltam, infelizmente, dados biográficos precisos sobre esse importante profissional de imprensa. Na *História da imprensa no Brasil* (Sodré, 1966), há informações esparsas sobre Julião Machado. Informa Nelson Werneck Sodré (p.309) que, em 1898, "a *Gazeta de Notícias* iniciava a publicação de *portrait charges* de políticos e homens de letras, com a série 'Caricaturas Instantâneas', de Lúcio Mendonça, com os bonecos de Julião Machado". Em 1899, Julião Machado era um dos ilustradores da efêmera *Revista Contemporânea* (ibidem, p.285). No final do século, o *Jornal do Brasil*, em processo de rápida modernização de seus equipamentos gráficos com a instalação de oficinas de fotografia e de galvanoplastia, contava com uma equipe de ilustradores que incluía, além de Julião Machado, Artur Lucas (Bambino) e Raul Pederneiras (ibidem, p.313). O *Jornal do Brasil* inovou, mais uma vez, publicando "em 1902, o primeiro romance policial em quadrinhos, ilustrados por Julião Machado" (ibidem, p.326). Raimundo Magalhães Júnior (1966, p.167-8), na obra *Arthur Azevedo e sua época*, aludiu às caricaturas de Julião Machado, que acentuavam a proverbial gordura do teatrólogo e escritor brasileiro. Segundo Magalhães Júnior, a mudança física

ao escritor ("No outro mundo", de Guimarães Passos,[2] "Coroa de saudades",
de Luís Guimarães Filho[3] e "Eça de Queirós", de Osório Duque-Estrada[4]);
um artigo assinado por Araripe Júnior;[5] uma nota sobre a missa, em memória do escritor português, celebrada na Igreja da Candelária no dia 21 de
agosto, com os nomes dos que ali compareceram; a carta de Machado de
Assis endereçada a Henrique Chaves; e um longo excerto do ensaio "A geração nova", de Sampaio Bruno.[6] A carta de Machado, publicada com a data
de 23 de agosto, não foi acompanhada de nenhum título.]

---

de Arthur Azevedo já transparecia na "simples comparação das caricaturas de Arthur,
aquelas em que aparecia ainda esbelto, ao tempo da proclamação da República e as
outras, de Julião Machado, de seis e sete anos depois, já adiposo, a caminho da
obesidade dos seus últimos anos. Uma destas caricaturas apresenta-o num singular
travesti. Ocupa uma página inteira, no número 21 de *A Bruxa*, publicado em 26 de
junho de 1896". Deduz-se dessas referências que Julião Machado era um profissional de grande evidência, exercendo trabalhos simultâneos na imprensa carioca do
período.

2 Sebastião Cícero dos Guimarães Passos (Maceió, 1867 – Paris, 1909). Poeta
parnasiano, jornalista e um dos fundadores da Academia Brasileira de Letras, inaugurando a cadeira número 26. Publicou *Versos de um simples* (1891), *Horas mortas*
(1901).

3 Luís Guimarães Filho (Rio de Janeiro, 1878 – Petrópolis, 1940). Filho do poeta e
acadêmico Luís Guimarães Júnior, bacharelou-se em filosofia pela Universidade de
Coimbra. Sua estréia literária ocorreu em 1900, quando lançou o volume *Ave Maria*. Em 1901, iniciou a carreira diplomática. Entrou para a Academia Brasileira de
Letras em 1917, ocupando a cadeira número 24.

4 Joaquim Osório Duque-Estrada (Vassouras, 1870 – Rio de Janeiro, 1927). Poeta,
teatrólogo, crítico, conferencista, professor, membro da Academia Brasileira de Letras e autor da letra do Hino Nacional Brasileiro. Em 1909, escreveu o livro de
viagem *O Norte*, prefaciado por Euclides da Cunha.

5 Tristão de Alencar Araripe Júnior (Fortaleza, 1848 – Rio de Janeiro, 1911). Advogado, escritor e crítico literário. Escreveu sobre José de Alencar, Aluísio de Azevedo, Raul Pompéia, Gregório de Matos, entre outros.

6 José Pereira de Sampaio (1857–1915), que tomou o sobrenome de Giordano Bruno
para seu pseudônimo e passou para a história da crítica literária como Sampaio Bruno. Crítico erudito, de formação positivista, passou mais tarde para uma espécie de
misticismo ocultista. Em 1886, publicou ensaios críticos sobre "A geração nova",
referindo-se à evolução do romance português oitocentista. Escreveu ainda "O encoberto", "O Brasil mental", "A idéia de Deus".

O primo Basílio na imprensa brasileira do século XIX

Meu caro H. Chaves. – Que hei de eu dizer que valha esta calamidade? Para os romancistas é como se perdêssemos o melhor da família, o mais esbelto e mais válido. E tal família não se compõe só dos que entraram com ele na vida do espírito, mas também das relíquias da outra geração e, finalmente, da flor da nova. Tal que começou pela estranheza acabou pela admiração. Os mesmos que ele haverá ferido, quando exercia a crítica direta e cotidiana, perdoaram-lhe o mal da dor pelo mel da língua, pelas novas graças que lhe deu, pelas tradições velhas que conservou, e mais a força que as uniu umas e outras, como só as une a grande arte. A arte existia, a língua existia, nem podíamos os dois povos, sem elas, guardar o patrimônio de Vieira[7] e de Camões; mas cada passo do século renova o anterior e a cada geração cabem os seus profetas.

A antigüidade consolava-se dos que morriam cedo, considerando que era a sorte daqueles a quem os deuses amavam. Quando a morte encontra um Goethe ou um Voltaire, parece que esses grandes homens, na idade extrema a que chegaram, precisam de entrar na eternidade e no infinito, sem nada mais dever à terra que os ouviu e admirou. Onde ela é sem compensação é no ponto da vida em que o engenho subido ao grau sumo, como aquele Eça de Queirós –, e como nosso querido Ferreira de Araújo, que ontem fomos levar ao cemitério –, tem ainda muito que dar e perfazer. Em plena força da idade, o mal os toma e lhes tira da mão a pena que trabalha e evoca, pinta, canta, faz todos os ofícios da criação espiritual.

Por mais esperado que fosse este óbito, veio como repentino. Domício da Gama,[8] ao transmitir-me há poucos meses um abraço de Eça, já o

---

7 Padre Antônio Vieira (Lisboa, 1608 – Bahia, 1697). Jesuíta, orador sacro, diplomata e político. Seus sermões começaram a ser editados ainda no século XVII. Compilados e revistos pelo próprio autor, entre 1679 e 1699 saíram os primeiros treze tomos dos sermões. No século XVIII, foram publicados novos tomos, dando continuidade à coleção.

8 Domício Afonso da Gama (Maricá, 1862 – Rio de Janeiro, 1925). Diplomata, auxiliar do barão do Rio Branco nas questões das Missões e do Amapá. Jornalista e contista. Foi amigo fraterno de Eça de Queirós e com ele convivia, freqüentando habitualmente a casa do romancista português na Rua Charles Laffitte 32, em Neuilly. Escreveu *Contos à meia tinta* (1891), *Histórias curtas* (1901).

cria agonizante. Não sei se chegou a tempo de lhe dar o meu. Nem ele, nem Eduardo Prado,[9] seus amigos, terão visto apagar-se de todo aquele rijo e fino espírito, mas um e outro devem contá-lo aos que deste lado falam a mesma língua, admiram os mesmos livros e estimavam o mesmo homem.

Machado de Assis

---

9 Eduardo Paulo da Silva Prado (São Paulo, 1860 – São Paulo, 1901). Formou-se em direito em São Paulo em 1881. Viveu em Paris, num luxuoso apartamento na Rua de Rivoli 194, local de encontros de amigos como Eça de Queirós, Afonso Arinos, Olavo Bilac e o barão do Rio Branco. Para muitos, Eduardo Prado inspirou o personagem eciano, elegante, mundano, viajado e culto, Jacinto de Tormes, de *A cidade e as serras* (1901). Talvez houvesse alguma semelhança entre o apartamento da Rivoli 194 e a magnífica casa de Jacinto no número 202 da Avenida Campos Elísios. Eduardo Prado foi o grande amigo brasileiro de Eça de Queirós. Colaborou na imprensa portuguesa e brasileira. Monarquista, escreveu contra a República *Fastos da ditadura militar no Brasil* (1890) e os ensaios de *A ilusão americana* (1893).

Índice onomástico

A

A Atualidade 20, 260
A Avenida 292
A Bruxa 298
A capital 21
A Holanda 163
A Lanterna 71
A Lanterna Mágica 214
A Província de São Paulo, 19, 52, 53, 74, 75, 77, 87, 248
A Reforma 230
A Reforma 71, 230
A República 71
Agostini, Angelo 16, 40, 41, 55, 72, 223
Ájax 109
Alberti, Leon Battista 104, 105, 106
Albuquerque, Luís de 268
Alcuíno 89
Alencar, José Martiniano de 50, 83, 91, 128, 142, 179, 180, 194, 257, 298
Alexis 79
Alighieri, Dante 277, 281, 284
Almeida, José Valentim Fialho de 115, 116, 117, 121
Almeida, Júlia Lopes de 80
Amaral, Adelaide 268

Amaral, Glória Carneiro do 48, 49
Amenófis Efendi (pseudônimo) ver Gomensoro, Ataliba Lopes de
Americanas 228
Amorim Júnior 292
Andrade, Luiz de 37, 85, 206, 212, 214
Andrômaca 109
Anfitriões 238
Antígona 109, 268
Antoine, A. 80
Apaixonados de Sainte-Périne, Os 170
Aparições 165
Apologia de Sócrates 290
Apóstolo 71, 208
Araripe Júnior, Tristão de Alencar 298
Araújo, Alexandre Herculano de Carvalho 40, 83, 91, 128, 138, 142, 179, 187, 194, 218, 219, 235
Araújo, Joaquim Aurélio Barreto Nabuco de 47, 72, 79, 168
Araújo, José Ferreira de Sousa 24, 25, 26, 32, 37, 55, 59, 69, 70, 76, 77,93, 94, 179, 185, 205, 229, 258, 299
Arco de Sant'Ana 194
Arinos, Afonso 300
Aristófanes 238, 290
Aristóteles 98, 100, 101, 102, 103,107, 110, 126, 135, 246, 290

Arlequim 223
Arouet, François-Marie 39, 56, 242, 299
Ars poetica ver *Epistola ad Pisones: ars poetica*
Arte brasileira A 106
Arte Poética 64, 217
Arthur Azevedo e sua época 297
As Farpas 18, 157, 158, 163, 186
Atália 109
Augusto 64, 294
Auto da barca do inferno 239
Ave Maria 298
Aventuras de Telêmaco 250
Azevedo, Arthur de 69, 80, 147, 149, 185, 227, 297, 298
Azevedo, Guilherme Avelino Chave de 165, 214

B

Babolain 211
Bainville 170
Balzac, Honoré de 29, 30, 130, 158, 159, 162, 170, 189, 208, 237, 274,
Bandeira, Manuel 77
Barão de Paranapiacaba ver Menezes e Sousa, João Cardoso de
Barão do Rio Branco 299, 300
Barbeiro de Sevilha 49, 244
Barca, Pedro Calderón de la 246
Barreto Filho 87
Bastos Tigre 292
Baudelaire, Charles-Pierre 63, 75, 170, 275
Bayard (pseudônimo) ver Laet, Carlos Maximiliano Pimenta de
Beaumarchais, Pierre-Augustin Caron de 49, 244
Bellini, Ana Helena Cizotto 125, 126
Berenice 109
Bíblia 39, 44, 55, 64, 195, 220, 221, 238, 246, 255

Bilac, Olavo 52, 68, 80, 81, 300
Bilhetes de Paris 77
Blake, Victorino Alves Sacramento 47, 50, 214, 227
Bocage, Manuel Maria de Barbosa l'Hedois Du 268
Boccaccio, Giovanni 246
Boêmia do espírito 113
Boileau, Nicolas 64, 217, 236
Bonaparte, Luís 170
Bonifácio, José 72
Boudeille, Pierre de 246
Boudeille, Pierre de 246
Bouhélier, Saint-Georges de 80
Braga, Joaquim Teófilo Fernandes 77, 89, 91,
Branco, Camilo Ferreira Botelho Castelo 77, 94, 113, 168
Brantome (pseudônimo) ver Boudeille, Pierre de
Britânico 109
Broca, José Brito 215, 292
Bruna, Jaime 102
Bruno, Giordano 29, 298
Burgueses de Paris: cenas cômicas, Os 193

C

Cabrião 223
Calabrese, Omar 136
Calixto 292
Câmara, Eugênia Infante da 257, 268, 271
Caminha, Adolfo 139
Camões, Luís de 69, 229, 230, 239, 240, 246, 299
Campos, Américo de 74
Cancioneiro alegre 94
Cancioneiro popular 168
Cândido 242
Canhando (pseudônimo) ver Chaves, Henrique Samuel da Nogueira Rodrigues

Cântico dos cânticos 46, 221, 238, 246
Caricatura em prosa 214
Carneiro, Manuel 205
Carpio, Félix Lope de Vega 246
Carta de Eça de Queirós endereçada a Machado de Assis 260
Carta de Inglaterra 77
Carta obituária de Machado de Assis em homenagem a Eça de Queirós 153
Cartas de meu moinho 251
Cartas egípcias 45, 46, 63, 85, 215, 222, 243, 276
Cartas familiares 77
Cartas filosóficas 242
Cartas Persas 39, 215
Carvalho Júnior 49
Carvalho, Maria Amália Vaz de 78, 84, 93
Cassino, ver Teatro do Cassino
Castro Alves 268, 272
Castro, L. de 225, 226
Causa secreta, A 74
Céard 79, 80
Cenas da cidade e do campo 193
Cenas populares 193
Cenci, Beatriz 187
Chagas, Manuel Joaquim Pinheiro 113, 268
Champfleury (pseudônimo) ver Husson, Jules François Félix
Chardron, Ernesto 21, 260
Chaves, Henrique Samuel da Nogueira Rodrigues 35, 39, 42, 58, 59, 65, 67, 68, 69, 70, 85, 87, 88, 114, 165, 185, 200, 205, 229, 260, 262, 269, 289, 298
Cidade e as serras, A 300
Cimbelino, rei da Britânia 239
Clarisse Harlowe 33
Clélia 268, 271
Coelho, Luís Cândido Furtado 57, 256, 257, 268, 271, 272

Comédie Française 208, 290
Comte, Isidore Auguste Marie François Xavier 18
Conde de Buffon ver Leclerc, Georges Louis
Confissões de Silvius 170
Contos à meia tinta 299
Contos de Espanha e da Itália 275
Coroa de saudades 298
Correio da Manhã 16
Correio da Tarde 187
Correio Paulistano 51
Correspondência de Fradique Mendes, A 77
Cosme Peixoto (pseudônimo) ver Laet, Carlos Maximiliano Pimenta de
Courbet, Gustave 170
Cousine Bette 30, 159
Crime do padre Amaro, O 17, 21, 23, 27, 28, 32, 70, 87, 91, 99, 113, 115, 153, 158, 162, 166, 174, 178, 179, 186, 187, 188, 189, 193, 201, 211, 248, 293, 294, 295
Crisálidas 228
Crítias 290
Crítica literária 52
Cromwell 109, 290, 291
Cunha, Euclides da 16, 34, 240, 241, 298
Cuvier 160

D

Dama das Camélias, A 125, 185, 254, 269
Dândis 75
Daudet, Alphonse, 251
De rethorica 89
Decameron 246
Defunto, O 77
Demônio familiar, O 50
Descaves, L. 80
Devaneios 51, 52, 290
Diabo Coxo 223

Diário do Rio de Janeiro 52, 68, 71, 73, 78
Diário Oficial 71, 80, 227
Dias, Antônio Gonçalves 187
Diccionário bibliográphico brazileiro 12
Dicionário Houaiss 34, 79, 168, 169, 216, 217, 224, 246, 291
Dicionário literário brasileiro ilustrado 12
Discurso de recepção 241
Discurso sobre o estilo 237
Divina comédia, A 277, 281
Dizionario universale della lingua italiana 216
Do princípio da arte e de sua destinação social 170
Dois, Os 224
Dom Casmurro 22, 40, 70, 128, 129
Dom Duardos 239
Dortier, Jean-François 84
Drox, Antoine-Gustave 211
Duarte, Maria do Rosário da Cunha 126
Dumas Filho, Alexandre 184, 185, 263, 269, 278, 279, 282
Dumas, Alexandre 263
Duque-Estrada, Joaquim Osório 298
Durão, José de Santa Rita 128

E

E. & H. Laemmert 73
Eça de Queirós e suas leitoras mal comportadas 126, 139
Eça de Queirós visto pelos seus contemporâneos 113
Eça e Machado: críticas de ultramar 127, 132
Eça e o Brasil 233
Eco, Umberto 89
Ecos de Paris 77
Édipo em Colono 109
Édipo Rei 109
EIS EROMENEM 247

El gran teatro del mundo 246
El perro del hortelano 246
Eleazar (pseudônimo de Machado de Assis) 19, 20, 26, 27, 33, 34, 35, 36, 37, 38, 39, 40, 42, 43, 44, 45, 46, 53, 55, 57, 58, 62, 68, 69, 76, 86, 88, 91, 92, 94, 115, 120, 137, 140, 141, 143, 186, 193, 195, 200, 201, 202, 203, 204, 215, 216, 217, 218, 219, 221, 234, 239, 242, 243, 244, 245, 246, 247, 260, 273, 275
Electra 109
Eliza 268
El-Rei Seleuco 239
Em Paris 163
Emigração, A 256
Enciclopédia de literatura brasileira 12
Encoberto, O 298
Eneida 294
Enes, Antônio José 256
Enfermeiro, O 130, 131, 141
Enjeitados, Os 256
Ensaios críticos e históricos 240
Epistola ad Pisones: ars poetica 64, 102, 103, 135
Epístolas 64, 217
Ernst, Max 135
Esaú e Jacó 109
Esfinge, A. 50
Esperando a viúva 52
Ésquilo 109
Ester 109
Estrada, Luiz Gonzaga Duque 106, 107, 142
Eugênia Grandet 29, 30, 120, 189
Eugênia Milton 256
Eurico, o presbítero 219, 235
Eurípedes 109

F

F. de M. (pseudônimo) ver Ferreira de Menezes
Fadièze 207

Fagundes Varela, 168
Falenas 34, 67, 228
Faria, João Roberto 185, 268, 279
Faro, Arnaldo 16, 41, 47, 48, 52, 57, 59, 65, 69, 71, 73, 74, 165, 185, 205, 222, 233, 258, 272, 286
Farsa de Inês Pereira, A 239
Fastos da ditadura militar no Brasil 300
Fausto 182, 268, 280
Febo 268
Fedra 109
Fénelon, François 250
Fênix ver Teatro Fênix Dramática
Ferreira de Menezes 41, 42, 56, 57, 227, 230, 233
Ferreira, Procópio 257
Feuillet, Octave 228, 279
Figueiredo Júnior, Afonso Celso de Assis 19, 52, 53, 54, 55, 87, 90, 248, 251, 255, 268, 290
Filoctetes 109
Filodemo 239
Filosofia da miséria, A 170
Flamínio (pseudônimo) ver Bilac, Olavo
Flaubert, Gustave 29, 38, 120, 121, 122, 180, 212
Flores do mal, As 63, 275
Folhas de outono 109
Fontoura, Adelino 268
Fortes, D. 40, 223, 226
Franchetti, Paulo 127, 128, 131, 132

G

Gama, Domício Afonso da 299
Gama, José Basílio da 128
Gama, Luiz Gonzaga Pinto da 78, 233
Garnier, B. L. 73
Garret, Almeida (pseudônimo) ver Leitão, João Baptista da Silva
Gatos, Os 117
Gautier 114

Gazeta de Champfleury 170
Gazeta de Notícias 16, 17, 18, 19, 20, 22, 24, 32, 34, 35, 37, 38, 39, 40, 42, 47, 49, 55, 56, 58, 59, 61, 63, 68, 70, 71, 74, 76, 77, 78, 85, 93, 114, 130, 153, 157, 165, 179, 185, 200, 205, 206, 215, 222, 223, 227, 228, 229, 243, 262, 276, 289, 291, 297
Gazetinha 185
Geração nova, A 29, 113, 116, 121, 293, 298
Gil, A. 20, 66, 67, 75, 275, 287, 292
Ginásio, ver Teatro Ginásio Dramático do Rio de Janeiro
Gomensoro, Ataliba Lopes de 38, 39, 40, 41, 42, 43, 44, 45, 46, 55, 63, 64, 65, 85, 88, 94, 111, 165, 215, 219, 220, 221, 222, 243, 244, 247, 260, 276, 277, 278, 279, 281, 284
Gonzaga, Tomás Antônio 128
Grandeza e decadência de Joseph Prudhomme 29, 193, 194
Grieco, Agrippino 97, 103
Guarani, O 33, 194
Guerra do Parnaso em Portugal, A 52
Guiches, G. 80
Guimarães Filho, Luís 298
Gusmão 268, 271

H

Hacklaender, Friedrich Wilhelm 210
Hamlet 103, 104, 239
Harmonias poéticas e religiosas 183
Heine, Heinrich 221
Helena 228
Henrique 79
Heráclito 45
Hernani 109, 208
História da imprensa no Brasil 297
História da literatura inglesa 110
História do Brasil 226

História dos girondinos 183
Holanda, A 163
Homero 53, 88, 101, 103, 250
Horácio 64, 102, 103, 106, 107, 135, 281
Horas mortas 298
Hudson, Otaviano 291
Hugo, Victor-Marie 109, 180, 208, 213, 290, 291
Husson, Jules François Félix 170, 204
Huysmans 79, 80

I

Iaiá Garcia 46, 47, 66, 73, 128, 129, 228, 247
Ibañez, Roberto 118, 119, 121
Idéia de Deus, A 298
Idéia geral da revolução no século XIX, A 170
Ifigênia em Áulida 109
Ignotus (pseudônimo) ver Serra Sobrinho, Joaquim Maria
Ilusão americana, A 300
Imperial Teatro D. Pedro II, 74
Independência do Brasil, A 187
Ingênuo, O 39
Inglês maquinista, O 224
Inocência 50
Inscrição da leitura na ficção queirosiana: O primo Basílio, A 126
Instinto de nacionalidade 27, 45, 86, 92, 110, 128, 142
Introdução a uma estética marxista 133

J

J. S. 287, 292
Jansen, José 268, 272
Jocelyn 183
John Bull: depoimento de uma testemunha acerca de alguns aspectos da vida e da civilização inglesa 163
Jornal da Tarde 71

Jornal das Famílias 129
Jornal do Brasil 77, 297
Jornal do Commercio 17, 19, 20, 23, 26, 33, 34, 36, 41, 50, 55, 71, 74, 77, 78, 84, 85, 93, 164, 169, 175, 178, 196, 225, 228, 229, 286, 291
José Balsamo 263
José Telha (pseudônimo) ver Araújo, José Ferreira de Sousa
Júlio Verim (pseudônimo) ver Andrade, Luiz de
Junqueiro, Abílio Guerra 30, 77, 117, 165, 166, 214, 292
Juvenal 217

K

Karr, Jean-Baptiste Alphonse 207, 229

L

L. (pseudônimo) ver Araújo, José Ferreira de Sousa
L'assommoir 186, 187, 251, 294
L'Avare 182
La charogne 63, 275
La ciudad y las sierras 118
La estrella de Sevilla 146
La faute de l'abbé Mouret 21, 27, 187, 293, 294, 295
La vida es sueño 246
Laet, Carlos Maximiliano Pimenta de, 41, 76, 164, 165, 168, 169, 178, 196, 199
Laetâncio (pseudônimo) ver Laet, Carlos Maximiliano Pimenta de
Lagreca, Francisco 95, 117
Lajolo, Marisa 126, 129, 139
Lamartine, Alphonse Marie Louis Prat de 180, 182, 232, 290
Langaard, Theodoro J. H. 272
Larousse 225
Lazaristas, Os 256, 257, 268
Le champ du signe dans le roman queirozien 138

O primo Basílio na imprensa brasileira do século XIX

Le Constitutionnel 159
Le demi-monde 185, 279
Le Petit Robert 161, 229, 278
Leclerc, Georges Louis 237
Leis, As 290
Leitão, João Baptista da Silva 37, 83, 91, 128, 138, 142, 179, 180, 194, 195, 205
Leituras de Luísa 125
Lélio (pseudônimo) ver Araújo, José Ferreira de Sousa
Lenoir, Carlos 292
Leonor de Mendonça 187
Les grêpes 207
Les soirées de Médan 79
Lettres Persanes ver *Cartas Persas*
Lima Barreto 292
Lins, Álvaro 40
Lisboa, José Maria 75
Lisístrata 238, 239
Livraria Acadêmica 73
Livraria Contemporânea 73
Livraria Econômica 73
Livraria Imperial 73
Livraria Luso Brasileira 73
Livro do centenário de Eça de Queirós 117
Longino 102, 103, 107, 153, 217
Lorenzaccio 275
Lucas, Artur 297
Luísa ou a triste condição (feminina) portuguesa 122
Luiz, Pedro 56
Lukács, Georg 127, 132, 154
Lulu Sênior (pseudônimo) ver Araújo, José Ferreira de Sousa
Lusíadas, Os 239
Luzes, Pedro 138
Lyra, Heitor 62, 273, 274

M

Macaquinhos no sótão 185
Macaulay, Thomas Babigton 240

Macedo, Joaquim Manoel de 179, 180
Machado Neto, Antônio Luiz 80
Machado, Julião 297, 298
Machado, Ubiratan 244
Madame Bovary 29, 38, 120, 121, 212
Mademoiselle de Maupin 114
Magalhães Júnior, Raimundo 62, 185, 272, 297
Mandarim, O 130
Mannheim, Karl 84
Mardoche 275
Marguerite, P. 80
Marlowe, Christopher 246
Martins, Joaquim Pedro de Oliveira 18, 31, 77
Martins, Wilson 47
Marx, Karl (pseudônimo) ver Laet, Carlos Maximiliano Pimenta de
Maul, Carlos 268
Maupassant 79, 80
Mecenas 64
Meditações, As 290
Memórias de Joseph Prudhomme 29, 193, 194
Memórias de um turista 160
Memórias póstumas de Brás Cubas 33, 66, 129, 130, 224
Mendes Júnior, J. da Silva 268
Mendes, Elísio 205
Menezes e Sousa, Antônio Frederico Cardoso de 59, 61, 62, 64, 65, 262, 263, 268, 270, 271, 274, 285, 286
Menezes e Sousa, João Cardoso de 256, 262, 268
Mercadet 274
Método Hudson 291
Minas 168
Minha gente 103
Miseráveis, Os 109, 213
Mistério da estrada de Sintra 18, 113, 157, 163
Mitrídates 109

307

Molière (pseudônimo) ver Poquelin, Jean-Baptiste
Monarquia 277
Monasticon 218, 219
Monge de Cister, O 33, 40, 111, 194, 219, 221
Monnier, Henri (pseudônimo) ver Monnier, Henry Bonaventure
Monnier, Henry Bonaventure, 29, 30, 170, 193, 194
Monsieur, Madame e Bébé 211
Montesquieu (pseudônimo) ver Secondat, Charles-Louis de
Morgadinha do Val Flor 268
Mota Coqueiro 47, 78
Murger 170
Musset, Louis Charles Alfred de 125, 275

N

Nababo 251
Nadar 170
Narrar ou descrever? 127, 132
Nhô-Quim 272
No declínio: romance contemporâneo 139, 149
No espaço 34
No outro mundo 298
Noite de reis 239
Noites, As 275
Normalista, A 139
Norte, O 298
Nossa Senhora de Paris 109
Nota da segunda edição de O Crime do padre Amaro 21, 70, 153, 293
Notas sobre a imaginação, a fantasia e o problema psicológico-moral na obra novelística de Queirós 119
Nova geração, A 20, 52, 66, 68, 92, 107, 108, 129, 130, 153, 255, 272, 275, 287, 290
Nun'Alvares 31

O

O Abolicionista 227
O agito 257
O Álbum 68, 69, 205
O anel de Polícrates 103
O banquete 290
O barbeiro de Sevilha 49, 244
O Besouro 16, 47, 48, 49, 50, 59, 71, 74, 205, 214
O bovarismo: da Emma Bovary de Flaubert à Luísa de Eça 121
O Brasil e as colônias portuguesas 77
O Brasil mental 298
O caminho mais curto 201
O Cruzeiro 17, 19, 20, 26, 29, 33, 35, 39, 40, 42, 44, 57, 66, 71, 73, 74, 76, 77, 86, 92, 99, 126, 130, 132, 137, 143, 164, 186, 195, 200, 216, 224, 234, 245, 247, 260, 273
O culto da arte em Portugal 163
O Fígaro 71, 207, 223
O Globo 71, 74
O Ipiranga 233
O luxo 256
O Mequetrefe 71, 77
O Mosquito 16, 205, 223
O Ocidente 30
O País 77
O primo Basílio n'O Besouro 48
O que é a propriedade? 170
O Realismo 170, 204
O Realismo como Nova Expressão da Arte 139
O romance de um jovem pobre 279
O tributo das cem donzelas 268
O último dia de um condenado 109
Odes 64
Odes e baladas 109
Odisséia 53, 88, 89, 101, 250
Oliveira, Alberto de 107, 268
Opala 272
Optimus Criticus (pseudônimo) ver Dias, Antônio Gonçalves

Ortigão, José Duarte Ramalho 16,
17, 18, 19, 22, 23, 38, 54, 77, 85,
86, 120, 121, 157, 163, 165, 167,
179, 186
Otelo 44, 236, 267
Ouro sobre o azul 50

P

Paiva, Manuel de Oliveira 292
Pálace Teatro 81
Papéis avulsos 103
Paraísos artificiais, Os 63
Paris e a província 193
Passos, Sebastião Cícero dos
Guimarães 298
Pátria, A 166
Patrocínio, José Carlos do 47, 48, 68,
72, 76, 78, 233
Pederneiras, Raul 297
Pena, Luís Carlos Martins 224
Pequeno dicionário de literatura
portuguesa 123
Père Goriot 30, 130, 274
Peregrinas 291
Peregrino Júnior 80
Pereira, Lúcia Miguel 15, 57, 68, 129,
257
Pestana, Francisco Rangel 74, 75
Petit, Lucette 138
Pinheiro, Rafael Bordalo 16, 47, 74,
77, 205, 214, 292
Pinto, Apolônia 65, 258, 268, 271,
272, 285
Pinto, Rosa Adelaide Marchezy 65,
268
Platão 98, 100, 290
Plínio, o Jovem 89
Poética 98, 101, 110
Poquelin, Jean-Baptiste 181, 182
Porque me ufano de meu país 255
Prado, Décio de Almeida 271
Prado, Eduardo Paulo da Silva 300

Prado, Paulo 139
Pranto da Maria Parda 239
Prefácio de Cromwell 290, 291
Primeiros cantos 187
Princesa George, A 279
Proudhon, Pierre Joseph 170, 193, 220
Psitt!!! 16

Q

Quadros de ontem e de hoje 214
Quental, Antero de 18, 165
Quincas Borba 45, 57, 69, 128
Quinola 274

R

Racine, Jean 109, 265
Radiações da noite 165
Ramos, Acácio (pseudônimo) ver Laet,
Carlos Maximiliano Pimenta de
Rangel, João 292
Rebouças, André 47
Refinados, Os 75
Reflexões sobre Longino 217
Régio saltimbanco, O 272
Reis Júnior, João José dos 77
Relíquia, A 77
República, A 98, 99, 290
Ressurreição 228
Retrato do Brasil 139
Reuters-Havas 76
Revista Brasileira 20, 66, 67, 129, 130,
255, 287, 289, 291
Revista dos Dois Mundos 211, 290
Revista Ilustrada 16, 17, 19, 20, 40, 41,
50, 55, 61, 62, 65, 66, 71, 72, 75,
153, 214, 223, 256, 257, 270, 285,
287
Revue des Deux Mondes ver Revista dos
Dois Mundos
Ribeiro Filho, Domingos 292
Richardson, Samuel 33
Rigoleto 66

Romero, Sílvio Vasconcelos da Silveira Ramos 66
Rosa, Alberto Machado da 261
Rosa, João Guimarães 103

S

S. Saraiva (pseudônimo) ver Chaves, Henrique Samuel da Nogueira Rodrigues
Safo 247, 290
Sagarana 103
Salomão 39, 221, 229, 238, 246, 255
Saltimbanco, O 256
Sampaio Bruno (pseudônimo) ver Sampaio, José Pereira de
Sampaio, José Pereira de 29, 30, 113, 114, 115, 116, 121, 293, 298
Sátiras e Epístolas 217
Secondat, Charles-Louis de 39, 215
Segundos cantos e Sextilhas de frei Antão 187
Sérgio, Antônio 118, 119, 120, 121, 137
Serra Sobrinho, Joaquim Maria 227, 228
Sertões, Os 16, 34
Sexta-feira à noite 207
Shakespeare, William 44, 90, 103, 239, 240, 246, 280
Sic (pseudônimo) ver Laet, Carlos Maximiliano Pimenta de
Silva Pereira 59, 258, 259
Silva, A. M. Fernandes da 73
Silva, João Augusto Medina da 16, 121, 122, 157
Silveira, Francisco Maciel 123
Simões, Lucinda 61, 62, 139, 257, 271, 272, 278, 279
Sinimbu, João Lins Vieira Cansanção de 72, 73, 224, 230
Sobre a essência e a forma do ensaio: carta a Leo Popper 154
Sócrates 98, 99, 100, 290

Sodré, Nelson Werneck 15, 72, 74, 75, 76, 77, 78, 297
Sofista, O 290
Sófocles 109
Sorrisos e prantos 257
Sou o que... não sou 269
Sousa, José Galante de 185
Southey 226
Stendhal 160

T

Taine, Hippolyte-Adolphe 109, 110, 111
Tatarkiewicz, Wladyslaw 104, 110
Taunay, Alfred d'Escragnole 50, 139, 140
Teatro da Porte Saint-Martin 274
Teatro de Odéon 274
Teatro de São Januário 74
Teatro do Cassino 20, 60, 62, 63, 65, 74, 88, 263, 264, 265, 267, 270, 273, 277
Teatro Fênix Dramática 59, 74, 258, 259
Teatro Ginásio Dramático de Paris 185, 279
Teatro Ginásio Dramático do Rio de Janeiro 74, 185, 244, 257, 269
Teixeira e Sousa, Antônio Gonçalves 187
Telas sonantes 52, 255, 290
Tempestade, A 239
Teoria da arte 170
Timbiras, Os 187
Timeu 290
Tobias Barreto 268
Toby (pseudônimo) ver Antônio Vicente da Fontoura Xavier
Torres 61, 268, 271
Trabalhadores do mar, Os 109
Tragaldabas (pseudônimo) ver Serra Sobrinho, Joaquim Maria

O primo Basílio na imprensa brasileira do século XIX

Tragédia da rua das Flores, A 121
Traquínias, As 109
Tratado do sublime 217
Trovão, José Lopes da Silva 76, 233
Tué-la 278, 282

U

Últimos cantos 187
Um divórcio 256
_Um país da América de 1884:
apontamentos de um viajante
desconhecido_ 227
Uma aranha em palpos de aranha 262

V

Várias histórias 74, 130
Vasques, Francisco Correia 268
Vaucanson, Jacques de 216
Vautrin 274
Velhice do Padre Eterno, A 166
Veríssimo, José 16, 68
Versos de um simples 298
Viagem à roda da Parvónia 165
Vianna, Oduvaldo 268
Vicente, Gil 239, 240, 246
_Vida erótica de Eça de Queirós e a
crise de 1878, A_ 138
Vida Fluminense 223

Vida nova 277
Vieira, Padre Antônio 69, 299
Virgílio 64, 294
Visconde de Sinimbu, ver Sinimbu,
João Lins Vieira Cansanção de
Visconde de Taunay, ver Taunay,
Alfred d'Escragnole
Voltaire (pseudônimo) ver Arouet,
François-Marie

W

Wiesengrund-Adorno, Theodor
Ludwig 155

X

Xavier, Antônio Vicente da Fontoura
61, 62, 270, 272, 289

Z

Zigue-Zague 71
Zig-Zag (pseudônimo) ver Chaves,
Henrique Samuel da Nogueira
Rodrigues
Zola, Émile 21, 27, 45, 53, 63, 79, 95,
132, 133, 136, 186, 187, 200, 204,
211, 221, 242, 250, 251, 275, 293,
294, 295

SOBRE O LIVRO

Formato: 14 x 21 cm
Mancha: 25 x 41 paicas
Tipologia: Goudy Old Style 10,5/13,5
Papel: Offset 80 g/m^2 (miolo)
Cartão Supremo 250 g/m^2 (capa)
1ª edição 2008

EQUIPE DE REALIZAÇÃO

Edição de Texto
Tié Galuzi (Copidesque e Preparação de Original)
Adriana Cristina Bairrada e
Alberto Bononi (Revisão)

Editoração Eletrônica
Estela Mleetchol (Diagramação)